KAI MAGNUS STING

Immer ist was,
weil sonst wär ja
nix

KAI MAGNUS STING

Immer ist was, weil sonst wär ja nix

Mein Alltag in 33 Katastrophen

Knaus

Verlagsgruppe Random House FSC® N001967
Das für dieses Buch verwendete FSC®-zertifizierte Papier
Super Snowbright liefert Hellefoss AS, Hokksund, Norwegen.

1. Auflage
Copyright © 2014 beim Albrecht Knaus Verlag, München,
in der Verlagsgruppe Random House GmbH
Satz: Uhl + Massopust, Aalen
Druck und Einband: GGP Media GmbH, Pößneck
Printed in Germany
ISBN 978-3-8135-0614-3

www.knaus-verlag.de

Inhaltsverzeichnis

Vorwort 7

**Immer ist was mit dem näheren Umfeld
und den Nachbarn** 11
Müller
  oder Der Paketzustelldienst 13
Der Zahnarzt 24
Der Butterkuchen 33
Die spirituelle Kulturtankstelle 38
Der Wind 42

Immer ist was mit der Familie 47
Der runde Geburtstag
  Ein Dramolett in Altdeutsch 49
Familie in der Wohnung 60
Gulaschsuppe nur mit Fahrradschutzhelm
  oder Telefonat mit Tante Frieda 67
Kuchenrunde 75
Immer ist was 83

Immer ist was mit der ständigen Begleiterin 97
Nachsaison 99
Nikolaus 115
Die Radtour 119
Der Schnitt 125
Der erste Mensch 129
Gesunde Diskussion 139

Immer ist was mit der Unterhaltung nicht in Ordnung 145
Vergleichsweise früher und heute 147
Eine Art Callcenter 155
Wenn Sie mal Tennis spielen möchten, rufen Sie an… 160
Käsebrötchen 167
Hotelgeschichte
Oder: Wenn man fremd zu schlafen hat und einfach nur geweckt werden, gefrühstückt haben und seine Ruhe will 173
Umständehalber Kaffee 182
Das Versehen 186
Von wo her 191
Onkel Otto und der Entschleuniger 195

Und weil sonst nix wär: Immer ist was mit dem Schiefgang der Dinge im Alltag 211
Café Kaiser
oder Eine Frage der Haltung 213
Die Papageiennummer 220
Das Sitzmöbel 231
Doktor Plönner 243
Der Anzug glänzt! 247
Die Anfahrt 253
Die Mozzarellageschichte 260
Der Nudelsalat 264

Vorwort

Es ist doch, wie es ist: Immer ist was.
Und es ist auch immer was. Und das meistens ständig. Das fängt
morgens schon an und geht dann den ganzen Tag weiter. Auch
abends ist oft was. Manchmal sogar nachts. Immer ist eben was.
Gestern wieder. Morgen höchstwahrscheinlich auch. Und meistens
ständig, oft aber auch öfter. Manchmal anhaltend.
Und selbst wenn mal nichts ist, ist ja was, nämlich: nichts.
Anstatt dass mal gar nichts ist.
Könnt ja auch mal sein: Überhaupt nichts.
Aber so absolut gar nichts.
Und wenn mal nichts ist, dann ist ja noch lang nicht nichts. Ist ja
nie nichts. Bei niemandem ist nichts nie. Also ist immer was. Sonst
wär ja auch nichts.
Letztens noch: Dachte ich, das ist aber schön, dass mal nichts ist.
Und dann dachte ich: Kann doch gar nicht sein, dass nichts ist, und
schon war wieder was.
Ist doch so: Selbst wenn einer sagt, dass nichts ist, ist was. Und das
sagt er meistens so, als wenn nichts wär. Und man selber weiß auch,
dass was ist. Weil ja immer was ist.
Aber warum ist das »was« immer mit mir? Es kommt mir manchmal so vor, als wenn nur bei mir immer was wär. Warum ist bei den
anderen nicht auch mal was?
Immer ist was: Drinnen wie draußen, oben wie unten, den ganzen
Tag über, manchmal ist Mittwoch, gefühlt ist aber oft Montag, teil-
weise ist auch wieder Freude, manchmal auch Zerstreuung, dann
ist aber auch wieder Ärgernis. Und was auch noch ist: Strapaze, Zerstreuung, Kampf und selten Ruhe.
Und es ist immer Alltag.

Unter uns: Alltag wird zwar oft überbewertet, ist aber am meisten verkannt. Und man fragt sich: Alltag – was soll das? Muss das sein? Aber er ist nun mal immer und überall, man kann ihm nicht entkommen.

Und der Alltag breitet sich im Leben aus, der fühlt sich da richtig wohl. Man kann fast sagen: der Alltag im Leben – ein einziger, unlösbarer Problembereich, nur globaler.

Ich hab ja jeden Tag Alltag. Und das sieben Mal die Woche, jeden Tag. Manchmal hab ich an einem Tag so viel Alltag, dass ich mir sage: Mensch, wär gar nicht schlecht, wenn ich zu den sieben noch drei weitere Tage hätte. Dass sich das mal so ein bisschen verteilen könnte mit dem Alltag.

So zwischen Dienstag und Mittwoch zum Beispiel. Oder kurz vorm Wochenende. Dass man mal den ganzen Alltag weghat, bevor's am Samstag so richtig schön gemütlich werden kann.

Klappt aber nicht.

Und dann ist wieder was am Samstag.

Und schon ist was dazwischengekommen. Denn wenn man mal wirklich meint, jetzt ist gar nichts, geht das, was nicht ist, auch noch schief. Es geht ja immer was schief. Im Großen wie im Kleinen. Im Sonsttag wie im Alltag.

Alltägliche Katastrophen eben. Und diese Katastrophen brechen meistens unvorbereitet über einen herein.

Für dieses Buch habe ich die nun folgenden 33 alltäglichen Katastrophen in Kapitel eingeteilt, damit man sie nachschlagen kann; sozusagen der Versuch einer Ordnung in der Katastrophe. Hier wird die Katastrophe sozusagen lokalisiert.

Aber wo steckt sie, die Katastrophe? Meistens im Detail, sehr oft in den Dingen, aber immer im Alltag.

In diesem Buch geht's um meinen Umgang mit der Katastrophe; man erlebt die großen und kleinen Katastrophen des Alltags, die einem alle hinlänglich bekannt sein dürften, und trotzdem überraschen sie einen immer wieder. Nie geht alles glatt. Und das ist auch gut so.

Wie man das alles meistert, das weiß ich natürlich auch nicht.

Deswegen versteht sich dieses Buch nicht als Ratgeber; vielmehr: ganz im Gegenteil. Es geht darum, wie man erhobenen Hauptes durch die täglichen Havarien schlendert.

Denn dass die Katastrophen des Alltags nie aufhören, hat doch auch etwas Beruhigendes.

Eben der normale Schiefgang der Dinge.

Und vom Chaos im Leben, von der alltäglichen Katastrophe und vom Schiefgang der Dinge handeln die Geschichten. Und von allem anderen auch.

Wie immer eben. Alles und nichts.

Denn irgendwas ist immer, weil immer was ist, weil wenn nichts wär, wär ja nichts, und das gibt's ja nicht, weil nie nichts ist, sondern immer was ist, denn immer ist was, weil sonst wär ja nichts, deshalb ist ja immer was, und jetzt ist auch noch Schluss.

Viel Vergnügen!

Immer ist was mit dem näheren Umfeld und den Nachbarn

Das nähere Umfeld ist immer da, weil es einen umgibt, und es birgt oft mehr Merkwürdigkeiten, als man meinen möchte. Und erst recht mehr als das weitere Umfeld. Weil: Das nähere Umfeld ist ja näher an einem dran. Also sind beim näheren Umfeld die Merkwürdigkeiten schneller da. Und sie fallen einem eher auf.
Wenn man die Seltsamkeiten im näheren Umfeld erstmal abgearbeitet hat, kann man sich mit dem weiteren Umfeld befassen; was nicht weniger Kuriositäten in sich birgt. Oft rücken die Katastrophen aus dem weiteren Umfeld ins nähere Umfeld vor, wenn im näheren Umfeld das meiste abgearbeitet worden ist. Weil da sonst nichts wär. Und das geht ja nicht.
Manchmal wäre es gar nicht schlecht, wenn es Tage geben würde, wo man weder näheres noch weiteres Umfeld, geschweige denn Nachbarn um sich hätte. Im Alltag sind diese Tage allerdings äußerst selten. Eigentlich gibt's die nie.
Was wiederum am näheren Umfeld liegt. Und am weiteren.
Und da ist ja immer was.

Müller
oder Der Paketzustelldienst

Gerne lassen wir uns Pakete bringen.

Man bestellt irgendwo irgendwas, das lässt man sich dann nach Hause schicken. Man weiß nie, wann das Paket kommt und, wenn es kommt, was drin ist, weil man sich immer so viel bestellt, dass man die Übersicht verliert. So hat man mit jedem Paket jedes Mal ein kleines bisschen Weihnachten.

Das Problem ist nur: Andere Menschen scheinen auch gerne öfter im Jahr ein kleines bisschen Weihnachten haben zu wollen. Und deswegen lassen sie sich ebenfalls zuhauf Pakete und Päckchen schicken. Was an und für sich kein Problem wäre. Aber wenn die Pakete und Päckchen der anderen immer mehr werden…

Immer öfter wird man durch die Pakete und Päckchen der anderen gestört, weil die, für die die Pakete und Päckchen eigentlich bestimmt sind, nicht zu Hause sind, aber die ganzen Pakete und Päckchen ja abgegeben werden möchten. Und immer wieder wird deswegen bei einem geklingelt, obwohl die Pakete und Päckchen gar nicht für einen selber sind. Und man selber hat ja schon lange keine eigenen Pakete und Päckchen mehr bekommen.

Also dann fängt's langsam an zu nerven.

Das Tollste an den bestellten Paketen und Päckchen ist: Man muss das Zeug nicht schleppen; das macht der Paketzustelldienstmensch. Wir haben einen Paketzustelldienstmenschen, der ist wahnsinnig schnell. Der klingelt unten an der Haustüre, ich öffne, und schon steht der bei uns oben vor der Wohnungstür. Und wir wohnen in der dritten Etage. Wie der das macht, weiß ich nicht.

Und der ist wahnsinnig nett. Also richtig nett.

Nur manchmal hab ich das Gefühl, er steht zwar körperlich bei mir schon vor der Tür, aber geistig noch nicht. Denn ich vermute: Weil er selber so schnell ist, ist sein Hirn vermutlich noch irgendwo auf der Straße oder im Treppenhaus geblieben und kommt nicht nach.

Letztens auch wieder. Da schienen sich die Ereignisse zu überschlagen.

Es klingelt an der Tür, ich gehe an die Hausgegensprechanlage, höre:»Paketpost hier!«, drücke auf, öffne die Wohnungstüre, und schon steht der Paketzustelldienstmensch auf der Schwelle.

»Guten Tag«, sagt er, »ich hab hier ein Paket für Müller.«

»Ich bin nicht Müller.«

»Ich hab aber ein Paket für Müller.«

»Ich bin aber nicht Müller.«

Er schaut mich müde an:»Müllers machen nicht auf.«

»Und warum klingeln Sie dann bei mir?«

»Weil Müllers nicht aufmachen.«

»Geben Sie's doch da ab.«

»Es macht aber keiner auf.«

»Wo?«

»Bei Müller.«

»Aber Sie haben doch ein Paket für die.«

»Eben. Aber die sind nie da. Nehmen Sie's an?«

»Ich bin doch nicht Müller.«

»Aber Sie könnten aufmachen, weil Sie da sind.«

»Ich hab doch schon aufgemacht, weil ich da bin, wie Sie sehen.«

»Hm ... Hm ... Ich sehe Sie. Da sind Sie.«

»Ja, ich bin da.«

»Aber Sie nehmen das Paket nicht an.«

»Richtig. Weil ich nicht Müller bin. Und wenn's nur darum geht, dass ich hier Pakete annehme, nur weil ich da bin, könnten Sie ja gleich alle Ihre Pakete hierlassen.«

»Das macht aber keinen Sinn«, sieht er ein.

»Vielleicht sind Müllers ja auch da, machen nur nicht auf«, sage ich.

»Warum sollten denn Müllers nicht aufmachen, obwohl sie da sind?«

»Das müssen Sie Müllers fragen«, sage ich.

»Würde ich gerne. Kann ich aber nicht. Müllers machen ja nicht auf.«

»Dann können Sie die auch nicht fragen.«

»Ich hab aber ein Paket für sie.«

»Für mich?«

»Nein, für Müllers.«

Ich sage: »Ich höre immer nur Müller, Müller, Müller, Müller, Müller! Müller ist doch kein Name, das ist ein Sammelbegriff! Und die sehen auch alle gleich aus: Seitenscheitel, Kassengestell auf der Nase, beiger Anorak über dem Holzfällerhemd, beige Hose, braune Socken in beigen Gesundheitsschuhen. Und die Männer sehen genauso aus! Nur: Die tragen zu diesem Ensemble gerne mal einen Bart. Wenn ich so was sehe, werde ich wahnsinnig! Und wenn dieser Müller mich so richtig fertigmachen will, dann hat er noch einen Taschenknirps unterm Arm. Also dann ist es ja ganz aus! Weil: Auf den Taschenknirps ist er ja nicht von alleine gekommen. Seine Frau hat zu ihm gesagt, wär besser, wenn er den Taschenknirps mitnehmen würde, könnt ja immer mal ein Schäuerchen runterkommen. Deswegen hat sie ihm den Taschenknirps mitgegeben. Also ist ein Zeichen der Unselbständigkeit des Mannes der Taschenknirps am Müller.«

Der Paketzustelldienstmensch schaut mich mit großen Augen stumpf an: »Ent… entschuldigung, ich hab jetzt nicht mehr richtig zugehört… Bei ›Sammelbegriff‹ bin ich ausgestiegen. Sind Sie denn jetzt Müller oder sind Sie's nicht?«

»Ich bin nicht Müller!«, rufe ich.

»Echt nicht?«

»Nein.«

»Auch nicht so ein bisschen?«

»Ich bin kein bisschen Müller«, sage ich.

Der Paktzustelldienstmensch verschränkt die Arme vor der Brust, lehnt sich zurück und schaut mich an: »Hm… Machen wir einen Kompromiss: Könnten Sie denn vielleicht ein paar Minuten lang Müller sein?«

»Wieso das denn?«

»Damit ich das Paket hier loswerde.«

»Wie?«

»Wenn Sie jetzt Müller wären, dann wären Sie die Müllers, für die ich dieses Paket habe. Dann könnte ich Ihnen das Paket geben, weil Sie ja jetzt Müller wären, und wir wären alle glücklich. Sie wären Müller und ich hätte hier dieses Paket für Sie.«

Wenn auch idiotisch, finde ich es zumindest pfiffig. Aber seine Rechnung geht nicht auf. Und ich sage: »Gut. Gegenfrage: Könnten Sie nicht eben Bäcker sein?«

»Wer ist Herr Bäcker? Für Bäcker hatte ich noch nie Pakete.«

»Ich kenne auch keine Bäckers. Und ich hätte auch keine Pakete für die. Was ich meine, ist der Beruf. Ich hab noch nicht gefrühstückt, ich bräuchte Roggenbrötchen.«

»Und die Brötchen kriegen Sie von Familie Bäcker, wenn Sie denen ihre Pakete annehmen?«

»Was?!«

»Aber was hat das denn jetzt mit Müllers zu tun?!«

»Nichts! Und deswegen nehme ich auch keine Pakete für die an.«

»Aber für Bäckers würden Sie das machen?«

Ich sag: »Wenn die Brötchen für mich hätten …«

»Aber Sie kennen doch keine Bäckers.«

»Richtig. Ich würde aber theoretisch Brötchen von Bäckers nehmen, wenn Sie Bäcker wären und ich im Gegentausch für Brötchen Ihre Pakete für Bäcker hypothetisch annehmen müsste.«

»Und wenn Müllers Brötchen für Sie hätten, würden Sie denen ihre Pakete auch annehmen?«

»Nein. Weil die Brötchen hätte ich ja dann schon von Bäckers.«

»Und wenn Müllers frischen Aufschnitt für Sie hätten? Für auf die Brötchen drauf?«

»Aber ich kenn doch keine Müllers!«

»Na und? Sie kennen auch keine Bäckers und essen trotzdem denen ihre Brötchen.«

Er visiert mich streng an, er führt was im Schilde. Und dann lässt er es raus: »Nehmen Sie jetzt das Paket für Müller?«

»Nein!!!«

Ich knalle die Türe zu. Ist er dann gegangen.

Am nächsten Tag klingelte er wieder.

»Heute hab ich zwei Pakete für Müller«, sagte er.

»Ich nehm aber nichts an. Ich bin nicht Müller und ich kenn Müller nicht.«

»Ich hab aber zwei Pakete für die.«

»Ich nehm die aber nicht. Beide nicht. Bin ja auch nur einer. Und Sie haben zwei Pakete. Für jeden Müller eins.«

»Und Sie sind immer noch kein Müller?«

»Vollkommen richtig.«

»Vielleicht gibt's die ja gar nicht.«

»Wieso das denn nicht?«

»Weil die nie da sind.«

»Und wer bestellt sich dann die Pakete für Müller?«

»Vielleicht Sie, nur um mich zu ärgern.«

»Das ist doch Unsinn«, sagte ich.

»Nehmen Sie jetzt die Pakete an?«

»Nein. Ich bin doch kein Müller.«

»Und wo soll ich jetzt die Pakete loswerden?«

»Na, bei Müller.«

Er sagte: »Die sind nie da! Wissen Sie eigentlich, wo ich die Pakete immer abgebe, wenn Sie die nicht annehmen? Bei Günthers.«

»Was haben denn Günthers mit Müllers zu tun?«

»Weiß ich nicht. Kennen Sie Günthers?«

»Nein, Günthers kenn ich auch nicht.«

»Nette Leute. Günthers nehmen alle Pakete ihrer Nachbarn an. Egal von wem, egal was, egal wann, egal wie viel, egal für wen: Günthers nehmen die Pakete an und kümmern sich um alles.«

»Na, das ist doch prima«, sagte ich.

»Günthers machen auch Babysitting. Oder Dogsitting, je nachdem. Auch kleinere Einkäufe, Botengänge, Korrespondenzen mit Ämtern, Blumengießen für Verreiste... Alles kein Problem, Günthers kümmern sich um alles.«

»Also diese Günthers habe ich noch nie gesehen.«

»Kein Wunder, die sieht eigentlich kaum einer.«

»Aha. Und warum nicht?«

»Weil die ständig unterwegs sind.«

»Wahrscheinlich rennen die Müllers hinterher, um denen die Pakete nachzutragen.«

»Waren denn Günthers schon mal bei Ihnen?«

»Nein. Ich bin ja kein Müller.«

»Immer noch nicht?«

»Nein, immer noch nicht.«

»Na, dann gehe ich mal zu Günthers.«

»Machen Sie das mal. Schließlich kümmern die sich ja um alles.«

»Eben.«

Und weg war er.

Einen Tag später klingelte es wieder bei mir an der Tür.

Ein mir vollkommen unbekannter Mann stand vor mir und sagte: »Guten Tag, es ist ein Paket bei uns abgegeben worden für Sting. Sind Sie das?«

»Das bin ich«, sagte ich.

»Dann habe ich ein Paket für Sie.«

»Das ist nett. Aber warum hat der denn nicht mir mein Paket gegeben?«

»Weiß nicht. Ich hab's ja jetzt.«

»Aber ich war ja da.«

»Wann?«

»Als der Paketzustelldienstmensch da gewesen sein muss. Der kommt immer gegen 12, da war ich da.«

»Anscheinend wohl nicht, denn Sie haben Ihr Paket ja nicht bekommen. Ich hab's ja.«

»Ja, aber wo soll ich denn gewesen sein?«

»Das weiß ich nicht.«

Ich fragte: »Aber Sie waren da?«

»Ich war da.«

»Aber nicht hier bei mir.«

»Was soll ich denn bei Ihnen? Ich kenne Sie doch gar nicht. Ich war bei mir. Aber auch nicht zu dem Zeitpunkt, als der Paketzustelldienstmensch da war, sondern später.«

»Trotzdem haben Sie mein Paket… Aber woher denn?«

»Von Günthers.«

»Was macht denn mein Paket bei Günthers, obwohl ich zu Hause bin?«

»Rumliegen.«

»Ach so. Aber ich kenne diese Günthers doch überhaupt nicht!«

»Die kennt niemand. Also, die sieht nie jemand.«

»Weil die sich immer um alles kümmern?!«

»Jawohl. Und die haben mir Ihr Paket vor die Türe gestellt.«

»Und warum stellen Günthers Ihnen mein Paket vor die Türe?«

»Vermutlich, weil ich nicht aufgemacht habe.« Er machte eine kleine Pause, schaute mich an: »Hätten Sie denn eventuell noch ein Paket für mich?«

»Wer sind Sie denn?«

»Ich bin Müller.«

Ich dachte, ich höre nicht richtig. Da stand er: der leibhaftige Müller.

Und ich sagte: »Sind Sie's wirklich? Sie sind Müller?«

Müller brummte: »Ich bin Müller.«

»Das gibt's ja gar nicht. Sie machen ja nie die Türe auf.«

»Wie soll ich das auch? Es klingelt ja nie einer bei uns. Jedenfalls hören wir's nicht. Die Klingel ist seit Wochen kaputt. Und wir erwarten so viele Pakete… Keine Ahnung, wo die alle sind.«

»Wir dachten schon, Sie gibt's gar nicht.«

»Und wer hätte dann all die Pakete bestellen sollen?«

»Na, die Müllers.«

»Ja, und das sind wir.«

Ich konnte es immer noch nicht fassen: Der Mensch, der vor mir stand, behauptete, dieser Müller zu sein.

Ich schaute ihn mir genau an: Seitenscheitel, Kassengestell auf der Nase, beiger Anorak über dem Holzfällerhemd, beige Hose, braune Socken in beigen Gesundheitsschuhen, Schnurrbart im Gesicht.

Einwandfrei: Bei dem Menschen vor mir musste es sich um einen Müller handeln.

Ich fragte:»Laufen Sie immer so rum, Herr Müller?«

»Ja. Nur etwas fehlt: mein Taschenknirps. Den hab ich bei meiner Cousine liegen lassen. Die sieht genauso aus wie ich.« Hier freute sich Herr Müller.»In unserer Familie sehen alle gleich aus. Wir haben mal ein großes Familienfoto gemacht, da wusste hinterher keiner mehr, wer wer war.« Nun kicherte Herr Müller.»Ich sag sowieso immer: Müller, das ist kein Name, das ist ein Sammelbegriff.« Müller lachte.

Ich konnte nicht mehr lachen.

Ich sagte:»Herr Müller?!«

»Ja bitte?«

»Ich glaube, Herr Müller, ich muss genau jetzt wahnsinnig werden. Und das mach ich lieber alleine.«

Ich knallte die Türe zu.

Danach hatte ich ein paar Tage Ruhe. Ruhe vor Paketen, Päckchen, Paketzustelldienstmenschen und Müllern.

Letzte Tage lag ein Zettel bei mir vor der Tür vom Paketzustelldienst. Da stand drauf:»Paket für Sting. Nicht angetroffen. Paket abgegeben bei…«

Ja, und hier hörte es auf.

Da stand noch etwas auf dem Zettel.

Und ich wusste: Der Paketzustelldienstmensch war da gewesen.

Ich wusste weiter: Ich war wohl zu dem Zeitpunkt nicht da gewesen. Sonst wäre ich ja da gewesen, als der Paketzustelldienstmensch da war und geklingelt hat, um mein Paket für mich abzugeben.

Überdies wusste ich: Der Paketzustelldienstmensch hatte das Paket woanders für mich abgegeben; das stand ja auf dem Zettel.

Und was ich auch noch wusste: Ich konnte ums Verrecken nicht lesen, bei wem. Also, ich konnte es nicht entziffern. Bei der Sauklaue…

Was stand da?!

Andersen…

Andresen…
Andenberg…
Andenburg…
Herrenberg…
Ich überlegte.
Hab solche Nachbarn gar nicht. Die heißen anders. Zum Beispiel…
Na ja, fällt mir jetzt nicht ein. Aber anders eben. Und nicht Andersen.
Hab Nächte über diesen Namenhieroglyphen gesessen.
War dann mal bei Müllers. Ob die es entziffern könnten.
Denen ging's ähnlich: Sie konnten die Schrift nicht enträtseln.
Müller und ich saßen über dem Zettel.
Das Einzige, was Müller mit Sicherheit sagen konnte: »Also Günther heißt das hier nicht!«
Das hätte ich ihm auch sagen können.
Aber welchen Namen hatte der Paketzustelldienstmensch jetzt auf diesen Zettel geschrieben?
Hannenberg…
Hahnenfried…
Jannenried…
Jangenland…
Annenrand…
Andengeer…
Keine Ahnung.
Und dann kam Müller drauf.
Zwei Tage später. Und zwar als er einkaufen war.
Am Ende unserer Straße ist nämlich ein Änderungsatelier.
Und Andersen / Andresen / Andenberg / Andenburg / Herrenberg / Hannenberg / Hahnenfried / Jannenried / Jangenland / Annenrand / Andengeer heißt nichts anderes als – Änderungsatelier.
Da muss man auch erstmal draufkommen.

Sind Müller und ich also in dieses Änderungsatelier.
Überall lagen / standen / verstaubten Pakete und Päckchen.
Wir sahen also nur Pakete und Päckchen.

Sonst eigentlich nichts. Eine verblühte Topfblume, ein Abendkleid in Pailletten an Dekopuppe im Schaufenster, aber sonst nur Pakete und Päckchen.

Und plötzlich hörten wir ein dürres Stimmchen hinter all den Päckchenbergen:»Ist da wer reingekommen? Ich seh nämlich nichts! Geben Sie doch mal bitte Laut!«

»Ja, wir«, rief ich in den Päckchenberg.

»Wer ist denn wir?«

»Wer sind denn Sie? Und wo sind Sie überhaupt?!«

»Ich betreibe hier das Änderungsatelier mit angeschlossener Backstube. Also wenn Sie mal frische Brötchen brauchen ... Mein Name ist Bäcker ... Und Sie können mich nicht sehen, ich stecke hinter den Paketbergen ... Die häufen sich hier, weil deren Besitzer sie nicht abholen, diese Pfeifen ...«

»Aha«, machten wir.

»Und wer sind jetzt Sie?«, wollte Herr Bäcker wissen.

»Herr Müller und Herr Sting«, rief ich.

Pause.

Und dann:»Ach, Sie sind das. Na, dann sehen Sie mal zu, wie Sie das hier rausbekommen! Das ist nämlich alles für Sie!«

Müller und ich guckten uns nur an.

»Wer soll das denn alles rausschleppen?!«, fragte Müller rhetorisch.

»Da wären wir ja Tage mit beschäftigt ... Nee, ich hab eine bessere Idee mit den ganzen Paketen hier: Lassen Sie die doch von Günthers abholen.«

»Wie?!«, meinte Herr Bäcker.

Ich sagte:»Richtig. Die kümmern sich doch eh um alles.«

Stille. Drei Männer inmitten von Päckchenbergen überlegten.

Plötzlich wollte Herr Bäcker von irgendwoher wissen:»Und wie schaff ich's, dass Günthers die ganzen Pakete hier annehmen?!«

Und ich sagte:»Ganz einfach: Schicken Sie das alles hier einfach per Paketzustelldienst zu Müllers! Die sind eh nie da! Dann kriegen das die Günthers und die kümmern sich schon drum.«

Günthers scheinen sich auch drum gekümmert zu haben.

Und zwar final.

Wir haben nämlich nie mehr was von unseren Paketen und Päckchen gesehen.

Dafür konnte ich letztens beobachten, wie ein größerer Transporter in einem irren Tempo hinter einem Müllwagen her zur Deponie fuhr.

Am Steuer: Herr Günther, irre lachend wie nicht von dieser Welt.

Das war's dann wohl mit unseren Paketen und Päckchen.

Schade.

Also, wenn sich Günthers um was kümmern, dann aber richtig.

Der Zahnarzt

Viele Menschen sagen, sie hätten Angst vor dem Zahnarzt. Das kann ich von mir nicht behaupten. Ich geh nämlich gar nicht erst hin. Früher war ich mal beim Zahnarzt, das war ein ganz alter Hase. Der alte Zahnarzt hat mir damals schon gesagt: »Bei Zähnen ist es wie im Leben: Wichtig ist immer, was man draus macht.«
Und da hat er Recht.
Man muss was draus machen.

Letztens bin ich nach langer Zeit wieder mal zum Zahnarzt. Also nicht, dass ich wollte. Bei weitem nicht, ich bin ja nicht verrückt. Freiwillig würd ich so was nie machen.
Nein, ums Eck hat eine neue Zahnarztpraxis aufgemacht und die hat mir eine Postkarte geschickt. Also nicht die Praxis als solche, sondern der Arzt an sich. Oder vielmehr seine Sprechstundengehilfin. Woher die mich wieder kennt, dass sie meint, ich müsste mal zum Zahnarzt, das weiß ich nicht. Meine Vermutung ist ja, dass die einfach wahllos Leute anschreiben in der Hoffnung, dass schon irgendwer drauf reinfällt und vorbeikommt.
Und bei mir hat's geklappt.

Bei uns lag also eine Postkarte im Briefkasten vom Zahnarzt, nichts Dolles, blanko. Also eine Postkarte ohne Motiv. Kein Küstenabschnitt, keine Wiese, keine Sandburg. Obwohl das ja originell wär: eine Postkarte vom Zahnarzt, vornedrauf ein Bergmassiv, bei dem schon der ein oder andere Steinschlag abgegangen ist. Würde ja passen.
Oder eine Gletscherspalte. Ich reagier ja auch so empfindlich auf Kälte. Grad oben links.

Aber nein, es war eine Postkarte, blanko, und auf der stand: »Liebe Grüße von Ihrem Zahnarzt.« Stand da wörtlich drauf, und dann noch: »Bitte melden Sie sich doch mal wegen einer Terminabsprache.«

Sofort dachte ich an meinen alten Zahnarzt. Was hat der früher immer gesagt? »Wichtig ist immer, was man draus macht.«

So. Jetzt will ich aber überhaupt keinen Termin mit meinem neuen Zahnarzt, ich wüsste auch gar nicht, wofür. Ich mein, der Neue, das ist ja ganz bestimmt ein sympathischer Mann, ich bezweifle das auch gar nicht, keine Frage, ich hab nichts gegen den Mann, soll ruhig seinen Job machen, also als Zahnarzt, aber dass es so weit kommt, dass ich mich mit dem privat auch noch treffen müsste, also so weit kommt es noch. Und über was sollte ich mich mit dem unterhalten? Und selbst wenn, ich wüsste ja gar nicht, wo.

Dann kriegte ich aber eine zweite Postkarte von meinem Zahnarzt: »Liebe Grüße von Ihrem Zahnarzt. Bitte melden Sie sich doch mal wegen einer Terminabsprache.«

Und ich denk noch: Oh, der hat es aber nötig. Also der hat aber… Der muss Langeweile haben.

Und ich denk noch, ja, was machst du denn jetzt mit diesem Mann? Grad, wo er sich doch so um soziale Kontakte bemüht. Kannst dich ja mal melden. Bist ja auch nur ein Mensch.

Dann ging das aber bei mir unter.

Eine Woche später kam die dritte Postkarte: »Liebe Grüße von Ihrem Zahnarzt«, stand da wieder wörtlich drauf, »Liebe Grüße von Ihrem Zahnarzt, bitte melden Sie sich doch mal wegen einer Terminabsprache.«

Und ich dacht noch so: Mensch, jetzt wird er aber impertinent. Ist doch ein studierter Mann und dann so was. Das hat der doch gar nicht nötig. Ich schaltete auf stur.

Zwei Wochen später wurde es noch bunter: Der Zahnarzt rief mich an. Also, nicht er, sondern seine Sprechstundengehilfin. Und ich denk noch so: Holt der jetzt auch noch eine unschuldige Frau mit ins Boot, na, das kann ja heiter werden, und sie sagt: »Ja, liebe Grüße von Ihrem Zahnarzt« wollte sie mir ausrichten, liebe Grüße also von meinem Zahnarzt, wegen der Terminabsprache würde sie sich jetzt mal bei mir melden. Und ich dachte noch so: Der muss es ja wirklich nötig haben.

Ich sag zu der Sprechstundengehilfin: »Hören Sie mal, was rufen Sie mich denn an, wenn mein Zahnarzt was von mir will?! Außerdem ist das gar nicht mein Zahnarzt, aber er will sich ständig mit mir treffen. Wofür überhaupt? Kegeln? Darts? Ikebana? Und wenn er mit mir ausgehen will, was rufen Sie mich dann an? Was haben Sie denn mit dem Mann am Hut?«
Sagt sie: »Ja, ich mach die Termine.«
Ich sag: »Wenn's so ist, dann gebe ich Ihnen mal meine ständige Begleiterin, mit der können Sie dann ja mal über meine Termine reden.«
»Wieso?«, wollte sie wissen. »Es geht doch um Ihren Zahnarzttermin.«
»Und was wollen Sie dann mit meiner ständigen Begleiterin reden?! Außerdem habe ich gar keinen Zahnarzttermin.«
»Eben. Den will ich jetzt ja auch mit Ihnen machen. Der Zahnarzt möchte einen Blick auf Ihre Zähne werfen.«
Jetzt verstand ich sie: »Ach so, sagen Sie das doch gleich. Und ich dachte schon, es sei was Privates. Also schön, das lässt sich einrichten. Wenn er dann endlich Ruhe gibt …«

War ich also beim Zahnarzt. Bin in das Haus rein. Auf dem Weg in die dritte Etage (da sind Zahnärzte fast immer, damit man sich das auf dem Weg hoch noch ein paar Mal überlegen kann) kommt mir eine Frau entgegen, die sich ihre dicke Backe hält und nuschelt: »Die Praxis ist eine Neueröffnung. So lang machen die das noch nicht.«
Aha.
Die Praxis sah gut aus. Alles neu und frisch und schön. Das muss ins Geld gegangen sein. Verstand sofort, warum der Zahnarzt so auf meinem Termin bestanden hatte.
In der Praxis strahlte mich die Sprechstundengehilfin an, meinte,

wir hätten telefoniert und sagte leicht entschuldigend:»Sie müssen wissen, der Herr Doktor ist noch ein ganz junger. Und die Praxis, das ist eine Neueröffnung. So lang machen wir das noch nicht.« Zweites Mal aha.

Ich musste nicht lange warten, kam schnell dran, legte mich in den Stuhl, der fuhr nach hinten, von oben kam gleißend helles Licht. Und dann kam der junge Zahnarzt. Und so ein Zahnarzt findet ja immer was. Auch wenn da nichts ist, absolut gar nichts, auch wenn es einem gut geht, auch dental gesehen. Oder grade wenn es einem dental gesehen großartig geht ... gut, bis auf die empfindliche Stelle oben links: Der findet was!

Ich putze mir, da kann man mich für angucken, ich putze mir wirklich einmal in der Woche, manchmal, wenn's hochkommt, täglich die Zähne. Die Zeit nehm ich mir einfach, wenn sie da ist. Da kenn ich nichts.

Jetzt hing da über mir im Gegenlicht der Zahnarzt, guckte mir in den Mund und sagte nur:»Sie kommen aber spät.«

Ich sagte ... Also ich versuchte es eher zu sagen, und zwar an Wattebäuschen, Spiegelchen, Häkchen und sonst noch was vorbei. Das muss ein eigener Kurs während des Studiums sein: Gelingende Kommunikation mit vollem Mund.

Also ich sagte:»Wie, ›spät‹? Es ist Punkt 10!«

Und er:»So mein ich das nicht. Sie müssen erstmal den Mund ausspülen.«

Der Spülautomat funktionierte aber nicht. Ich sagte:»Das Ding hier geht aber nicht.«

»Ach, geht wieder nicht?! Tut mir leid. Aber die Praxis ist eine Neueröffnung. So lang machen wir das noch nicht.«

Er trat mit seinem Fuß gegen den Apparat.»So, jetzt läuft er wieder.«

Wenn er so auch mit meinen Zähnen vorgehen wollte, dann aber gute Nacht.

»Also ich bin keine Neueröffnung«, gab ich zu bedenken.»Und kauen tu ich schon recht lange. Und will's auch fürderhin. Also geben Sie sich mal Mühe.«

Der Zahnarzt beugte sich wieder über mich: »Jetzt lassen Sie mich noch mal einen Blick werfen. Und dann sehen wir weiter.«

Pause.

Lange Pause.

Eindeutig viel zu lange Pause.

Und dann irgendwann nur: »Oh. Oh. Oho.«

Wieder lange nichts, dann: »Ohohoh. Das wird in Ihrem Fall ja wohl eine Kernsanierung.«

»Wie hab ich das denn zu verstehen?«

»Ja, da müssen wir von Grund auf dran.«

»Wie? ›Von Grund auf‹?«

»Wir machen da erst mal eine Zahnreinigung durch unsere Fachkraft, die Ihnen zeigt, wie man richtig die Zähne putzt.«

»Aha. Kommt da auch wieder der Zahnbär, wie im Kindergarten, und singt das Karieslied?! Hören Sie mal, ich weiß, wie man Zähne putzt. Das muss mir niemand mehr erklären.«

»Anscheinend ja doch. So wie das bei Ihnen hier aussieht… Sandra, notieren Sie mal… Nein, nehmen Sie besser einen Block. DIN-A4.«

Und dann guckte er mir weiter im Mund rum, schüttelte immer wieder den Kopf, rief eine Assistentin dazu und murmelte dann: »Was haben wir denn da auf den ersten Blick? Karies, entzündetes Zahnfleisch…«

Ich sagte: »Ist jetzt mal gut? Jetzt reicht's aber langsam.«

Und er wieder: »Nö. Ein, zwei Plomben fehlen, dann haben wir da noch eine Parodontose… Und wie ich grad sehen kann: Ihren Blinddarm haben Sie ja auch noch!«

Ich sagte: »Sagen Sie mal, wo sind Sie denn da grade?!«

Und er: »Na ja, auf jeden Fall, da kommt ja ganz schön was zusammen. Aber das kriegen wir schon wieder hin. Ich mein, so lang machen wir das zwar noch nicht…«

»Ich weiß, Sie sind eine Neueröffnung.«

»Richtig. Aber das mit Ihren Zähnen, das kriegen wir schon irgendwie wieder hin. Das ist ein Stück harte Arbeit, aber… Schauen wir mal.«

»Brauchen Sie… Also brauchen Sie… Oder anders: Benötigen Sie einen Bohrer?«, wollte ich wissen.

»Ich denke schon. Die laufen zwar noch nicht richtig rund… Wir sind ja hier eine Neueröffnung, da muss sich das alles erst ein bisschen einspielen.«

»Und so lang machen Sie das ja noch nicht.«

Er nickte nur und sagte: »Aber das kriegen wir schon wieder hin.«

Und dann schaute er mir wieder in den Mund, ließ auch mal seine Assistentin einen Blick reinwerfen, die holte wiederum ihre Assistentin, mit der Begründung, die müsse noch was lernen, und so etwas hätte sie bestimmt noch nicht gesehen, dann holte der Zahnarzt seine Sekretärin noch mit rein, die kannte ich schon, wir hatten mal telefoniert, dann noch den Zahntechniker von nebenan, den Osteopathen von untendrunter, der immer nur sagte: »Das kommt alles vom Beckenschiefstand.«

Dann kam noch der Gynäkologe von drüber, der sagte, so was hätt er auch noch nicht gesehen, was mir bei seinem Fachgebiet auch zwangsläufig scheint, und der Urologe aus dem Souterrain kam auch noch, das ist so ein Praxishaus, und die guckten alle in meinen Mund.

Mit einer winzigen Spezialkamera wurde das Bild meines Mundraums an die weiße Wand des Behandlungszimmers geworfen, damit alle besser sehen konnten und es kein größeres Gedränge vor mir gab.

Es waren nachher knapp über zwanzig Leute in dem Raum, es kamen auch noch Kinder und Frauen von der Straße hoch, und alle guckten in meinen Mund und schüttelten nur den Kopf.

Und ich dachte noch so bei mir: Unangenehmer kann's nun wirklich nicht mehr werden, aber dann haben die noch meine Eltern angerufen, die hatten grade Zeit, kamen auch, sollten sich, wie der Zahnarzt sagte, auch mal ein Bild davon machen.

Das »Davon« war in dem Fall ich; vielmehr meine Zähne.

Und meine Mutter schaute mir in den Mund, guckte meinen Vater vorwurfsvoll an und sagte fast tonlos: »Das ist alles deine Erziehung.«

Der Zahnarztpraxis gegenüber befindet sich eine Kfz-Werkstatt; mein Zahnarzt rief vom Fenster aus den Mechaniker hoch, er solle mal vorbeikommen, was er dazu sage, vielleicht könne er, der Kfz-Mechaniker, mehr an meinen Zähnen ausrichten als er, der Zahnarzt.

Der Kfz-Mechaniker kam sofort rüber, schaute mir in den Mund und meinte, das könne er auch erledigen, das sei kein Problem, er müsse nur noch eben seinen Werkzeugkasten holen. Handwerker eben.

Von seinem Handy aus rief er ein Fernsehteam an, die auch sofort mit fünf Mann anrückten; der zuständige Redakteur meinte, das sei was für ein Boulevardmagazin am Vorabend, wo sie sonst nur was über Autobahnunfälle bringen würden. Aber das hier wär irgendwie krasser.

Als wäre das alles nicht schon genug, wurde auch noch meine ständige Begleiterin benachrichtigt, die nach einer halben Stunde da war, einen Blick auf meine Zähne warf und nur schweigend den Kopf schüttelte.

Später trudelte noch eine Koryphäe aus der Uniklinik ein, zusammen mit seinen Studenten, der Herr Professor schaute auf meine Zähne, die Medizinstudenten auch, und hielt dann einen dreiviertelstündigen Vortrag, währenddessen ein Hauptseminar Archäologie, das sich sonst nur mit Ausgrabungen beschäftigt – sie hatten von dieser erstaunlichen Entdeckung hier gehört; verrückt, wie schnell sich heutzutage Informationen verbreiten –, vorbeischaute und zwei Frauen flau fielen.

Aus der Ferne hörte ich den Satz: »Übermorgen kommt Familienbesuch aus Freiburg, das würde die mit Sicherheit auch interessieren. Wie lange dauert denn so eine Kernsanierung?«

Und dann meinte mein Zahnarzt, da müsse erstmal Grund rein, ich solle mir mal gut zwei Wochen freinehmen, das wäre ein Kraftakt für beide Seiten, dann wäre er mit mir durch, und danach würd es in die Reha gehen. Also für uns beide.

Keine Ahnung, was er damit meinte.

Aber das würden wir schon wieder hinkriegen.

Was danach passiert ist, weiß ich nicht mehr. Ich kann mich an nichts mehr erinnern.

Ich weiß nur, dass ich irgendwie von dem Stuhl runter- und irgendwann auch nach Hause gekommen sein muss.

Abends konnte man in einem TV-Boulevardmagazin einen Bericht über einen durchdrehenden Zahnarztpatienten sehen.

Erst soll er ein komplettes Behandlungszimmer auseinandergenommen haben und unter hysterischem Geschrei mit Zahnbohrern Löcher in die Wand gebohrt haben, was um die dreißig Schaulustige, die sich wohl – aus welchen Gründen auch immer – zu diesem Zeitpunkt in dem Raum befunden haben, zur panikartigen Flucht veranlasst hat.

Durch das Geschrei aller Beteiligten wurde das gesamte Praxishaus beunruhigt, und alle flüchteten auf die Straße, die weiträumig abgesperrt werden musste, da besagter Zahnarztpatient diverse Gegenstände wie Zahnbürsten, Zahnseide, Pasta, Bohrer, Spiegel, Pflegesets und später auch ganze Behandlungsstühle aus den Fenstern der Praxis geworfen hat.

Erst durch das beherzte Eingreifen eines Einsatzkommandos der Polizei konnte der Patient eingefangen werden und noch beim Abtransport durch herbeigerufene Sanitäter, die ihn mit Lederriemen auf einer Trage fixiert hatten, sang er: »Ich bin der Zahnbär und sing das Karieslied …«

Ich schaute mir diesen Bericht sehr interessiert an. Seltsamerweise hatte – bei genauerem Hinsehen – dieser Patient eine kolossale Ähnlichkeit mit mir.

Langsam kam dann auch wieder die Erinnerung, wie der Tag für mich weitergegangen ist.

Dass ich in einer Klinik beruhigt wurde und mir erstmal gezeigt wurde, wie man richtig die Zähne putzt. Es haben sich auch schon erste Erfolge eingestellt: Oben links zieht's jetzt nicht mehr so.

Soll viel spazieren gehen. Lange Gänge, gesunde Suppen und enorm viel Wasser trinken.

Schöne Tipps.

Ich muss jetzt einfach mal gucken, was ich draus mach. Das ist nämlich das Wichtigste. Hat schon mein alter Zahnarzt gesagt.

Der junge Zahnarzt ums Eck hat seine Praxis erstmal schließen müssen. Wegen Renovierung.

Das wird da jetzt erstmal eine Kernsanierung. Aber damit kennen die sich ja aus.

Und dann wird das eine Neueröffnung.

Aber das kriegen die schon wieder hin.

Und so lang machen die das ja auch noch nicht.

Der Butterkuchen

Letzten Samstag, ein fürchterliches Wetter, es war mal nichts los, ich wusste nicht, was ich machen sollte, passiert mir oft, und dann hab ich einfach das gemacht, was ich oft mache, wenn ich nicht weiß, was ich machen soll: Hab ich einfach nichts gemacht!

Plötzlich kommt meine ständige Begleiterin zu mir, wie ich da einfach so auf dem Sofa sitze, schaut mich an und fragt mich: »Was hältst du eigentlich von Butterkuchen?«
Ich sag: »Generell?«
»Ja«, sagt sie, »und im Speziellen.«
»Einfach so Butterkuchen?«
»Ja, Butterkuchen.«
»Was denn für Butterkuchen?«
»Ja, ich hätte einfach mal wieder Lust auf einen Butterkuchen. Hatten wir schon lang nicht mehr.«
Ich sag: »Butterkuchen, Butterkuchen … Ich find Butterkuchen langweilig.«
»Und ich habe Appetit drauf«, sagt sie.
»So.«
»Ein ganz hundsgemeiner Butterkuchen.«
Da war erst mal Pause.

»Was hältst du denn von … beispielsweise … Sahnetorte mit Kirschen? Muss doch nicht immer Butterkuchen sein.«
»Ich hatte jahrelang keinen Butterkuchen. Jetzt hätte ich mal gerne wieder einen.«
»Oder Zitronenrolle?«, sag ich. »Was ist denn mit Zitronenrolle? Ist doch auch lecker. Oder ein Bienenstich? Wie sieht's denn mit

Bienenstich aus? Oder Donauwelle? Schön mit Schoko, weißer Creme und Kirschen und so einer dicken Schokoschicht obendrauf.«

Sie schüttelt immer nur den Kopf.

»Jetzt hab ich's: Gedeckter Apfel? Oder einen Apfelkuchen mit Zuckerschicht obendrauf, das ist es doch. Isst du doch so gerne. Oder Rüblitorte, also was mit Möhren. Oder Erdbeer-Quark. Oder Mokka-Rum …«

Sie schüttelt weiter den Kopf und sagt: »Möchte ich alles nicht.«

»Ja, dann weiß ich auch nicht, was du willst! Ich rate und rate und rate …!!! Jetzt lass dir doch nicht die Würmer aus der Nase ziehen! Ich bemühe mich hier, dir deinen Kuchentraum von den Augen abzulesen, aber du sagst ja nichts!!! Was ist es denn nun? Was willst du denn jetzt für einen Kuchen?! Oder ist es Torte? Champagner, Eierlikör, Nusssahne, Praline, Waldfrucht, Schwarzwälderkirsch …?!?! Komm, gib's zu, es ist Schwarzwälderkirsch! Du hast so einen … so einen Schwarzwälderkirschausdruck im Gesicht!«

»Nein.«

»Ja, was willst du denn dann?!«

Sie schaut mich an.

Ich sag: »Jetzt sag nicht, du willst einen einfachen Butterkuchen!«

Sie nickt nur: »Doch, Butterkuchen.«

Ich hab's dann drangegeben.

Bin in eine Bäckerei.

Vorm Laden ein Schild, dass sie Butterkuchenwochen haben. Na, das passt doch.

Hab ich mich hinten angestellt. Und wie immer: Es kam eine ältere Dame und meinte, sich vordrängeln zu müssen.

Ich sag: »Ich bin vor Ihnen dran.«

Sagt sie: »Wobei?«

Ich hab sie dann vorgelassen. Sie hatte ja Recht.

Und dann war ich dran.

Ich sag: »Guten Tag, ich hätte gerne vier Stücke Butterkuchen.«

Und die Bäckereifachverkäuferin: »Wie bitte?«

»Ich hätte gerne vier Stücke Butterkuchen. Ganz einfach: Butterkuchen. Vier Stücke.«

Und sie wieder:»Wie: Butterkuchen?!«

»Ja«, sag ich,»ganz einfachen Butterkuchen.«

Die Bäckereifachverkäuferin sagt erstmal nichts, schaut mich an
und dann plötzlich:»Also, was halten Sie denn mal von Sahnetorte
mit Kirschen?«

Ich habe ein Déjà-vu und sage:»Ich möchte keine Sahnetorte mit
Kirschen.«

»Stimmt«, sagt sie,»Sie sehen auch mehr aus wie Gedeckter Apfel.«

»Wie bitte?«

»Oder Schoko. Sie sind auch so ein Schokotyp.«

Ich sag:»Hören Sie mal, das ist ja alles schön und gut, aber ich
möchte nur vier Stücke Butterkuchen.«

»Wir hätten auch Rhabarber-Stachelbeer-Streusel.«

Ich verziehe das Gesicht.»Nein, danke.«

»Probieren Sie den doch mal.«

»Möchte ich aber nicht.«

»Der schmeckt hervorragend.«

»Mag sein.«

»Wird immer wieder gern genommen.«

»Aha. Ich mag aber keinen Rhabarber-Stachelbeer-Streusel.«

»Der ist heute im Angebot.«

»Trotzdem mag ich keinen Rhabarber-Stachelbeer-Streusel.«

»4 zum Preis von 3.«

»Das macht's nicht besser.«

»Probieren Sie doch mal, Sie werden staunen.«

»Ja, weil ich ihn nicht mag.«

»Den mögen Sie gar nicht, den Rhabarber-Stachelbeer-Streusel?«

»Richtig, den mag ich gar nicht. Und ich mag weder Rhabarber
noch Stachelbeeren.«

»Auch nicht im Kuchen?«

»Auch nicht im Kuchen.«

»Unserer wird Ihnen aber schmecken.«

»Glaub ich nicht. Ich mag's ja nicht.«

»Probieren Sie doch mal. Hinterher können Sie ja immer noch sagen, dass es Ihnen nicht geschmeckt hat.«

»Aber warum soll ich den denn nehmen, obwohl ich schon vorher weiß, dass er mir hinterher nicht schmecken wird?! Und obwohl ich eh weiß, was ich haben will? Und selbst wenn ich das nicht wüsste, haben Sie so viele andere Kuchen und Torten im Sortiment, die mir schmecken, dass ich da bestimmt nicht einen Kuchen nehmen würde, den ich prinzipiell nicht mag.«

»Wir können Ihnen den empfehlen. Man muss auch mal was ausprobieren.«

»Richtig, aber ich wollte ja noch nicht mal Kuchen.«

»Und warum holen Sie dann jetzt welchen?«

»Weil meine ständige Begleiterin Kuchen möchte.«

»Und dann gleich vier Stücke…«

»Ja, vier Stücke.«

»Vier Stücke Rhabarber-Stachelbeer-Streusel ist auch ein bisschen viel.«

»Ich möchte überhaupt keinen Rhabarber-Stachelbeer-Streusel.«

»Aber Sie haben doch gerade gesagt…«

»Gar nichts hab ich gesagt. Vor allen Dingen nicht in Richtung Rhabarber-Stachelbeer-Streusel.«

»Probieren Sie ruhig mal, der wird Ihnen schmecken. Wir können Ihnen den empfehlen. Oder möchten Sie vielleicht ein Teilchen, wenn Sie schon keinen Kuchen wollen?«

»Wie bitte?«

»Ob Sie ein Teilchen wollen? Puddingplunder, Rosinenschnecke, Quarktasche…«

»Was soll ich denn mit Teilchen, dieser fehlgelaufenen Mischung aus Plätzchen und Kuchen?! Ich esse keine Teilchen. Wenn sündigen, dann richtig, dann ein ordentliches Stück Kuchen.«

»Ja, und warum nehmen Sie dann nicht unseren Rhabarber-Stachelbeer-Streusel?«

»Weil ich den nicht mag!«

»Unserer wird Ihnen schmecken.«

Ein Mann von hinten: »Jetzt nehmen Sie den doch.«

»Nein!«

»Man kann sich aber auch was anstellen«, meint der Mann von hinten.

»Nein!«

»Meine Frau isst den auch immer wieder gern.«

Ich sage:»Ich mag den aber doch nicht.«

»Aber unserer wird Ihnen schmecken.« Die Bäckereifachverkäuferin holt ein Papptablett.

Mir wird es zu bunt.

»Hören Sie mal, Sie Kuchenmonster! Sind Sie schwer von Begriff?! Ich will Butterkuchen! Sind Sie zu schlicht, mir einfach vier Stücke Butterkuchen zu verkaufen?!«

Ihre Gesichtshaut bekommt einen kräftigen Stich ins Rote und sieht jetzt so aus wie die Himbeer-Philadelphia, die vor ihr in der Vitrine steht.»Jetzt kommt er plötzlich und will auf einmal Butterkuchen!«

Ich stütz mich auf den Tresen und brülle:»Gar nicht plötzlich! Von vornherein! Es war immer nur Butterkuchen!«

»Wir haben aber nur noch vier Stücke!«, bellt sie über den Tresen zurück.

»Ja! Die nehme ich dann! Ich will ja auch nur vier Stücke von Ihrem blöden Butterkuchen!«

Ruft sie:»Jetzt schmälern Sie hier mal nicht unseren Butterkuchen, Sie Einfaltspinsel! Der ist eine Spezialität des Hauses!«

»Aha! Soso! Ihre Spezialität des Hauses, die können Sie sich sonst wohin schmieren!«

Hat sie dann auch gemacht. Und zwar quer über den Tresen und mir mitten auf meine Jacke.

Die letzten vier Stücke.

Hat mich aber nur 3 Euro gekostet.

Hatten Butterkuchenwochen.

Hab dann den Rhabarber-Stachelbeer-Streusel mit nach Hause genommen.

War im Angebot.

Und wurde mir empfohlen.

Die spirituelle Kulturtankstelle

Es gibt doch so Tage, da fängt das morgens schon an und hört meistens nicht mehr auf.

Letztens: Aufgewacht, Kopfschmerzen gehabt, aufgestanden, direkt wieder hingelegt, später erneut aufgestanden, Kaffee gekocht, Zunge verbrannt, Zeitung weg, vermutlich geklaut (ständige Begleiterin in Verdacht), Brot alle, Schimmel im Quark, Lieblingsmarmelade just an diesem Morgen von ständiger Begleiterin aufgebraucht, keine neue mehr da, Durchlauferhitzer kaputt, kalt geduscht, beim Rasieren geschnitten, Lieblingshose dreckig, Loch im Pullover, vermutlich Motte im Kleiderschrank, Schnürsenkel gerissen, vor der Tür in Hundescheiße getreten und noch kein einziges Wort gesprochen.

Das Grauen stumm hingenommen.

Und wenn an solchen Tagen, in solchen Momenten, wo immer was ist, einem jemand entgegenkommt, so wie mir an diesem Tag, mit einem Pappplakat in Händen, auf dem steht: »Jesus liebt dich!«, frag ich mich zwangsläufig: »Und warum merke ich davon so selten etwas?!«

Und ich weiß beim besten Willen nicht, was mich da geritten hat, auf jeden Fall hab ich der jungen Dame mit dem Pappschild gesagt: »Also wenn Jesus dich liebt, dann muss ich das ja nicht mehr machen.«

So. Das hatte wohl gesessen, denn jetzt ging's los.

Sie schaute mich grimmig an, warf sich in die nicht vorhandene Brust und sagte: »Also erstmal geht's ja immer um ein starkes Wir-Gefühl. Das muss immer Priorität haben. Wir müssen für ein starkes Wir-Gefühl Projekte machen. Ich will das jetzt an einem verlängerten Wochenende umsetzen.«

Und dann sagte sie – wörtlich: »Ich plane da so eine spirituelle Kulturtankstelle.«

Ich habe mich weggeschmissen vor Lachen!
Was ist das denn: eine spirituelle Kulturtankstelle?!
Und wer leitet die? Und warum? Und wozu?

Und vor meinem geistigen Auge entstand ein großes spirituelles Kulturtankstellenpanorama, in dem sich alles Mögliche abspielte, Menschen Gesichter bekamen, große Programme gemacht wurden und alles nur für ein starkes Wir-Gefühl.

Montags begrüßen erst mal Karl-Heinz und die Gritt alle Anwesenden beim Dinkel- und Hirse-Basis-Frühstück unter dem Motto: *Wochenlang Kauen und Schlucken für eine Welt.*

Gewaltfrei gepresster Mandarinensaft rundet das offene Frühstück im Ganzen dann ab.

Wir lassen auch einen Gemeinschaftskiesel rundgehen.

Nebenbei suchen wir den Dialog; anschließend, zur Entkrampfung, folgt die Murmelphase.

Danach gibt es die erste Gruppenerfahrung im Wir-Gefühl mit dem Du und dem Du im Dialog mit Frieder und Mette-Britt, dann werden nämlich auf schamanischen Pugalunda-Trömmelchen, die mit Koalabärenleder (entspannt gehäutet) bespannt sind, sämtliche Nationalhymnen (auch die von kirgisischen Zwergstaaten) gespielt, das alles, um ein weltumspannendes Gefühl von einer Art Gemeinschaft zu geben im großen Uns und auch grad den in Anführungsstrichen Noch-nicht-im-Wir-Angekommenen ein Stück Heimat im Geiste geben zu können.

Danach gibt es ein interaktives Dia-Projekt mit dem Rüdiger-Holger und musikalischen Elementen, bei denen sich jeder auch ein Stück weit selbst mit einbringen kann unter dem Motto: *Bist du ein Ja, will ich kein Nein mehr sein,* jeder soll auch ein Teil davon werden und halt zeigen, wie er irgendwie mit der Gesamtsituation umgehen kann.

Danach ist erst mal Mittagspause.

Unsere beliebten Küchenmuttis Helga und Gisela (von der Martin-Luther-Gruppe liebevoll nur die beiden »Fettbemmen« genannt) kochen uns was ganz Tolles. Sie machen uns einen Rhabarber-Fenchel-Sauerampfer-Auflauf auf indische Art, dazu gibt's Walnuss-saft mit Rosinen und als Nachtisch einen fußgetretenen Apfelkompott nach altem baden-württembergischen Hausrezept.

Für das starke Wir-Gefühl darf von jedem ein Zeichen ausgehen, indem an einem gemeinsamen Teppich geknüpft wird als Signal zum Wir-Gedanken unter dem Leitgedanken: *Knüpf dich ein und trage Freude.*

Anschließend ist Gemeinschaftssingen mit Dörte und Ingrun, die auch die Pflaumengruppen im Frauenkreis leiten und jedes Jahr am ersten Herbstwochenende ihre Waldworkshops anbieten unter dem Motto: *Tu dem Wald Gutes und Gutes tut dir der Wald. Du im Dialog mit der Natur im Wir.* Thema des Singkreises wiederum ist: *Gott im Pott. Eine Chance für die Chance Fragezeichen Gedankenstrich.*

Und gesungen wird alles, was sich in Taizé nicht rechtzeitig unter irgendeiner Mönchskutte verstecken kann. Und zwar alle Strophen! Dazu darf dann naturverbundenes Wasser aus fair gehandelten Tonkrügen getrunken werden.

Abends kommt es dann zu einem besonderen Glanzpunkt: All die, die einen besonderen kulturellen Abend im Gemeinschaftshaus St. Hubertus-der-Friedfertige-und-Leichtfüßige mitgestalten wollen, sind dazu herzlich eingeladen, um Kuchenspenden wird gebeten.

Das kritische Kirchenkabarett *Schalk am Kreuz* wird die besten und witzigsten Szenen aus seiner 80-jährigen Formationsgeschichte präsentieren (gespannt dürfen alle auf den Super-prima-über-Wasser-lauf-Sketch sein und das kritische Brotvermehrungschanson) und unsere Jugendgruppe *Watt* hat ein kleines Theaterstück geschrieben und bringt es zur Aufführung: *Noah trifft Moses am Rhein-Herne-Kanal.*

Wir fragen uns hierbei: Wer gewinnt: Die Arche, die Gebote oder das Meer?!

Ferner freuen wir uns über alle A-cappella-Gruppen. Zu dritt fünf-
stimmig singen. Prima!

Wir dürfen also alle gespannt sein! Sehr sogar!

Denn den Abschluss bildet der biblisch inspirierte, getanzte Nacht-
gedanke, der unter einem ganz starken Wir-Gefühl steht. Wohl
dem, der da noch schlafen kann.

Ich schreckte aus meinem großen spirituellen Kulturtankstellenpanorama hoch, als die Frau mit dem Pappschild mich fragte:»Und?
Kommst du vorbei? Das ist ein verlängertes Wochenende, wie gesagt.«

Hab ich nur drauf gesagt:»Nee. Kann ich nicht. An dem Tag hab ich
Buntwäsche.«

Hatte dann ein ganz starkes Ich-Gefühl.

Auch schön.

Der Wind

Treff ich letztens Nachbar König auf der Straße, Mantelkragen hoch-
geschlagen, Mütze auf dem Kopf, ich schau ihn mir an, und ich sag
noch: »Mensch, das ist kalt, was?!«
Und er verzieht leicht den Mund, nickt und sagt: »Ja, das ist der
Wind.«
»Was?«
»Das ist der Wind«, sagt er.
»Nee«, sag ich, »das ist die Kälte.«
»Ja, aber das ist ja der Wind.«
»Nee«, sag ich, »der Wind ist der Wind und die Kälte ist die Kälte.«
»Ja, aber die Kälte, die macht der Wind.«
»Nee, die Kälte macht auch nicht der Wind. Die Kälte kommt von
der Kälte her, das hat ja mit dem Wind nichts zu tun.«
Er guckt mich zögerlich an: »Doch.«
»Nein, eben nicht. Wind ist Wind und Kälte ist Kälte. Das hängt zu-
sammen mit den Temperaturen.«
»Ist aber der Wind. Der Wind macht's kälter.«
»Ja, aber 11 Grad sind 11 Grad. Da kann der Wind ja wehen, wie er
will. Das bleiben auch 11 Grad.«
»Aber der Wind macht es kälter.«
»Nein, macht er nicht! Das ist doch Unsinn. Es wird ja auch nicht
wärmer, nur weil kein Wind weht. Da bleibt's ja auch 11 Grad.
Da kann der Wind wehen oder blasen, wie er will. Gut, manch-
mal wird's wärmer, weil geblasen wird, aber es ändert nichts an der
Kälte. Die Kälte ist und bleibt die Kälte.«
Er lässt eine kleine Pause. Dann: »Ja, aber ist schon der Wind.«
»Nein! Die Kälte ist das.«
»Hm, hm, hm… Jaja, hm… Ist aber der Wind.«

»Nee, das ist die Kälte.«

»Die kommt aber vom Wind.«

»Nein, die Kälte kommt von der Kälte.«

»Und der Wind?«

»Was weiß ich, woher der Wind kommt. Die Kälte kommt eindeutig von der Kälte.«

»Ja, und der Wind?«

»Der Wind kommt vom Wind.«

»Aber der Wind macht die Kälte.«

Ich sag:»Nein, der Wind macht den Wind. Kalt wär's auch ohne Wind. 11 Grad sind und bleiben nun mal 11 Grad.«

»Es wär aber noch kälter mit mehr Wind.«

»So was kann man immer gut behaupten. Grad, wo kein Wind ist.«

»Ist doch Wind.«

Ich sag:»Letztens war aber mehr Wind.«

»Ja, da war's ja auch kälter«, meint Nachbar König.

»Für mich persönlich ist's jetzt schon kalt genug.«

»Ja, ist der Wind.«

»Ihrer Meinung nach.«

»Die hat doch mit meiner Meinung nichts zu tun, die Kälte. Die hat mit dem Wind zu tun.«

»Es könnte generell mal langsam wärmer werden.«

»Geht ganz leicht.«

»Ja, wie denn?«

»Muss nur weniger Wind sein«, meint wieder Herr König.

»Sie immer mit Ihrem Wind.«

»Ist gar nicht mein Wind. Es ist doch ganz einfach: Der Wind macht die Kälte.«

»Wie?«

»Mehr Wind, mehr Kälte.«

»Aber die Kälte kommt doch von der Kälte her. Kalt ist kalt und Wind ist Wind.«

»Ja, schon: Wind ist Wind. Aber mehr Wind ist mehr Kälte. Die Kälte ist für den Wind zweitrangig, der Wind aber für die Kälte vorrangig. Der Wind kann ja auch abnehmen.«

Ich sag: »Zunehmen kann er auch.«

»Stimmt«, sagt Nachbar König.

»Die Temperatur hingegen schwankt.«

»Schwanken kann ich auch.«

»Sehen Sie, das ist es: Die Kälte hat nichts mit dem Wind zu tun. Die Kälte hat was mit der Temperatur zu tun. Die Temperatur macht nämlich die Kälte. Wenn die Temperatur sagt: ›Jetzt sind 24 Grad‹, dann ist es ja auch nicht mehr kalt. Da hat auch der Wind nichts mehr zu melden.«

»Aber dass es einem bei 24 Grad trotzdem noch kalt ist, das macht der Wind.«

Ich sag: »Bei 24 Grad ist einem doch nicht mehr kalt.«

»Aber es kann einem kalt vorkommen«, gibt Nachbar König zu bedenken. »Und das macht der Wind.«

»Hören Sie mir doch endlich mit Ihrem Wind auf! Der Wind macht gar nichts außer wehen. Das wollen wir doch mal klarstellen und festhalten. Und die Temperatur, die schwankt. Und die Kälte ist immer eine Frage der Einstellung. Für die einen ist es zu warm, für die anderen zu kalt. Recht machst du's keinem. Alles eine Frage der Einstellung. Wind nicht. Wind hast du oder hast du nicht. Wind hat nichts mit Einstellung zu tun.«

»Aber mit der Kälte.«

Langsam wird es mir zu viel. »Himmel! Mit der Kälte hat der Wind nichts zu tun. Nur die Kälte hat mit der Kälte was zu tun.«

»Nee, das ist der Wind.«

Ich lenke ein: »Also Wind hin, Wind her: Mir ist zu kalt.«

»Ja, sag ich ja: Das ist der Wind.«

»Nein, dass mir zu kalt ist, liegt an den Temperaturen.«

»Ach. Ich dachte, es läge Ihrer Ansicht nach an der Kälte.«

»Das mit der Kälte, das liegt ja an den Temperaturen.«

»Nee, das liegt am Wind.«

»Herrschaftszeiten! Sie machen mich fertig! Die Kälte ist die Kälte!«

»Nee, ist der Wind.«

Und dann hab ich nur gesagt: »Ja, aber besser diese trockene Kälte als das Nasskalte.«

Das ist der absolute Wettergesprächbeendigungssatz: »Ja, aber besser diese trockene Kälte als das Nasskalte.«

Das Gespräch hätte noch stundenlang so weitergehen können, quasi wie in einer verbalen Endlosschleife, immer wieder und wieder und wieder.

Ich musste mein Gegenüber mit einem Satz mattsetzen.

»Ja, aber besser diese trockene Kälte als das Nasskalte.«

Ein Klassikersatz. Der existiert seit Menschengedenken. Der ist jahrhundertealt, der wird von Generation zu Generation zu Generation überliefert.

Der wurde schon mit dem Faustkeil in die Höhlenwand geritzt.

Nach dem Satz kann zum Thema Wetter definitiv nichts mehr kommen.

Dachte ich.

Aber ich hatte es hier mit einem Profi zu tun.

Und Nachbar König guckte mich nur an und konterte dann trocken: »Na ja. Kommt ja immer noch ganz auf den Wind drauf an.«

Immer ist was mit der Familie

Was soll man da Einleitendes zu schreiben? Die hat man,
die Familie. Da kommt man auch nicht drum rum, so oder so.
Jeder hat seine eigene Familie, die ist bei jedem anders,
die heißt überall anders, sieht auch meistens anders aus,
aber eines ist irgendwie immer gleich bei jeder Familie: der Ärger.
Aber: Familie weiß zu überraschen; auch wenn einen
eigentlich nichts mehr überraschen kann. Aber grad das
überrascht einen ja.
Und auch wenn Familientreffen stets gleich ablaufen,
ist's doch immer wieder spannend.
Deshalb ist es manchmal auch nicht verkehrt, wenn man sich
nur einmal im Jahr trifft. Dann trifft es einen aber so
richtig. Familie ist die Konzentration der fleischgewordenen
Katastrophe. Konzentration durch Konzentration.
Sagen wir mal so: Familie, das ist irgendwie… wie soll man
sagen… also diplomatisch jetzt… am Ende des Tages…
bei näherer Betrachtung… unterm Strich und unter uns…
letztendlich… na ja.

Der runde Geburtstag
Ein Dramolett in Altdeutsch

Familienfeiern gehören in jeder Familie zu den Königsdisziplinen des Jahresprogramms.

Weihnachten, Ostern, Geburtstage, Jubiläen, Beerdigungen, Hochzeiten, Taufen, Kommunion, Firmung, Konfirmation, Abitur... Wenn Familie an einem Tisch sitzt, kann man für nichts mehr garantieren.

Manchmal versucht man Erkrankungen, Kuraufenthalte, Friseurbesuche, Buntwäsche, Seminarwochen, Einsätze in Krisengebieten vorzuschieben, um nur ja nicht an den Treffen teilnehmen zu müssen, aber: Man kann der Familie nicht entkommen.

Und gegen die Familie, gegen ihr Gerede, gegen ihre Gedanken und Worte ist jedes Schlachtfeld der Geschichte eben nur Geschichte.

Am üppig beladenen Festtisch werden keine Gefangenen gemacht! Und eines weiß man von Vornherein: Das Ganze hier geht aus wie's Hornberger Schießen.

Es gibt für diese Art der Familientreffen nur zwei Plattformen: Einmal kann privat gefeiert werden, im trauten Kreis, oder es wird groß gefeiert. Groß heißt einfach nicht wie sonst Donauwellen und Bockwurst mit Kartoffelsalat und russisch Ei, sondern im Restaurant. Wichtig für Feiern im Restaurant: Es muss nicht gut sein, Hauptsache billig.

Gegessen wird nicht à la carte, sondern es wird eine kleine Vorauswahl getroffen, von der der Gast dann wählen kann. Die Vorauswahl besteht aus: Spargelcremesüppchen vorneweg, dann Fisch oder Zürcher Geschnetzeltes, als Nachtisch ein Gem-Eis oder rote Grütze.

Zu Hause sieht's dann im Gegenzug so aus: Man sitzt im Durchbruch von Wohnzimmer zu Esszimmer am großen ausgezogenen Tisch, hinter einem gefühlte zwanzig Meter Eiche rustikal, vor einem die Bücherwand mit Zierflaschen, Nippes aus Porzellan, einem Flachbildschirm-TV-Gerät, das die halbe Wand einzunehmen scheint, der hinter Pseudo-Buchrücken versteckten Videosammlung ausgesuchter Fernsehhöhepunkte aus vier Jahrzehnten und den erlesensten Ausgaben literarisch herausragendster Readers-Digest-Würfe.

Über einem im trügerischen Gewande einer Deckenlampe/-leuchte ein ausladendes Gehänge in einer Melange aus Glas, Vergoldung und Illumination. Meistens mit Sparbirnen. Das heißt: Man macht das Licht an, steht erstmal eine Zeitlang im Dunkeln und dann glimmt langsam ein Lichtlein auf.

Betritt man dieses Ensemble, tritt einem sofort dieser bittere Geruch alter – eigentlich nicht mehr vorhandener – Luft in die Nase und packt einen bei der Gurgel: diese Mischung aus ungelüftet, faulen Eiern, Schweißfüßen, gegorener Kohlsuppe und länger liegender Bügelwäsche.

Und man sieht, riecht, hört und weiß: Hier bin ich Mensch, hier war ich die letzten Jahrzehnte und hier muss ich die nächsten Stunden sein.

Und wie immer kommen als Erstes Tante Line und Onkel Rainer, und sie sagt:»Ach, un ich dacht, wir wärn die Letzten!«

Und wie immer kommen als Letztes Tante Agathe und Onkel Fritz, und sie sagt:»Ach, un ich sach noch: Nich dat wir die Ersten sind!«

Und dann geht's los. Ohne Punkt und Komma, jeder gegen jeden, mit Verlust auf Rücksicht! Und es sind immer dieselben Themen und auch immer in derselben Reihenfolge: Essen, Krankheit, Tod, Familie, Essen, Krankheit, Tod, Familie, Essen, Krankheit, Tod, Familie. Bis es nicht mehr geht.

Omma hat geladen. Omma ist 90 geworden.
Die ersten Gäste kommen.
Man sitzt bunt gemischt an einem großen Tisch und die Dialoge
fliegen nur so hin und her.

»Auf die nächsten 90 Jahre!«
»Noch mal das Ganze?! Nee, besser nich.«
»90? Sehn Se aber nich nach aus!«

»Ich freu mich so, dat ihr alle hier seid.«
»Kann sie sich auch.«
»Wisst ihr: Dat letzte Hemd hat keine Taschen.«
»Richtig. Hättse sich auch alles ma mehr kosten lassen können.«
»Geizig war sie immer schon.«
»Eben. Dafür haben wir uns dat Geschenk auch nix kosten lassen.«
»Ich hab gar nicht erst irgendwas geschenkt. Was denn auch? Mit 90
haste doch alles. Und watte nich hast, brauchst du auch nicht mehr.
Kommt in ein paar Jahren eh alles auffn Müll.«

»Mensch, konnz dir nich die Haare waschen? Da is einmal im Jahr
Geburtstag und du sitzt da un hast die Haare nich gewaschen. Kann
ich gar nich hingucken, so ungewaschen wie die sind. Dat riecht
doch auch…«

»Wo sind denn hier eigentlich die Namensschilder? Nicht, dass ich
wieder neben Hartmut sitzen muss. Wie letztes Jahr. Das gibt nur
wieder Mord und Totschlag. Mord und Totschlag. Ich sag dir: Mord
und Totschlag gibt das. Kannste mich für ansehn.«
»Jetzt steiger dich doch nicht da rein!«
»Reinsteigern? Ich?! Ich und reinsteigern?! Ich steiger mich doch
nicht da rein! Ich doch nicht! Reinsteigern… Ich glaub et dir wohl.
Pah! Ich und reinsteigern. Als würd ich mich da reinsteigern wollen… Nur: Wenn ich wieder wie letzt Jahr neben Hartmut zu sitzen komme und der fängt wieder mit seine Zierfische an und hört
nicht wieder auf… Also das halte ich dies Jahr nicht noch mal aus.«

51

»Dann setz dich doch ganz einfach nicht neben den.«

»Und wenn bunte Reihe ist?! Ich sag dir: Dann kommt Hartmut an und setzt sich wieder neben mich. Sind denn jetzt hier Namensschilder oder nicht?«

»Nee, ich glaub, sind keine.«

»Ich sag es ja: Ist wieder bunte Reihe! Also da könnt ich mich ja jetzt wieder reinsteigern!«

»Hömma, samma, weiße eigentlich, wo der Günther steckt? Wat kommt der Günther denn nich? Hat einer wat vom Günther gehört? Hätt ja wenigstens ma anrufen können. Manieren sind dat. Einfach ma anrufen. Grad im Zeitalter vom Handy… Weiß einer, wo der Günther is? Nich, dat wat Schlimmes passiert is und wir erfahren dat als Letzte!«

»Hermann, ich hab dir doch gesacht: Die Krawatte passt nich zum Anzug. Glaubet mir!«

»Hätts ja au ma dein neu Kleid anziehen können. Wofür hasset denn gekauft?«

»Dat is mir zu spack.«

»Sisse. Un ich sach noch: Du sitzt da drin wie 'ne Wurst.«

»Gibt's hier eigentlich was zu essen? Ich hab tagelang nichts gegessen…! Wo steht denn das Büfett?«

»Nein! Wer soll dat bloß allet essen?! Ja, gut, dass wir noch die Tupperschüsseln mitgenommen haben. Pack einfach ein. Wär ja zu schad drum…«

»Geh ma am Obst! Muss ma mehr am Obst gehn! Wär's besser ma mehr am Obst gegangen.«

»Ach, dat is ein Geburtstag?! Und ich dacht, et wär wer gestorben.«

»Burkhard, wo hasse denn den Mettigel hin? Der war doch noch im Schlafzimmer?! Ich hab den ganz frisch gemacht, vorgestern. Un jetz isser wech.«

»Wie bitte: Ausbildung abgebrochen? Innet Kloster? Selbstfindung?! Na, die Zeit möchte ich ma haben. Mich hat damals au keiner gefragt, ob ich no kann oder no will.«

»Also: Einfach hatten wat au nich. Aber tauschen möcht ich nich.«

»Wat schlabberste denn jetzt mit den Kakao?! Dich kann man au für gut nich mitnehm! Musse dich denn so danebenbenehm? Geht nich au anders? Bei dir scheinbar nich! So wat aber au!«

»Mein Gott, hat die dicke Beine.«
»Dat is ja dat Wasser.«
»Aber dat Wasser inne Beine so dicke Beine machen kann, dat wundert mich. Also so wat… Wasser… Wo die dat allet hernimmt… Unglaublich. So viel Wasser kannze donnich einfach so ausm Körper ziehn. Wo nimmt die dat bloß allet her?!«
»Ich glaub, die hat dat vom Trinken.«
»Ja, is ja dann noch mehr Flüssigkeit… Da musse dich übert Wasser inne Beine ja nich wundern.«

»Jetzt schling doch nich so! Wat schlingste denn so? Et is schomma einer vor Gier umgekommen.«

»Hömma, wer hat eigentlich dat ganze Bier weggesoffen?«
»Bier, was weg ist, stört mich nicht. Viel schlimmer: Wo ist der Likör?!«

»Samma, war der Fisch eigentlich frisch?«
»Was fürn Fisch?! Ich dacht, dat wär Huhn gewesen.«
»War aber Fisch.«
»Schmeckte aber nach Huhn, der Fisch.«

»Dat der hier no sitzen kann, bei dem Krankheitsbild. Der is ja kränker ausm Krankenhaus gekommen, als er rein is. Der war ja so elend dran... Also, dat der überhaupt no aufrecht sitzen kann, dat issn Wunder vonner Schwerkraft.«

»Is no watt von dem russisch Ei über?«
»Kann man essen...!«

»Erna, tuste mich no watt von den Rossbeff?«
»Nee, greif ruhig zu. Morgen ist dat eh schlecht. Da schmeißen wir dat nur noch wech.«

»Und wo bleibt jetzt der Günther?! Also langsam ist das ja eine Unverschämtheit. Könnte doch wenigstens mal sagen, was ist. Aber so war schon sein Vater. Das muss in der Familie liegen. Und zwar genetisch. Unglaublich.«

»Der könnt sich auch mal wieder die Haare schneiden lassen.«
»Ach was. Der hat doch für nix Geld.«
»Ja, aber dass wenigstens die Haare... Und dann auch noch so ungewaschen... Dabei ist doch heute neunzigster... So läuft man doch nicht rum...«
»Der kann das.«
»Ja, aber auch nur, weil der Vater Arzt ist.«

»Wat? Der Pastor kommt au noch? Bin ich denn da schick genug für angezogen? Ach watt? Der Pastor is schon da? Ja, wo isser denn? Da sitzter ja. Sieht aber gar nich aus wien Mann Gottes. Kann dat denn heute jeder werden? Sagen Sie mal... Pastor... Muss man da eigentlich was für studiert haben? Und Sie essen auch wat von den Frikadellkes? Is doch Freitag, oder? Un dat geht? Ja nu, wenn Sie dat mit sich ausmachen können... Mein Problem sollet nich sein.«

»Also Ernst, ich sag ja nix, aber... Ernst... Ich will ja nix sagen, aber... Das ist jetzt deine dritte Zigarette... Du holst dir noch den Tod.«

»Lass dat doch meine Sorge sein.«

»Aha. Und wat ist dann mit dem neuen Trainingsanzug aus Ballonseide, den wir dir letzte Woche noch gekauft haben? Wat wird dann aus dem? Den Tod holst du dir.«

»Ich seh's als Chance.«

»Hömma, aber… Also wer… Wer… Ich meine… Also wer hat denn hier heute eigentlich Geburtstag?!«

»Ich, du Vollidiot!«

»Ich hab immer zu ihm gesagt: Dass du nicht schwimmen gelernt hast. Also das verstehe, wer will. Ich hab's nicht verstanden. Der hat einfach nicht schwimmen gelernt als Kind. Aber ist ja noch lang kein Grund, deswegen mit 58 zu ertrinken. Er hätt doch auch nicht ins Wasser gehen müssen. Da gehst du doch auf Distanz. Da kannst du doch fern von bleiben. Dabei wollt er nur Tretboot fahren. Also vielmehr seine Frau. Und? Zack, weg war er. Und das auf einem Sonntag. Also wenn du mich fragst… Seine Frau hat sich doch was dabei gedacht.«

»Ach was! Jetzt holt der feine Herr den Photoapparat raus. Jetzt erst! Immer mache die Photos, wenn der Tisch abgefressen is!«

»Was macht der Erwin eigentlich?«

»Frag nicht.«

»Wie: Frag nicht?! Was macht der denn?!«

»Frag besser nicht.«

»Was denn?«

»Ist nicht mehr.«

»Wie: Ist nicht mehr?!«

»Ja, ist im Krankenhaus geblieben.«

»Wie: im Krankenhaus geblieben?!«

»Lohnt nicht mehr. Haben die Ärzte gesagt. Nur Koryphäen.«

»Ja, und jetzt?«

»Ja, Witwe.«

»Wer? Der Erwin?«

»Nee, seine Frau.«

»Schlimm.«

»Ja, dabei haben sie gerade erst gebaut.«

»Ja, steckst nicht drin.«

»Ist eigentlich noch was von dem Huhn da?«

»Dat war Fisch!«

»Komisch. Schmeckte nach Huhn, der Fisch.«

»Ich fahr nicht mehr weg. Nee! Mach alles nur noch zu Fuß. Auch kein Urlaub mehr. Nix. Ich sag immer: Ist doch eh überall gleich. Da könnse hinkommen, wo Se wollen.«

»Der Jung von Bärbelheimers ist ja hochintelligent, ne! Hochintelligent. Ist nur am Lesen. Nur am Lesen. Den ganzen Tag: nur am Lesen. Sagt man zu dem: Jung, geh raus, die Sonne scheint, guckt der einen nur an. Nur am Lesen. Und ins Theater. Tagsüber gelesen, abends ins Theater. Und dann wieder gelesen. Bis spät in die Nacht. Hat ja auch studiert. Der Stolz der Familie. Hochintelligent. Und jetzt? Spricht nicht mehr. Kein Wort. Wenn du ihn was fragst: keine Antwort. Der ist dich dann nur am angucken. Lesen und gucken, mehr nicht. Das kann er aber. Aber da kannst du doch nicht von leben. Hast du am Ende des Tages auch nichts von, von deiner Intelligenz.«

»Weiß du, was mit dem Günther ist?«

»Ja, der ist doch letzte Woche unters Auto gekommen. Wollt noch eben übern Zebrastreifen, und das war es dann.«

»Letzte Woche schon?! Ja, aber da hätt er doch lang genug Zeit gehabt, mal eben zu sagen, dass er heut nicht kommen kann!«

»Was machen Sie überhaupt?«

»Ich?«

»Ja.«

»Ich bin gelernte Friseuse von Berufs wegen.«

»Das ist doch sicherlich auch anstrengend.«

»Geht so.«

»Also den ganzen Tag sich die Beine in den Bauch stehen und andern Leuten in den fettigen Haaren rumfummeln, das wär nix für mich. Und die ganzen Haare … Die kriegen Sie doch nicht von den Klamotten … Diese feinen Häärkes … Und et sind noch nicht mal Ihre. Also ich könnt dat nich.«

»Nee, wat säuft der Pastor heute wieder, et is erbärmlich.«

»Und alles von unserer Kirchensteuer.«

»Da kannst du jetzt sagen, was du willst, aber nächsten Sonntag tu ich nichts in den Klingelbeutel. Unterstütz dem doch nicht sein Saufen.«

»Wisst ihr, wat die Omma geschenkt gekriegt hat?!«

»Nee.«

»Einen Messerblock.«

»Nee!«

»Mit zehn feinsten 4-Sterne-Messern im Bambusholzblock. Jetzt frag ich euch: Wat soll die Omma mit dem Messerblock?! Wat soll die Omma damit?! Kriegt doch alles nur noch püriert runter seit Jahren. Schneiden und pürieren tut die Pflegekraft. Dat kann sie. Dafür kann sie kein Deutsch. Kommt doch alles in die Erbmasse.«

»Hast du die Thunfischcreme selber gemacht? Ganz köstlich.«

»Dat is Geflügelsalat.«

»Schmeckt trotzdem ganz köstlich.«

»Müssen die Radfahrer eigentlich immer so rasen? Dass die immer so rasen müssen.«

»Wie kommse denn darauf?«

»Ja, weiß ich auch nicht. Die rasen immer so. Manche haben auch oft ein Kind. Vorne. Oder hintendrauf. Mit Wimpel. Gemeingefährlich.«

»Die Kinder?«

»Nee, die Wimpel. Und immer am Rasen …«

»Der Wimpel?«

»Ja, auch. Und die Kinder. Und die Eltern.«

»Dat is doch gemeingefährlich.«

»Sag ich doch.«

»Weiße noch, wo wir letztens die Beerdigung von Tante Sophie gefeiert haben …? Also begangen haben. Und ich muss sagen: Enttäuschend. Nee, also wirklich. Grad die Schnittkes. Enttäuschend. Für das Geld …! War alles wirklich nicht der Rede wert. Wo Tante Sophie doch immer so gerne Schnittkes gegessen hat. Da stirbst du einmal im Leben und dann so eine Enttäuschung bei den Schnittkes. Und was war sie immer eine gute Gastgeberin gewesen. Zeitlebens. Also Tod hin, Tod her, aber das hat Tante Sophie auch nicht verdient.«

»Ich sag dir eins: Du gehörst auch zu den Leuten, die sich dann im Alter noch mal wundern.«

»Und ich sag noch: Mach die Senftube vorsichtig auf. Vorsichtig. Und jetzt? Hast du das Zeug überall. Also von dem Sprichwort: Wo rohe Kräfte sinnlos walten, sind bei dir auch nur roh und sinnlos übrig geblieben.«

»Ich bin eigentlich gar nicht da gewesen!«

»Also eigentlich ist der gar nicht richtig im Kopp. Also eigentlich jetzt. Vom Normalen her. Da ist der ein bisschen bekloppt. Psychisch gesehen jetzt. Da ist ja kein Kraut gegen gewachsen. Dat muss man sich mal vorstellen: Der wohnt in Dinslaken. Mittlerweile. In Dinslaken! Und kommt nach Duisburg, für um sich Überraschungseier zu kaufen. Für nach Duisburg kommt der da! Nicht, dat et die nich auch in Dinslaken gäb. Gibbet da auch. Die Überraschungseier. Aber die hat der sich jahrelang in Duisburg gekauft, die kann der sich gar nicht in Dinslaken kaufen. Von der Pysche her jetzt. Also alles vom Kopp her. Also normal is dat nich, wenn du mich fragst.«

»Weiße, wat mir am besten geschmeckt hat? Der Fisch. Der war einsame Klasse.«
»Nee, dat war kein Fisch, dat war Huhn. Indisch.«
»Komisch. Schmeckte aber nach Fisch, dat Huhn.«

»Wisst ihr: Man soll gehn, wenn et am schönsten is. Un dat war vor zwei Stunden.«

»Sag mal, weiße eigentlich, wo die Omma is?«
»Is die nich hier?«
»Nö.«
»Ich glaub, die is schon lang im Bett.«
»Na, die macht es richtig!«
»In diesem Sinne: Nacht zusammen!«

Familie in der Wohnung

Meine ständige Begleiterin verblüfft mich immer wieder.
Das tut sie, weil sie in der Lage ist, aus dem absoluten Nichts ein
Thema auf den Tisch zu bringen, mit dem ich in dem Moment
beim besten Willen nicht gerechnet hätte.
So auch wieder letztens.
Da sagte sie ganz unvermittelt: »Du, ich glaub, wir ziehen um.«

Das sind so Momente, da fällt mir einfach nichts mehr ein. Ich hab
ja schon einiges gehört und schon einiges gesehen.
Grad von ihr.
Ich weiß auf vieles eine Antwort. Ich weiß sogar auf noch mehr ein-
fach nur ein passendes Gesicht.
Aber in solchen Momenten fällt selbst mir nichts mehr ein.

Und ich fragte nur ganz kurz zurück: »Wer jetzt?«

Und ich glaube, das sind so Momente, da fällt ihr einfach nichts
mehr ein. Sie hat ja schon einiges gehört und schon einiges gesehen.
Grad von mir.
Sie weiß auf vieles eine Antwort. Sie weiß sogar auf noch mehr einfach nur ein passendes Gesicht.
Aber wenn ich manchmal das sag, was ich sag, fällt selbst ihr nichts
mehr ein.

Und sie sagte drauf: »Na, wir beide.«
Und ich wieder: »Ja, aber warum und wohin denn?!«
Und sie wieder: »Schau doch mal ... Wie viele Quadratmeter sind
das hier?«

»Also ich kann dir sagen, wie viele Zimmer das sind. Aber wie viele Quadratmeter… Also das weiß ich nicht. Ich bin auch nicht so gut in Quadratmetern. In Zimmern bin ich besser…«
»Wir werden doch auch nicht jünger…«, sagte sie.
Und ich:»Na und? Was hat das denn jetzt mit den Quadratzimmern, also Raummetern… Also vielmehr… Ach…«
»Wir brauchen einfach mehr Platz für uns.«
»Prima. Und darum suchst du eine neue, größere Wohnung. Du in Moers und ich hier, oder was?«
»Nein, wir beide. Schön Altbau, hohe Decken, superzentral, aber trotzdem absolute Ruhe, Balkon, Südseite, Garagenstellplatz…«
»Einen Extrastellplatz nur für die Garage? Und wo sollen wir dann mit dem Auto hin?«
»…1. Etage oder noch besser: direkt unterm Dach, damit uns keiner auf dem Kopf rumtrampeln kann…«
»Und alles für 'ne kleine Marie, oder wie? Wo willst du das denn finden?«
»Ich habe mal ein paar Zeitungen mitgebracht, lass uns doch mal schauen…«

Und dann haben wir bis in den Abend hinein Zeitungen gewälzt.
Mir kamen die 2-Zi-Kü-Di-Bad-Du-WC-Lam-bev-Wohngd-Anzeigen schon an den Ohren raus.
Mit wie vielen Kürzeln man auf dem kleinsten Platz das Meiste ausdrücken kann und trotzdem nichts preisgibt und nichts zu verstehen gibt, das ist schon eine große Kunst.
Aber da hatte sie das beste Mittel gegen: Sind wir um 23 Uhr noch »mal eben«, »schnell« ins Internet gegangen.

Jetzt suchten wir also eine Wohnung.
Falsch.
Sie suchte eine neue Wohnung. Ich duldete und ertrug.

Bin aus lauter Frust in die Küche zu meinem alten Freund, dem Kühlschrank. Der bietet mir immer Trost.

Ich mache ihn auf, das Licht geht an und erstrahlt über die ganze Küche.

Diese grundlos positive Ausstrahlung… Wo freut sich sonst jemand einfach so?!

Wollte mir einen Joghurt rausholen. Der Becher ist von außen leicht feucht, rutscht mir aus den Fingern und knallt auf die Fliesen.

Was für eine Sauerei.

Ich lass alles so liegen.

Ziehen ja wohl eh bald aus.

Joghurt linksdrehend. Das sind nämlich auch ihre Freunde, diese linksdrehenden Joghurts. Die haben sich nämlich alle gegen mich verschworen.

Immer, wenn ich von einem den Deckel abziehe, landet die Hälfte vom Joghurt bei mir auf dem Pullover. Immer. Und meine ständige Begleiterin hat wieder einen guten Grund, mich zu maßregeln. Also wenn da kein Bündnis zwischen den beiden besteht, dann weiß ich es auch nicht.

Und so saß ich nachts alleine mit einem Becher Joghurt auf den Fliesen, einem zweiten Becher Joghurt in der Hand und einer Hälfte Joghurt auf meinem Pullover in der Küche.

Und alles linksdrehend.

Ich hätte fast die Ruhe genießen können, aber ich hab ja Nachbarn. Besser: wir. Und das mit unseren Nachbarn ist ja fast schon inflationär. Die wohnen ja unter uns, wir haben welche links neben uns, sogar rechts neben uns, es gibt auch welche gegenüber, wir haben selbst Nachbarn hintenraus.

Also es ist jetzt nicht so, als würd's daran mangeln.

Wir haben nur keine Nachbarn über uns.

Aber ein guter Freund sagte letztens zu mir: »Deine Nachbarn müssen ja auch gestraft sein fürs Leben.«

Ich sag: »Wieso?«

»Na, wenn du immer so spät nachts nach Hause kommst?«

Ich sag: »Was soll ich dran ändern? Und wenn ich zeitiger nach

Hause käme, wäre ich eben früher laut. So ist das nun mal. Und außerdem: Ich wohn ja drüber!«

Und das stimmt. Ich wohn ja auch drüber. Nur meine Nachbarn unter mir, die sind laut! Die sind so entsetzlich laut!! Die sind unter mir so laut, dass ich sie oben bei mir noch sehr gut unten hören kann.
Ich hab sie jetzt mal gebeten, etwas ruhiger zu sein. Muss ja nicht gleich leise sein, nein, nur ruhiger. Aber da passiert nichts.
Die schreien sich schon morgens an, da lieg ich noch im Bett, da führen die schon ihren ganz privaten Kleinkrieg. Wenn sie mittags nach Hause kommt, dann hantiert die immer in der Küche rum, als würd die da jeden Tag die Wände neu fliesen, dann geht sie, dann kommt er, dann hört er laut seine Rock-and-Roll-Platten, dass sich bei meinem Perser im Wohnzimmer die Fransen aufrichten, und wenn sie dann abends wieder kommt, dann geht's mit dem Kleinkrieg weiter.

Dacht ich erst: Ist ja egal, ich wohn ja drüber! Ist mir aber auch drüber noch zu laut.
Habe ich sie mal gefragt, ob's nicht auch leiser ginge. Nicht mehr nur ruhig, nein, gleich leiser. Aber die stören sich ja nicht dran.
»Ja«, sagten die dann, »Sie sind ja auch nicht grade leise.«
Sagte ich: »Mag ja sein. Aber ich hör mich ja nicht. Ich wohn ja drüber!«
Sagt sie: »Solange Sie nicht leiser sind, sind wir auch nicht leiser.«
Das sagte die mir!
Sagte ich: »Umgekehrt wird ein Schuh draus! Wenn Sie nicht leiser werden, werde ich auch nicht leiser. Schließlich hab ich's auch als Erster gesagt.«
Sagt sie: »Das ist ja wie im Kindergarten.«
Sag ich: »Wenn das hier ein Kindergarten ist, dann sind Sie die läuseinfizierte Gruppe.«
Sagt sie: »Und dann sind Sie der, der einem immer die Förmchen wegnimmt!«

Sag ich: »Aha! Dann sind Sie aber die, die immer in den Sandkasten pinkelt!«

Sagt sie: »Und Sie sind der, der einem immer Sand ins Gesicht wirft oder in den Saft spuckt!«

Sag ich: »Sie sind doch einfach nur zu zu! Zu laut, um leise zu sein, zu blöd, um gescheit zu sein, zu sehr Nachbar, als Mensch zu sein, bei Ihnen ist alles so zu im Sinne von dicht. Das Einzige, was bei Ihnen offen ist, das ist der … Und den haben Sie so was von offen …!«

Ich muss wohl noch etwas weitergemacht haben, aber an den Rest kann ich mich nicht mehr erinnern. Ich weiß nur, dass plötzlich ihre Hand in meinem Gesicht gelandet ist und ich ihr daraufhin so kräftig in ihren ausladenden Hintern getreten hab, dass sie heute noch nicht sitzen kann.

Die wollen jetzt eine Anwaltskanzlei einschalten.

Hab ich gesagt, sollen sie sich gleich an meinen Anwalt wenden.

Da wohn ich zwar nicht drüber …

Aber da steh ich drüber!

Sagte mir meine ständige Begleiterin: »Nur Ärger. Mit dir gibt's eigentlich nur Ärger. Schön ist es eher selten mit dir.«

Wie meinte sie das denn jetzt wieder?

Und dann sagte sie: »Also wenn wir in unserer neuen Wohnung sind, dann kommen da nur noch unsere Freunde rein. Die Familie kann sehen, wo sie bleibt!«

Ich fragte sie: »Wie meinst du das denn?«

»So, wie ich's gesagt habe.«

Ich sag: »Jetzt hör mal bitte auf!«

»Nee«, sagt sie, »das meine ich schon genau so, wie ich es sage.«

Ich sag: »So? Wie meinst du's denn?«

»So, wie ich es sage.«

»Und was hast du gesagt?«

»In unsere Wohnung nur noch Freunde!«

Ich verstand sie nicht. Und ich fragte noch mal: »Ja … Wie … Also … Und was ist mit der Familie?!«

Sagt sie:»Kann sehen, wo sie bleibt.«

Ich sag:»Das musst du mir erklären. Von allein begreif ich's nicht.«

Sagt sie:»Also: Nehmen wir nur Onkel Hartmut. Immer wenn der kommt, bringt der Vasen mit. Immer nur Vasen. Vasen, Vasen, Vasen. Ich weiß schon gar nicht mehr wohin mit den ganzen Vasen, die Onkel Hartmut uns bis jetzt geschenkt hat. Ich weiß auch gar nicht, wo der immer die ganzen Vasen auftreibt. Und was ist der Dank? Er geht direkt durch zur Bar und säuft dir deinen Lieblingswhiskey weg.«

Ich sag:»Stimmt.«

»Oder Tante Usch. Wenn ich schon immer höre: Tante Usch kommt extra aus dem Westerwald… Dann denke ich mir immer: Soll sie doch bleiben in ihrem blöden Westerwald. Und was macht Tante Usch, wenn sie dann da ist? Schlägt Falten in unsere Kissen! In jedes unserer Kissen wird eine Falte geschlagen, wenn Tante Usch da ist.«

Ich sag:»Stimmt.«

Sagt sie:»Oder Tante Helga. Kommt immer, sagt keinen Ton, bringt nichts mit, frisst vier Stück Torte und dann häkelt sie. Ist die ganze Zeit nur am häkeln. Dieses ständige Gehäkel! Das macht mich wahnsinnig. Und wenn man sie was fragt, sagt sie nichts, guckt nur über ihre blöde Brille, so, als wüsst sie alles, sagt aber keinen Ton und weiß eigentlich auch nichts.«

Ich sag:»Stimmt.«

»Oder Vetter Rainer. 130 Kilo, Bluthochdruck, kein Kuchen wegen der Figur, dafür vier Stück Zucker im Tee, verschenkt nur Bücher vom Buchclub, die er schon ausgelesen hat, und fegt sich nur so die Chips und Salzstangen rein, wenn die mal auf dem Tisch sind. Und Eierlikör. Unmengen Eierlikör. Und redet die ganze Zeit nur übers Angeln.«

Ich sag:»Stimmt. Und Tante Frieda?«

»Hör mir bloß auf mit Tante Frieda! Schenkt jedes Mal Marzipan, das wir dann in die Tonne werfen, hört angeblich so schlecht, dass man sich die Kehle aus dem Leib schreit, und hat für alles einen besseren Ratschlag. Also ganz im Ernst: Auf unsere Familie kann ich wirklich gut verzichten!«

Ich sag: »Du hast ja Recht, aber wenigstens einmal im Jahr… Zum Geburtstag…«

»Nee, auch nicht.«

»Ja, aber man kann die doch nicht einfach so ausladen…«

»Doch. Kann ich.«

»Und wenn die trotzdem vor der Tür stehen?«

»Knall ich denen die Tür vor der Nase zu.«

»Und wenn sie trotzdem reinkommen?«

»Schmeiß ich sie raus!«

Da war ich wütend! Ich sag: »Das kannst du doch nicht bringen! Das ist doch unmenschlich, richtig asozial ist das! Das geht doch nicht! Das ist widernatürlich! Ich kann doch nicht deine und meine Familie rausschmeißen! Was sollen denn die Leute von uns denken?!«

Aber so was ist meiner ständigen Begleiterin vollkommen wurscht. Grad was die Leute denken könnten.

Deshalb hab ich dann auch die Nacht draußen auf dem Balkon geschlafen.

Ich gehör wohl doch schon mehr zur Familie!

Gulaschsuppe nur mit Fahrradschutzhelm
oder Telefonat mit Tante Frieda

Tante Frieda ruft nicht oft an.
Im Gegenzug: Oft ruf ich Tante Frieda auch nicht an.
Warum? Weil: Es ist nicht unanstrengend, so ein Familientelefonat,
weil man immer kurz vorm Nervenzusammenbruch ist.
Wenn man Tante Frieda mal anruft, wird man sie nicht wieder los,
da sie zu den Menschen gehört, die ein Telefonat gefühlte dreißig
Mal beenden und dabei immer wieder von vorne anfangen.

Letztens hatte ich mich durchgerungen und sie angerufen.
Nach vierzig Minuten hatten wir wirklich alle – alle! – Themen
durch, es ging ans Verabschieden. Bis dahin hatten wir uns schon
dreimal voneinander verabschiedet, aber immer wieder kriegte
Tante Frieda die Kurve und tat ein neues Thema auf.
Jetzt hatte ich es aber im Gefühl: Das Telefonat war durch.
Und ich sag noch so: »War ja nett jetzt, unser Telefonat.«
»Ja, ja, war nett. Also dann, mach's mal gut. Du meldest dich, ne?
Aber erst nach 18 Uhr, ist billiger.«
»Wie: billiger?«
»Früher waren Gespräche nach 18 Uhr immer billiger.«
»Aber heute doch nicht mehr.«
»Ach, sind die jetzt teurer, die Telefonate nach 18 Uhr?!«
»Nein, die sind gleich teuer.«
»Also ist es jetzt vor 18 Uhr billiger geworden?«
»Nein, auch nicht.«
»Dann sind die Gespräche teurer geworden?«
»Die Gespräche eh nicht, wenn, dann die Telefonate. Und die sind
auch nicht teurer geworden, weil man einen Grundbetrag zahlt.«

»Ich auch?«, fragt Tante Frieda besorgt.

»Ja, du wahrscheinlich auch. Du zahlst jeden Monat den gleichen Grundbetrag.«

»Dann ist ja auch egal, wann ich wie lange telefoniere, oder?«

»Im Prinzip schon.«

»Dann könnten wir jetzt eigentlich noch zwei Stunden miteinander reden.«

»Ja, so billig ist das nun auch wieder nicht.«

»Oder ich könnte dich mal morgens um 8 anrufen.«

Ich sag: »Nein, das geht nicht.«

»Ach, ist das dann morgens doch teurer?«

»Nein.«

»Dann geht das mit dem Grundbetrag morgens um 8 nicht?«

»Mit dem Grundbetrag geht das schon. Aber mit mir nicht. Denn da schlaf ich noch. Da bin ich noch nicht aufgestanden.«

»Ach was. Früher war das ja nach 18 Uhr billiger.«

»Was? Das Aufstehen?«

»Das Telefonieren.«

»Außerdem hab ich eine Flat.«

»Was hast du?«

»Eine Flat. Da zahl ich immer dasselbe. Ob vor oder nach 18 Uhr, das ist egal.«

»Ja, dann könnte ich dich also doch um 8 Uhr morgens anrufen.«

»Ja. Aber dann bin ich noch nicht wach.«

»Nein, nein, nein«, sagt Tante Frieda. »Da kannst du mal für wenig Geld telefonieren, und, nutzt du's? Nein, du verschläfst es.«

Ich sag: »Aber ich kann mit dir doch auch abends um 8 telefonieren.«

Sagt Tante Frieda: »Ist auch besser, nach 18 Uhr ist eh billiger. Aber egal, ich will jetzt auflegen. Also dann, mach's gut, tschüss und bis die Tage.«

»Ja, tschüss, Tante Frieda, bleib gesund und auf bald. Tschüss.«

Ich wollte gerade auflegen, als ich ihre Stimme wieder hörte: »Hast du dir eigentlich jetzt den Fahrradhelm gekauft?«

»Wie bitte?«

»Ob du dir jetzt den Fahrradhelm gekauft hast? Für zum Schutz?
Diesen Fahrradschutzhelm.«

»Wofür denn?«

»Für zum Schutz. Fürs Fahrradfahren.«

»Ich fahr doch kein Fahrrad.«

»Ja, aber wenn. Dass du dann einen Fahrradhelm hast. Es passieren
die dollsten Unfälle.«

»Ich fahr aber doch kein Fahrrad. Da kann ich dann ja auch schwer
einen Fahrradunfall haben, oder?«

»Man kann auch als Fußgänger einen Fahrradunfall haben. Wenn
so ein Fahrrad erst mal in dich reinfährt…«

Ich sag: »Da kann ich ja auch von einem herabstürzenden Flugzeug
erschlagen werden.«

»Richtig. Und zwar als Fußgänger wie als Fahrradfahrer.«

»Da bringt mir aber so ein Fahrradschutzhelm auch nichts.«

Sagt Tante Frieda: »Man kann den Fahrradhelm auch so tragen.«

»Wie bitte?«

»Du kannst den Fahrradhelm auch so aufsetzen.«

»Ich setz doch nicht einfach so einen Fahrradhelm auf, ohne Fahrrad zu fahren.«

»Es passieren die dollsten Dinge.«

»Ja, grad nach 18 Uhr.«

»Es müssen ja nicht nur Fahrradfahrer Fahrradhelme tragen.«

»Wer soll sie denn sonst tragen?«

»Du als Fußgänger.«

»Wieso soll ich als Fußgänger denn einen Fahrradhelm tragen?«

»Falls du mal stürzt. Ist dein Kopf geschützt. Vielleicht ist der Fahrradhelm ja auch ein genereller Schutz für Fußgänger vor Fahrrad-
fahrern.«

Ich sag: »Da könnten ja Taucher genauso gut einen Fahrradschutzhelm tragen.«

»Besser ist besser. Man kann nie wissen, was einem alles so passiert.
Auch unter Wasser nicht.«

»Unter Wasser wirst du sicherlich nicht von einer Gruppe Rennrad-
fahrer niedergemäht. Ich trage so was nicht.«

69

»Wenn ich dir den erstmal zum Geburtstag geschenkt habe, bleibt dir ja gar nichts anderes übrig.«

»Dein Topflappensetgeschenk habe ich ja auch nie benutzt.«

»Das schützt dich auch nicht beim Fahrradfahren.«

»Bis ich Geburtstag habe, hast du das längst wieder vergessen.«

»Glaub ich nicht, ist nämlich schon notiert. Aber egal, ich will jetzt auflegen. Also dann, mach's gut, tschüss und bis die Tage.«

»Ja, tschüss, Tante Frieda, bleib gesund und auf bald. Tschüss.«

Ich wollte gerade auflegen, als ich wieder ihre Stimme hörte: »Hast du denn auch an die Rescuetropfen gedacht?«

Ich sag: »Wie bitte?«

»Ob du auch an deine Rescuetropfen gedacht hast.«

»Wofür? Fürs Fahrradfahren?«

»Nein.«

»Oder fürs Spazierengehen ohne Fahrradhelm?«

»Nein.«

»Oder fürs Tauchen ohne Fahrradhelm, falls mich ein Rudel Fische über den Haufen schwimmt?«

»Nein, ich meine, so fürs Allgemeine.«

»Fürs Allgemeine brauch ich keine Rescuetropfen.«

»Früher sind sie dir gut bekommen. Früher hast du auch gerne gesungen. Was hast du früher gerne gesungen… Da hast du da als Junge gestanden in deiner kurzen Lederhose und hast Volkslieder gesungen. Und die ganze Familie um dich rum. Machst du heute auch nicht mehr.«

»Heute singe ich nur noch unter der Dusche.«

»Und wo ist da die Familie?«

»Die sitzt auf dem Wannenrand und auf dem Klo und hört zu.«

»Wirklich? So ein großes Bad hast du?!«

»Nein, das war ein Scherz«, sage ich. »Außerdem: Früher war auch früher. Und heute ist nicht früher. Früher war telefonieren nach 18 Uhr ja auch billiger.«

»Nimmst du denn nach 18 Uhr deine Rescuetropfen?«

Ich sage: »Ich nehme sie gar nicht mehr! Weder vor noch nach 18 Uhr!«

»Aber du isst regelmäßig?!«

»Wonach seh ich denn aus?«, frage ich gegen.

»Wenn ich daran denke, als wir uns das letzte Mal gesehen haben: allzu regelmäßig.«

»Was?!«

»Aber egal, ich will jetzt auflegen. Also dann, mach's gut, tschüss und bis die Tage.«

»Ja, tschüss, Tante Frieda, bleib gesund und auf bald. Tschüss.«

Ich wollte gerade auflegen, als ich ein weiteres Mal ihre Stimme hörte: »Du kannst ja auch mal vorbeikommen.«

Ich sag: »Wie bitte?« Langsam reicht es mir.

Und Tante Frieda sagt: »Komm doch mal vorbei. Koch ich dir mal das, was du gern magst. Gulaschsuppe zum Beispiel.«

»Ich mag keine Gulaschsuppe.«

»Ach. Seit wann das denn nicht?«

»Hab ich noch nie gemocht.«

»Früher hast du die immer gern gegessen.«

»Die hab ich auch früher nicht gern gegessen. Ich hab die noch nie gern gegessen, die Gulaschsuppe.«

»Ich dachte, du hast die früher gern gegessen.«

»Ich hab die früher nicht gern gegessen und ich esse sie heute nicht gern.«

Tante Frieda macht eine Pause, dann: »So eine richtig leckere Gulaschsuppe mit ordentlich was drin … Ist doch was Feines.«

»Ich mag sie aber nicht. Grad mit ordentlich was drin nicht.«

»Ach so. Soll ich sie dir dann dünner machen?«

»Ich ess sie weder dick noch dünn.«

»Und warum nicht?«

»Weil ich keine Gulaschsuppe mag!«

»Als Kind hast du alles gegessen.«

»Nur keine Gulaschsuppe.«

»Sogar Schnecken.«

»Schnecken sind keine Gulaschsuppe.«

»Du hast früher Schnecken gegessen.«

»Die kommen ja auch nicht in die Gulaschsuppe.«

»Schnecken hast du früher gegessen.«

»Die esse ich auch heute noch gerne. Nur keine Gulaschsuppe.«

»Also, ich versteh ihn nicht. Isst Schnecken, aber keine Gulasch-suppe. Probier doch mal.«

»Ich mag die nicht.«

»Einfach mal so ein Löffelchen. Und dann wirst du schon sehen.«

»Möchte ich aber nicht.«

»Kannst auch was für zu Hause mitnehmen.«

»Die wird mir auch zu Hause nicht schmecken.«

»Ich mach dann einfach ein bisschen mehr.«

»Du musst nicht mehr machen, ich mag's ja nicht.«

»Kann ich aber. Ist gar kein Problem.«

»Ich ess die Gulaschsuppe nicht bei dir und auch nicht zu Hause.«

»Aber Schnecken.«

»Ja, aber die machst du ja nicht.«

»Schnecken kommen auch nicht in die Gulaschsuppe.«

»Ich glaube, du verstehst mich nicht, weil du mich nicht verstehen willst. Ich leg jetzt auf, hab hier auch noch zu tun.«

»Ist ja auch egal«, sagt Tante Frieda. »Ich will jetzt auch auflegen. Also dann, mach's gut, tschüss und bis die Tage.«

»Ja, tschüss, Tante Frieda, bleib gesund und auf bald. Tschüss.«

Als hätte ich's geahnt: Ich wollte gerade auflegen, als Tante Friedas Stimme zu hören war: »Ich glaub, ich hab noch einen Fahrradhelm hier.«

Ich sag: »Wie bitte?«

»Ich glaub, ich hab noch einen Fahrradhelm hier. Der muss hier irgendwo… Den hab ich mal in einem Preisausschreiben… Und eine Heizdecke. Hast du vielleicht Interesse an einer Heizdecke?«

Ich fragt: »Wieso sollte ich?«

»Dir ist doch immer so kalt.«

Ich sage: »Wenn mir kalt ist, ist mir kalt. Meistens im Winter. Aber dann dreh ich die Heizung auf, da brauch ich keine Heizdecke für.«

»Aber gleich die ganze Heizung aufdrehen… Das ist doch viel zu teuer.«

»Gar nicht. Ich mach's ja erst nach 18 Uhr. Hab eine Heizflat.«

»Wie bitte?«

»Schon gut«, sage ich.

»Soll ich dir den Fahrradschutzhelm mal raussuchen?«

»Nein. Warum auch? Ich würd ihn ja auch nicht aufsetzen, wenn mir kalt wäre.«

»Aber in Kombination mit der Heizdecke würdest du ihn tragen?«

»Ich gehe mit Fahrradschutzhelm auf dem Kopf und in eine Heizdecke gewickelt nicht unter die Leute.«

»Und der Helm alleine?«

»So trag ich ihn auch nicht.«

»Ich dachte, wenigstens beim Spazierengehen.«

»Nein, auch da nicht. Auch nicht beim Fahrradfahren, weil ich kein Fahrrad fahr. Und beim Schwimmen erst recht nicht.«

»Es gibt große, gefährliche Fische.«

»Und die schrecken vor dem Fahrradschutzhelm zurück, wenn die mich im Meer planschen sehen?«

»Sicher ist sicher.«

»Nein. Ich trag den Helm auch nicht beim Gulaschsuppeessen.«

»Ach was. Auf einmal isst du Gulaschsuppe.«

»Richtig. Aber nur nach 18 Uhr, da ist es billiger.«

»Nach 18 Uhr würdest du Gulaschsuppe essen?«

Ich musste es Tante Frieda jetzt ganz klar und deutlich sagen. Ich räusperte mich und gab in den Hörer: »Ja! Aber auch nur, wenn du sie mit Rescuetropfen würzt, mich im heißen Hochsommer in eine dicke Heizdecke packst, die auf volle Pulle stellst, mir den Fahrradschutzhelm aufsetzt und ich die Suppe neben einem großen Aquarium essen kann, in dem ganz dicke Fische auf Fahrrädern an mir vorbeiradeln, und ab und an Fußgängergruppen in Taucheranzügen mit Duschschläuchen in der Hand und Klobrillen um den Hals an mir vorbeimarschieren, die Volkslieder singen. Haben wir uns da jetzt verstanden?!?!«

Ich hörte nichts mehr.

»Hallo? Tante Frieda?!«

Nichts.

Die Verbindung war getrennt. Tante Frieda war weg. Hatte sie einfach so aufgelegt. Aus heiterem Himmel. Vollkommen unangemeldet. Zack!, weg war sie.

Ich war richtiggehend verwirrt.

Fragte mich, ob was ist. Ob sie sich ernsthaft was getan hatte. So plötzlich, wie sie aufgelegt hatte und auf einmal weg war. Konnte ja keiner mit rechnen.

Hab ich sie gleich wieder angerufen und gefragt, ob was wär.

War nichts.

War nur ein bisschen angesäuert.

Habe ich alles wieder geradegerückt.

Haben dann noch mal eine halbe Stunde telefoniert. Fanden einfach kein Ende. Macht aber auch nichts. Kostet ja nichts. Ich hab eine Flat.

Geh nächste Woche mal auf eine Gulaschsuppe bei ihr vorbei.

Einer muss ja klein beigeben.

Sonst gerät die Welt aus den Fugen.

Und wie ich sie kenne, geh ich noch mit Fahrradschutzhelm und Heizdecke nach Hause.

Krieg ich hin.

Muss vorher nur meine Rescuetropfen nehmen.

Ob ich da mittags hingehe?

Nee, eher so im Abendbereich.

Und warum?

Nach 18 Uhr ist billiger.

Kuchenrunde

Alle drei Monate ist in unserer Familie Kuchenrunde. Beteiligt sind ausschließlich vier Tanten, jede muss mal einladen, das geht dann reihum, jede Tante ist mal dran, eine stellt die gute Stube zur Verfügung, kocht einen starken Bohnenkaffee, die anderen bringen eine selbst gebackene Torte mit und dann wird am Tisch die große Welt klein geredet.

Die Kuchenrunde ist aber keineswegs kleinbürgerlich, miefig, spießig oder sonst was. Nein, es ist vielmehr das ständige Kreisen um Torten, Rezepte und sich selbst und das Fokussieren großer weltpolitischer Fragen, wirtschaftlicher Entwicklungen und allumfassender Schach- und Winkelzüge auf den kleinstmöglichen Nenner: die Kuchenrunde.

Anwesend sind immer vier Tanten: Tante Irmi, Tante Hilde, Tante Waltraud, selbstverständlich Tante Frieda und ich.
Wenn man sich jetzt fragen sollte, was ich da unter den ganzen Tanten überhaupt verloren habe, muss ich sagen: Das frag ich mich bis heute. Werd ich mich auch weiterhin fragen, ich mach's ja immer noch. Einmal durch Zufall anwesend gewesen und danach nicht wieder davon losgekommen.

Und dann sitzt man da in der guten Stube und eigentlich sind es immer dieselben Gespräche, immer dieselben Themen, fast immer in derselben Reihenfolge.

Tante Frieda: »Nee, schon wieder Filterkaffee.«
Ich: »Das ist doch Tradition.«

Tante Irmi: »Wer ist das?«

Ich: »Die Tradition.«

Tante Hilde: »Ich mag den ja nicht, den Filterkaffee.«

Tante Frieda: »Du magst ja auch keine Wellensittiche.«

Tante Hilde: »Da reagier ich allergisch drauf.«

Tante Frieda: »Dünn ist er.«

Tante Waltraud: »Wer?«

Tante Irmi: »Der Wellensittich?«

Tante Frieda: »Der Filterkaffee.«

Tante Irmi: »Wenn er zu dünn ist, liegt's am Futter.«

Tante Hilde: »Beim Filterkaffee?«

Tante Waltraud: »Beim Wellensittich.«

Ich: »Was hältst du denn von diesen Kapseln?«

Tante Irmi: »Sittiche in Kapseln?!«

Tante Frieda: »Kaffee in Kapseln.«

Tante Irmi: »Wie brüht man die denn auf?«

Tante Hilde: »Wen jetzt? Die Sittiche?«

Tante Irmi: »Den Kaffee. Wie brüht man denn so Kapseln auf?«

Tante Frieda: »Die brühst du nicht auf.«

Tante Waltraud: »Da brauchst du eine Maschine für.«

Tante Irmi: »Die hab ich doch aber nicht.«

Tante Waltraud: »Ja, eben.«

Tante Hilde: »Und die Kapseln gehen nur in der Maschine?«

Tante Waltraud: »Die gehen nur in der Maschine.«

Tante Hilde: »Sonst nicht?«

Tante Waltraud: »Nee, sonst gehen die Kapseln nicht.«

Tante Irmi: »Ich hab nur Filterkaffee. Schmeckt der euch nicht?«

Tante Frieda: »Doch, ist eben Filterkaffee, der Filterkaffee. Und für Filterkaffee schmeckt er nicht so sehr nach Filterkaffee. Ich meine, wenn man Filterkaffee mag…«

Tante Irmi: »Mein Mann hat gerne Filterkaffee getrunken.«

Tante Waltraud: »Ihr hattet früher doch nur Filterkaffee.«

Tante Irmi: »Den hat mein Mann immer gerne getrunken.«

Tante Waltraud: »Es gab ja auch nichts anderes.«

Tante Hilde: »Mein Mann hätte ja auch gerne Haustiere gehabt. Am liebsten Fische. Wenn ich nicht so allergisch auf Wellensittiche reagieren würde … Jetzt ist er tot.«

Ich:»Der Sittich?«

Tante Hilde:»Wir hatten nie Sittiche. Mein Mann.«

Tante Waltraud:»Dünn ist er.«

Tante Irmi:»Was?«

Tante Waltraud:»Dünn ist er!«

Tante Irmi:»Wer?«

Tante Frieda:»Ihr Mann?«

Tante Waltraud:»Der Kaffee.«

Tante Irmi:»Ja, ist Filterkaffee.«

Tante Waltraud:»Ist aber trotzdem dünn.«

Tante Frieda:»Kannst ja Milch reintun in den Kaffee.«

Tante Waltraud:»Da wird er aber nicht stärker von.«

Tante Frieda:»Nee, aber wenn man was Milch reintut, schmeckt er mehr nach Milch.«

Tante Irmi:»Ich hab auch noch Zucker.«

Tante Hilde:»Also Zucker vertrag ich ja überhaupt gar nicht.«

Tante Frieda:»Ich trink meinen Kaffee am liebsten schwarz.«

Tante Waltraud:»Dafür ist er aber zu dünn.«

Tante Hilde:»Na ja, ich hab einfach was Milch reingetan.«

Tante Waltraud:»Dann schmeckt der Kaffee aber zu viel nach Milch.«

Tante Irmi:»Wo ist denn nun der Kuchen?«

Tante Frieda:»Ja, den wolltest du doch beisteuern diesmal.«

Tante Irmi:»Ich weiß von nichts. Das wüsst ich ja, wenn ich was wüsste. Weiß aber nichts. Das muss wohl wohl oder übel untergegangen sein.«

Tante Frieda:»Ja, wohl oder übel.«

Tante Irmi:»Möchte denn wer noch was Sahne?«

Tante Waltraud:»Was soll ich denn Sahne nehmen?«

Tante Frieda:»Und wozu? Gibt ja keinen Kuchen.«

Tante Waltraud:»Manche tun die ja in den Kaffee. Immer noch besser als Milch und Zucker.«

Tante Irmi:»Zu Apfelkuchen nehme ich gerne etwas Sahne.«

Tante Frieda: »Kommt auf den Apfelkuchen an.«

Tante Irmi: »Zu jedem Apfelkuchen nehme ich gerne etwas Sahne.«

Tante Waltraud: »Ich lieber zu Trockenkuchen.«

Tante Frieda: »Oder Obstboden. Zum Obstboden muss es Sahne geben.«

Tante Irmi: »Wollt ihr denn noch was Sahne?«

Tante Frieda: »Wozu denn?! Es gibt ja keinen Kuchen!«

Tante Irmi: »Ja, mein Mann hat sich doch vertan. Ich sag noch, bring Sahne mit. Ich guck in den Kühlschrank und denk heute Morgen: Ist ja gar keine Sahne mehr da. Da hab ich zu meinem Mann gesagt, ich sag: Denk an die Sahne. Dass du Sahne mitbringst. Und der? Geht einkaufen und was vergisst er? Die Sahne. Musste er noch mal los. Hat er Sahne gekauft. Zwei Töpfchen. Und kommt wieder nach Hause, was sehen wir? Ist die Sahne abgelaufen. Also nicht in der Zwischenzeit. Schon vorher. Ist er wieder zurück, hat die Sahne umgetauscht und wegen der Unannehmlichkeiten hat er ein Töpfchen Sahne gratis dazubekommen. Und er kommt nach Hause, ich will die Sahne in den Kühlschrank stellen, was fällt mir auf? Hatte ich noch zwei Töpfchen Sahne hinter den Gurken stehen. Hatte ich da gar nicht nachgesehen. Ja, hatten wir jetzt fünf Töpfchen Sahne, hab ich alle geschlagen. Jetzt Kuchen hin, Kuchen her, Sahne haben wir. Noch was Sahne irgendwer?«

Tante Waltraud: »Was hättest du denn gebacken?«

Tante Irmi: »Himbeer-Mango.«

Tante Frieda: »Himbeer-Mango? Ach, der. Nee, so doll fand ich den letztens auch wieder nicht.«

Tante Irmi: »Letztens hab ich gar nicht Himbeer-Mango gemacht. Letztens hab ich Ananas-Rhabarber gemacht.«

Tante Hilde: »Ist ja so was Ähnliches.«

Tante Frieda: »Wie was?«

Tante Hilde: »Wie Himbeer-Mango.«

Tante Frieda: »Ananas-Rhabarber soll so was Ähnliches wie Himbeer-Mango sein? Quatsch. Ananas-Rhabarber ist Ananas-Rhabarber und Himbeer-Mango ist Himbeer-Mango.«

Tante Hilde: »Ja, aber vom Prinzip ist das doch dasselbe.«

Tante Frieda: »Nein, auch vom Prinzip her ist das nicht dasselbe.«

Tante Hilde: »Ich mein ja nur. Aber der Teig ist doch bestimmt wieder so eine Krümelbasis gewesen und obendrauf, wie ich dich kenne, wieder Mandelsplitter.«

Tante Irmi: »Gar keine Mandelsplitter.«

Tante Frieda: »Du tust doch an alles Mandelsplitter.«

Tante Irmi: »Gar nicht.«

Tante Frieda: »Wie ich dich kenne, kommen da noch Mandelsplitter drüber.«

Tante Irmi: »Na ja, vielleicht ein paar.«

Tante Frieda: »Siehste! Wusst ich's doch.«

Tante Waltraud: »Friedrich wär ja mal fast an einem Stückchen Rhabarber erstickt.«

Tante Hilde: »An einem Stückchen Rhabarber?! Mein Gott, wie tragisch.«

Tante Waltraud: »Und was hat er's doch immer so gerne gegessen. Und dabei ja überhaupt nicht vertragen. Und ich sagte noch zu ihm, sag ich, ich sag, nicht dass das einmal deinen Tod bedeuten wird. Und dann hätt's ihn fast erwischt.«

Ich: »Wer ist denn Friedrich?«

Tante Waltraud: »Das war mein Rauhaardackel.«

Ich: »Ach.«

Tante Frieda: »Und woran ist er dann gestorben?«

Tante Waltraud: »An einem Stückchen Mettwurst.«

Tante Irmi: »Na, gut, dass ich den nicht gebacken habe.«

Tante Hilde: »Den Rauhaardackel?!«

Tante Frieda: »Hätte Irmi bestimmt Mandelsplitter drübergestreut.«

Tante Irmi: »Den Himbeer-Mango. Ich könnt Schnittchen machen.«

Tante Frieda: »Ich bitte dich, wir treffen uns doch hier zum Kaffeetrinken.«

Tante Hilde: »Im Norden isst man gern ein Schinkenschnittchen zum Tee.«

Tante Frieda: »Zum Tee. Eben. Zum Tee! Aber doch nicht zum Kaffee.«

Tante Irmi:»Ich hatte letztens ein Bauernfrühstück. Und dazu gab's einen Kaffee. Geht auch. Kann man machen.«

Tante Waltraud:»Aber dass niemand gebacken hat… Darum ging's doch.«

Tante Hilde:»Ich dacht, es ging um ein gemütliches Beisammensein.«

Tante Frieda:»Eben. Mit Kaffee und Kuchen.«

Tante Irmi:»Aber es ist doch schön, dass wir beisammen sind.«

Tante Frieda:»Aber doch nicht ohne Kaffee und Kuchen.«

Tante Hilde:»Man kann auch ohne Kaffee und Kuchen nett beisammen sein.«

Tante Irmi:»Also das mit der Sahne, das ist schon ein Ding. Ist jetzt eh egal, wir haben ja keinen Kuchen. Aber ich sag noch zu meinem Mann, bring Sahne mit. Ich guck noch heute Morgen in den Kühlschrank und denk: Keine Sahne mehr da. Da hab ich zu meinem Mann gesagt, ich sag: dass du bloß Sahne mitbringst. Und er geht einkaufen und vergisst die Sahne. Musste er noch mal los. Hat er zwei Töpfchen Sahne gekauft. Und die Sahne ist abgelaufen. Also nicht in der Zwischenzeit. Er wieder zurück, Sahne umgetauscht und wegen der Unannehmlichkeiten bekommt er ein Töpfchen Sahne gratis. Jetzt will ich die Sahne in den Kühlschrank stellen, was fällt mir auf? Hab ich doch noch zwei Töpfchen Sahne hinter den Gurken stehen. Hinter den Gurken. Rechnet doch auch keiner mit. Süß bei sauer… Hatte ich da gar nicht nachgesehen. Hatten wir jetzt fünf Töpfchen Sahne, hab ich einfach alle geschlagen. Jetzt Kuchen hin, Kuchen her, Sahne haben wir. Möchte denn noch wer was Sahne?«

Tante Waltraud:»Jetzt hör doch endlich mal mit deiner ewigen Sahne auf.«

Tante Irmi:»Ja, so viel wie ich hier Sahne hab, kann das zur ewigen Sahne werden…«

Tante Waltraud:»Bienenstich wär jetzt nicht schlecht.«

Tante Hilde:»Da brauchst du aber keine Sahne mehr zu.«

Tante Frieda:»Wir haben ja auch keinen Bienenstich.«

Tante Irmi:»Aber Sahne.«

Tante Waltraud: »Ich sagte ja auch nur, dass Bienenstich jetzt nicht schlecht wäre.«

Ich: »Kommt immer auf die Buttercreme drauf an.«

Tante Frieda: »Wie?«

Ich: »Ich sag immer: Bienenstich ist nicht gleich Bienenstich. Kommt immer auf die Buttercreme drauf an.«

Tante Waltraud: »Und wie der Deckel gemacht ist.«

Tante Frieda: »Schön süß mit Mandeln.«

Tante Irmi: »Ich tu immer was Mandeln auf den Kuchen. Ob Himbeer-Mango oder Ananas-Rhabarber …«

Tante Frieda: »Seht ihr. Ich hab's euch doch gesagt.«

Ich: »Wenn man Glück hat, ist auf dem Bienenstich so ein Deckel drauf.«

Tante Frieda: »Und dann ein schöner starker doppelter Expresso.«

Tante Waltraud: »Espresso.«

Tante Frieda: »Sag ich ja, Expresso. Schön mit Milch.«

Ich: »Dann ist das ein Cappuccino.«

Tante Irmi: »Ist das dann dieser Kaffee aus den Kapseln?«

Tante Hilde: »Wo vorher der Wellensittich drin war?«

Tante Frieda: »Die Kapseln haben mit Tieren nichts zu tun!«

Tante Waltraud: »Und was haben wir? Filterkaffee.«

Tante Hilde: »Kannst ja Milch dazunehmen.«

Tante Frieda: »Ich will keine Milch.«

Tante Waltraud: »Hör mal, dein Stachelbeerboden letztens … Was ist dir denn da eigentlich passiert?«

Tante Frieda: »Den hab ich gemacht wie immer.«

Tante Waltraud: »Ja, nee, das kann ja nicht. Wenn du den wie immer gemacht hättest, dann wär er ja wie immer gewesen. Dann hätte der auch wie immer geschmeckt. Hat er aber nicht. Hat ja nicht wie immer geschmeckt, dann kann er ja nicht wie immer gewesen sein und wie immer gemacht worden sein. Dass mal ein bisschen der Boden wegbröckelt, wenn man da mit der Gabel reinsticht, das ist ja normal. Aber der ist ja förmlich detoniert. Man kann ja fast sagen: Der hat im Angesicht der Gabel, hat der Boden aufgegeben und ist geflüchtet. Aber in alle Himmelsrichtungen. So was hab ich ja noch nie erlebt. Und dann musste man erstmal auf dem Tisch die ganzen Krümel einsammeln und dann hat man die mit den losen Früchten auf dem Teller wieder zusammengebracht. Das ganze Arrangement wurde ja nur durch die Sahne zusammengehalten.«

Tante Irmi:»Sahne hätten wir ja.«

Tante Frieda:»Aber Kuchen haben wir keinen.«

Tante Hilde:»Kaffee ist aber noch welcher da.«

Tante Irmi:»Wollt ihr Milch dazu?«

Tante Frieda:»Nein.«

Tante Waltraud:»Und du hast doch noch gesagt, du kümmerst dich um alles.«

Tante Irmi:»Hab ich euch eigentlich erzählt, wie das mit der Sahne war?«

Tante Frieda: »Ja. Zweimal schon.«

Tante Irmi: »Wirklich?! Verrückte Geschichte. Weil: Meine zwei Töpfchen Sahne, die ich ja gar nicht gesehen hatte, weil die sich ja hinter den Gurken versteckt hatten, diese zwei Töpfchen, die hatte ich ja noch, hab aber trotzdem meinen Mann losgeschickt, der mir im Endeffekt drei Töpfchen Sahne mitgebracht hat, weil die abgelaufen waren, also die, die er erst mitgebracht hatte. Hab ich alle fünf Töpfchen Sahne jetzt geschlagen. Möchte denn noch wer was Sahne?«

Ich:»Nein.«

Tante Frieda:»Also ich geh jetzt.«

Tante Waltraud:»Ich auch. Gibt ja eh keinen Kuchen.«

Tante Frieda:»Und mein Bus geht auch gleich. Wenn ich früher fahr, bin ich eher zu Hause.«

Tante Irmi:»Ihr wollt jetzt schon gehen?«

Alle:»Ja.«

Pause.

Tante Irmi:»Wollt ihr denn noch was Sahne? So für auf den Weg? Genug wär da!«

Immer ist was

Letztens hatten wir mal freitagabends frei.

Das ist etwas Seltenes und deswegen freuten wir uns sehr.

Und wir boten alles auf, was in eine Freitagabendidylle hineingehört: Sofa, Kerzen, Wein, Käseplatte, Brot, Fernsehen und vor allen Dingen Ruhe und Gemütlichkeit.

So an einem Freitagabend mal nichts vorzuhaben, sondern einfach nur zu Hause rumzuliegen, ist ein bisschen wie Schuleschwänzen.

Man denkt immer: Gleich passiert was; man traut dieser Idylle nie so wirklich.

Und so saßen wir beide also gemütlich auf dem Sofa, als auf einmal meine ständige Begleiterin sagte: »Du, was ist eigentlich morgen?«

Sagte ich: »Nichts.«

»Nee, ich mein, was ist morgen?«

»Samstag.«

»Nee, nicht so generell, eher im Speziellen.«

»Sowohl im Generellen wie im Speziellen ist morgen nichts.«

»Aber es ist doch immer was.«

»Morgen ist mal nichts.«

»Aber immer ist was, warum nicht auch morgen?«

»Sei doch froh, dass nichts ist.«

»Hm… Sauna wär ja auch mal wieder schön. Sollen wir morgen mal wieder gehen?«

»Nee, komm, ist doch auch schön, mal wieder nicht in die Sauna zu gehen. Immer ist was. Ist doch schön, wenn nichts ist.«

Wir tranken eine Zeitlang Wein und aßen Käse und redeten nichts.

Dann sagte sie: »Sag mal, ist morgen nicht der Umzug von Ulla und Karl?«

»So kann man das nicht nennen. Sie verlässt ihn und wirft ihn raus.«

»Warum?«

»Ihr ging sein ständiges Paddeln auf den Geist. Morgen zieht er aus.«

»Musst du da nicht mithelfen?«

»Ich hab gesagt, ich hätte Buntwäsche«, sagte ich.

»Und deshalb willst du nicht beim Umzug helfen?«

»Auszug, es ist ein Auszug infolge eines Rausschmisses. Und ich würd helfen, aber ich kann nicht, schließlich hab ich Buntwäsche.«

»Du machst morgen Buntwäsche?«

»Nee, das ist eine Ausrede. Morgen wollt ich mal nichts machen. Muss ja auch mal sein. Willst du denn helfen?«

Meine ständige Begleiterin atmete laut aus: »Ach, meine Cousine Paula ist hier bei ihren Großeltern am Wochenende. Ist extra aus Nürnberg gekommen. Mit dem Schnellzug.«

»Letztens wolltet ihr eine Runde Minigolf spielen. Das fiel doch ins Wasser. Das könntet ihr morgen mal nachholen. Und die kommt jetzt extra zum Minigolfspielen aus Nürnberg?«

»Nein, die ist auf Besuch. Ich hab da gar keine Lust zu, eigentlich.«

»Da kommt Paula nun extra aus Nürnberg, um mit dir Minigolf zu spielen... Du könntest doch morgens beim Umzug...«

»Auszug«, korrigierte sie mich.

»Morgens könntest du beim Auszug helfen und nachmittags geht's mit deiner Cousine zum Minigolf.«

»Bekommt Nachbar König nicht sein neues Bücherregal? Dem wolltest du doch beim Aufbauen helfen.«

»Wann soll ich das denn gesagt haben?«

»Letztens, beim Metzger.«

»Das werd ich wohl nur so dahingesagt haben.«

»Nachbar König hat dich ernstgenommen und hat sich sehr gefreut!«

»Der wird sich gar nicht mehr daran erinnern.«

»Doch. Hab ihn gestern zufällig getroffen, er freut sich, dass du morgen hilfst.«

»Aber ich hab doch Buntwäsche!«

Wir schwiegen wieder eine Weile.

Da klingelte es an der Tür.

Sie schaute mich an:»Wer kann das sein?«

»Jemand, der keinen Schlüssel hat. Sonst würde er ja nicht klingeln.«

»Aber wir haben doch heute unseren freien Abend.«

»Das scheint der vor der Türe nicht zu wissen«, sagte ich, stand auf und öffnete die Türe.

Da standen zwei in handwerklicher Arbeitskleidung, ein Meister und sein Azubi, und der Meister sagte:»Guten Tag, Elektro Fink, wir kommen wegen der Waschmaschine.«

»Wieso das denn? Unsere ist doch gar nicht kaputt.«

»Kann auch gar nicht. Weil sie neu ist. Und von uns. Hier ist sie, hier sind wir. Elektro Fink. Wir schließen die mal eben an.«

»Nein! Die alte tut's doch noch.«

»Lassen Sie das mal nicht Ihre Frau hören.«

»Er meint die Waschmaschine«, rief meine ständige Begleiterin aus dem Wohnzimmer.

»Das Teil ist doch im Handumdrehen angeschlossen. Ich bin Fachmann in vierter Generation«, sagte jetzt der Meister, und schon waren die beiden in der Wohnung.

»Das Bad ist…?«

»Die zweite links«, sagte ich und ging zurück ins Wohnzimmer.

»Was wollen die beiden denn?«, wollte meine ständige Begleiterin wissen.

»Uns eine neue Waschmaschine anschließen, das wollen die.«

»Aber wir brauchen keine neue Waschmaschine.«

»Ich weiß das. Aber Elektro Fink nicht. Lass sie einfach. Wir haben heute unseren gemütlichen Abend, da lassen wir uns durch nichts stören.«

Wir nahmen vom Wein.

»Aber sag mal«, sagte ich, »wolltest du nicht auch mit Franziska nach einem Klavier schauen?!«

»Aber doch nicht morgen.«

»Doch, morgen. Samstag wolltet ihr nach dem Klavier schauen.«

»Ja, was soll ich denn noch alles machen?!«

»Nimm doch Paula mit.«

»Die interessiert sich nicht für Klaviere. Die spielt Klarinette.«

»Dann schick Franziska doch zum Minigolf.«

»Aber die will doch das Klavier haben!«

»Dann schau du mit Franziska nach dem Klavier, Paula hilft beim Auszug und ich spiel eine Runde Minigolf.«

»Und wer macht dann die Buntwäsche?«

»Nachbar König?!«

»Der kriegt doch sein Bücherregal.«

»Ach, richtig. Gut: Also Paula und Franziska bauen das Bücherregal auf, Nachbar König kauft ein Klavier, du machst die Buntwäsche und ich mach gar nichts.«

»Und wer hilft beim Auszug?«

Plötzlich kam aus dem Bad der Ruf eines ziemlich hektischen Elektromeisters Fink: »Wo stellt man denn hier das Wasser ab?«

»Am Wasserhahn«, rief ich zurück.

»Nein, ich mein so generell.«

»Ich stell's generell am Wasserhahn ab!«

»Nein, ich meine mehr final! Also dass nichts mehr geht! Das sprudelt hier nur so raus!«

»Hm … Versuchen Sie's doch mal im Keller.«

Und schon schoss der Azubi von Elektro Fink an uns vorbei, aus der Wohnung und die drei Stockwerke in den Keller runter.

Aus dem Bad rief der Meister: »Und haben Sie vielleicht trockene Tücher für mich? Dass wir das hier alles aufnehmen können?«

»Nehmen Sie einfach, was da an Badetüchern hängt.«

Wir blieben gelassen sitzen. Hatten schließlich unseren gemütlichen Abend.

Wie aus dem Nichts fragte mich meine ständige Begleiterin: »Sag mal, kriegst du eigentlich auch nasse Füße?!«

»Warum sollte ich? Sitz doch hier zu Hause auf dem Sofa. Wie soll ich denn da nasse Füße kriegen?«

»Also, ich hab welche.«

»Du musst dich täuschen. Zieh die Füße einfach an den Körper ran, so wie ich, dann geht's bestimmt wieder.«

Es kehrte kurz Ruhe ein.

Dann sagte sie: »Wir müssen ja auch noch die Meerschweinchen abholen.«

»Was denn wieder für Meerschweinchen?«

»Die Meerschweinchen von Frau Schmidtvogel, die waren doch beim Tierarzt.«

»Was hatten die denn?«

»Die fielen nachmittags immer in so eine untypische Lethargie.«

»Wie: Lethargie?!«

»Zum Kaffee hat Frau Schmidtvogel ihren Meerschweinchen immer Rilke vorgelesen. Und die letzten Tage: keine Reaktion.«

»Kein Wunder: Der ist ja auch schon tot.«

»Wer?«

»Rilke«, sagte ich.

»Nein, bei den Meerschweinchen.«

Plötzlich schwamm eine Badeente an uns vorbei.

»Du«, fragte sie ganz ruhig, »kann das sein, dass Elektro Fink im Bad Probleme hat?«

»Ich bin kein Fachmann, aber das sieht ganz danach aus, dass da was aus dem Ruder läuft.«

Meine ständige Begleiterin schüttelte den Kopf: »Frau Schmidtvogel sorgt sich auf jeden Fall um Rilke und ihre Meerschweinchen.«

»Und was sagt der Tierarzt?«

»Sie soll's mal mit Goethe versuchen.«

»Ist das ein Heilpraktiker?«

Elektro Fink rief plötzlich aus dem Bad: »Warum wollten Sie eigentlich eine neue Waschmaschine haben? Die alte tut's doch noch.«

»Lassen Sie das nicht meine ständige Begleiterin hören.«

»Er meint die Waschmaschine«, sagte meine ständige Begleiterin.

»Ach so.«

»Wo steckt eigentlich der Azubi?«, fragte sie mich.

»Wenn er halbwegs schlau ist, hat er sich aus dem Staub gemacht und wird Schreiner.«

»Elektromeister Fink scheint wohl doch kein Fachmann zu sein.«

»Wohl nicht. In seinem Fall scheint das Fachmännische eine Generation übersprungen zu haben.«

»Du«, sagte sie, »wer gießt denn die Blumen von Inga und Gerd? Die sind doch im Urlaub.«

»Das kann ich machen, wenn ich die Meerschweinchen abhole. Kann ich den Pflanzen auch noch Rilke vorlesen.«

»Bloß nicht. Wenn du dann den Pflanzen Rilke vorliest, gehen doch die Meerschweinchen ein. Und Tante Frieda bat uns auch drum, dass wir mal in Wien zwei Suppenschüsseln von ihr abholen sollen. Die hat sie da noch stehen.«

»Ja, wie? Was denn noch alles? Und das morgen. Wo doch nichts ist.«

Das Wasser stieg kontinuierlich.

Wir reagierten einfach nicht mehr drauf.

Heute war unser gemütlicher Abend und morgen war Samstag und mal gar nichts und darauf wollten wir uns heute schon einstimmen.

Komme, was wolle.

Und wenn wir auf unserem Sofa segelnd durch unsere geflutete Wohnung treiben würden.

Plötzlich klingelte es an der Tür.

Da sie aber noch von Elektro Fink aufstand, trat plötzlich ein weißhaariger Mann in Anzug und Fliege vor uns: »Gestatten, Professor

Clausen vom Tropeninstitut Hamburg. Uns ist zu Ohren gekommen, dass Sie vor einigen Wochen einen waghalsigen Auslandsaufenthalt hinter sich gebracht haben.«

»Na ja…«

»Wobei die Möglichkeit bestehen könnte, dass Sie ansteckende Krankheiten, Fieber, Typhus, Cholera, Pest oder anderen Zauber sowie in unseren Breiten unbekannte und hochgiftige Tiere mitgeschleppt haben könnten?!«

»Wie bitte?«

»Verstehen Sie mich bitte nicht falsch, es geht hier lediglich um das Ausschließen von Epidemien und Pandemien. Also: Haben Sie was eingeschleppt? Ist dem so?«

»Nun…«

»Also, ich frage Sie ein letztes Mal: Haben Sie sich im nichteuropäischen Ausland aufgehalten?!«

»Wir waren auf Norderney.«

Der Professor hielt kurz inne und sann nach.

Dann:»Nun, das lassen wir mal gelten. Höchst brisant. Ich darf nun mein Seminar hineinbitten?! Ich danke Ihnen.«

Und schon betraten vierundzwanzig wildfremde Menschen unsere Wohnung und suchten nach…

Ja, nach was suchten die überhaupt?!

Ich fragte Professor Clausen:»Herr Professor! Nach was suchen Sie denn überhaupt?!«

Er holte Luft und aus:»Das ist bezeichnend für die Wissenschaft: Man weiß, was man gesucht hat, wenn man es gefunden hat.«

Und schon begannen sie in allen möglichen Ecken und Winkeln nach Wasauchimmer zu suchen.

Es klingelte erneut, und kaum gehört, standen auch schon vier mäßig vernunftbegabte Kleiderschränke in Latzhosen vor uns.

»Tach«, sprach der Häuptling, »Umzug Panse. Sie haben gerufen, wir sind gekommen.«

»Nein, nein, da sind Sie hier falsch«, sagte ich.

»Ach was, ruckzuck sind die Möbel verladen. Zack!, und schon sind alle Kartons in der neuen Wohnung. Wir bauen Ihnen auch die Küche ab und wieder auf. Bis hin zur Deckenleuchte. Gib dem Umzug eine Chance / plane stets und nur mit Panse.«

»Warum steht eigentlich bei Ihnen das Wasser fußhoch in der Wohnung?!«, wollte der Zweite wissen.

»Das haben wir gleich!«, rief Elektro Fink aus dem Bad.

»Das suppt ja mittlerweile schon das ganze Treppenhaus runter bis ins Erdgeschoss.«

Und der Vierte sagte: »Ach so: Die Waschmaschine, die im Treppenhaus steht, haben wir grade schon mal runtergebracht.«

Elektro Fink rief wieder aus dem Bad: »Nicht die! Das ist die alte! Die tut's doch noch!«

»Oh«, sagte der Häuptling, »lassen Sie das mal nicht die Frau des Hauses hören.«

»Er meint die Waschmaschine«, sagte meine ständige Begleiterin.

»Ach so, ja dann … Aber die steht jetzt schon auf der Straße vorm Transporter. Die könnten wir wieder hochbringen, kost aber extra. Wo soll's denn überhaupt hingehen?«

Ich sagte: »Wir wollen gar nicht umziehen. Wir wollen hierbleiben.«

Umzug Panse war erstaunt: »Ach, Sie bleiben hier? Also dann einfach alles hier raus aus der Wohnung, drei Etagen runter, rein in den Laster, eine Runde um den Block, alles wieder raus aus dem Laster, drei Etagen hoch und alles wieder hier aufbauen? Hatten wir so auch noch nicht. Halte ich für ziemlich ungewöhnlich. Aber bitte … Mal was Neues.«

Und schon begannen sie, meine ganzen Bücher aus dem Buchregal zu ziehen und in Kisten zu verstauen.

Ich sagte: »Nein! Nicht wir ziehen heute hier um, sondern Ulla und Karl morgen gegenüber. Also Karl zieht aus.«

»Nee, nee, das kann nicht. Wir haben extra hier stehen: Sting, Freitagabend. Das sind doch Sie?!«

»Das bin ich.«

Ich überlegte kurz. Dann fiel es mir wieder ein: »Ach ja, wir sollten uns heute Abend bei Ihnen telefonisch melden, um den Auszug von Klaus morgen gegenüber noch mal zu bestätigen.«

»Davon steht in meinen Unterlagen nichts. Ist ja auch egal. Wir packen hier jetzt zusammen und ziehen mit Ihnen, wohin Sie wollen.
Gib dem Umzug eine Chance / plane stets und nur mit Panse.«

Wir ließen sie machen. Immerhin mussten sie durch mittlerweile
knöchelhohes Wasser waten und nicht wir. Wir saßen bis jetzt noch
trocken mit Wein und Käse auf dem Sofa und hatten unseren gemütlichen Abend.
Außerdem wollte ja das Umzugsunternehmen umziehen. Nicht wir.
Das ist doch die Kunst: Um einen herum tobt das Chaos und man
ist die Ruhe selbst. Und je schlimmer es kommt, desto gelassener
wird man.

Das Telefon klingelte.
»Mensch, hier ist ja wieder was los«, sagte ich. »Und das an unserem
freien Freitag. Grad wenn nichts ist, ist immer was.«
»Gehst du mal ran?«, bat sie mich.
Ich schaute aufs Display: »Deine Mutter.«
»Dann geh erst recht dran.«
Ich ging dran: »Ja, grüß dich. Alles gut bei euch?… Wie geht's
deinem Mann?… Was? Das gibt's doch wohl nicht! Wen hast du
einschläfern lassen müssen?!… Ach so, du meinst den Hund. Ich
dachte schon… Wie? Wer hat sich von wem getrennt?… Nee, glaub
ich jetzt nicht. Und wo willst du jetzt hin?… Wie: zu uns?! Das geht
jetzt nicht. Wir ziehen nämlich um… Wohin? Das würden wir sel-
ber gerne wissen… Möchtest du in dem Zusammenhang vielleicht
mal mit dem Typen vom Unzugsunternehmen sprechen? Was?… Ja
ja… Na ja… Ja. Tschüss. Das war deine Mutter.«
»Ja und?«
»Deine Eltern haben sich getrennt.«
»Weswegen?«
»Wegen sich.«
»Klar. Und jetzt?«
»Deine Mutter zieht aus.«
»Wohin?«

»Zu uns.«

»Das geht heute aber nicht! Erstens ist unser gemütlicher Abend und zweitens ziehen wir doch um.«

»Deine Mutter könnte mit anpacken«, schlug ich vor.

»Aber wir wissen doch gar nicht, wohin das Ganze hier geht.«

Da trat Umzug Panse vor uns und sagte: »Gib dem Umzug eine Chance / plane stets und nur mit Panse.«

Plötzlich stand ein Mann in Uniform vor uns.

»Kreisbrandmeister Lutze, meine Mannschaft und ich kommen wegen des Wassers hier im Haus. Wir müssen evakuieren.«

Sein Blick fiel auf Umzug Panse.

»Aber das passt ja wohl sowieso ganz gut, wie ich sehe. Sie ziehen ja grad um.«

»Fast«, sagte ich. »Wir sitzen hier und wollen eigentlich unsere Ruhe. Das ist hier unser gemütlicher Abend, müssen Sie wissen. Auch, wenn man davon überhaupt nichts merkt. Umziehen tut hier nur Umzug Panse.«

Häuptling Umzug Panse warf sich in die Brust: »Gib dem Umzug eine Chance...«

»...plane stets und nur mit Panse«, vervollständigten meine ständige Begleiterin und ich.

Für kurze Zeit war eine gewisse Form von Harmonie im Raum.

Erst jetzt fiel mir im Wohnzimmer das blaue Flackerlicht vom Feuerwehrwagen draußen auf der Straße auf.

Die vierundzwanzig Studenten, angeführt durch ihren Professor, der mit einem »Das hier braucht uns nicht zu interessieren« nur kurz den Kreisbrandmeister kommentierte, liefen an uns vorbei.

Kreisbrandmeister Lutze sagte: »Sagen Sie mal, da unten steht eine Waschmaschine ganz einsam und alleine auf der Straße... Braucht die noch irgendjemand?«

»Die alte tut's noch«, riefen meine ständige Begleiterin und ich im Chor.

»Sagt meine Alte auch immer«, sagte Lutze.

Auf einmal stand eine kleine Großfamilie vor uns mitten im mittlerweile kniehohen Wasser, mit sieben Koffern um sich.

Der Vater ergriff das Wort:»Wir sind die Voßgrubers aus Regensburg.«

»Na und?«, fragte ich.

»Wir beide haben doch unsere Wohnungen für die Sommerfrische getauscht. Sie müssten eigentlich jetzt in Regensburg sein.«

»Wer?«, fragte ich Voßgruber senior.

»Sie. Couchsurfing. Sie können jetzt drei Wochen Urlaub in Regensburg in unserer Wohnung machen. So lange bleiben wir nämlich bei Ihnen.«

»Dürfen wir da auch unsere Möbel mitnehmen? Die sind eh grad auf dem Sprung und wissen nicht, wohin«, sagte ich.

»Klar«, meinte Voßgruber senior.»Aber wo soll ich denn dann sitzen?«

»Wir lassen Ihnen die Badewanne drin.«

»Das geht nicht!«, rief Elektro Fink aus dem Bad,»da ist mein Werkzeug drin.«

Professor Clausen trat mit vier Studenten vor Familie Voßgruber und sagte:»Und hier sehen wir ein ganz besonderes Exponat, so genannte Einheimische aus dem bajuwarischen Raum. Selten hier anzutreffen, grad in solch einer Menge. Man kann hier getrost von einem so genannten Rudel sprechen. Wie Herr Sting die allerdings alle in seinen Koffer und dann unbemerkt durch den Zoll gekriegt hat, ist mir ein Rätsel …«

Umzug Panse rief vom Bücherregal her:»Nach Regensburg können wir den Krempel hier auch bringen. Kost aber extra.«

Voßgruber fragte:»Wie redet der denn über uns?«

»Wer jetzt? Der Professor oder Umzug Panse?«

Voßgrubers zuckten mit den Schultern.

Meine ständige Begleiterin beugte sich zu mir rüber:»Wir könnten morgen auch mal wieder grillen.«

»Was sollen wir denn noch alles machen? Wo wir doch nichts machen wollten und wir auch noch Buntwäsche haben.«

»Auch wieder wahr. Aber morgen ist doch so viel …«
Ich überlegte: »Ich hab's: Karl kann ja mit Paula in dem Klavier paddeln gehen, während Nachbar König Tante Frieda Goethe vorliest,
und in der Zeit können Inga und Gerd in Wien die Suppenschüs-
sel gießen und gegen Franziska eintauschen, aber erst, nachdem
Ulla mit den Meerschweinchen Klarinette gespielt hat, und auch
nur, wenn der Chef vom Minigolfplatz den Rilke im Schnellzug als
Grillwurst in die Sauna gebracht hat, aber nur, wenn er den Blumen
nichts vorlesen muss. Was jetzt aus dem Buchregal wird, und wo
das aufgestellt wird und von wem oder ob das einfach nur auf dem
Grill landet, das kann ich dir nicht sagen.«
Wir beide schauten uns wirr an.

Und dann traten die vier mäßig vernunftbegabten Latzhosenträger
an uns heran. Das Sofa wurde von Umzug Panse links und rechts
gepackt und mit uns drauf aus der Wohnung und die drei Etagen
runtergetragen und auf den Bürgersteig gestellt.

Ich sah, wie sich aus der Ferne die Mutter meiner ständigen Beglei-
terin kofferbeladen näherte: »Dahinten kommt deine Mutter.«
»Na, die kann hier auch noch auf dem Sofa sitzen.«
»Nee, bitte nicht. Schließlich ist heute unser gemütlicher Abend.«
Ein Fenster gegenüber ging auf, und Ulla und Karl riefen raus: »Was
macht ihr denn da?«
Meine ständige Begleiterin rief zurück: »Wir ziehen um!«
»Freiwillig?«
»Nö«, rief ich, »für euch!«
»Wir wollten eh gleich noch anrufen«, rief Ulla. »Wir bleiben doch
zusammen. Das mit dem Umzug hat sich erledigt.«
»Kann dann nicht meine Mutter für ein paar Tage bei euch unter-
kommen …?!«
Ulla schloss das Fenster wieder.

Und als wir nun auf unserem alten Sofa vor unserem Haus mitten
auf dem Bürgersteig saßen, allein beschienen vom leichten Licht

des abnehmenden Mondes und dem blauen Flackern des Feuer-
wehrlichts, umringt von einigen Passanten, die stehen geblieben
waren, weil Kreisbrandmeister Lutze grade in unsrer Wohnung mit
einem Beil sämtliche Fensterscheiben mit dem Ruf:»Wir brauchen
hier mehr Sauerstoff! Möglichenfalls Brandgefahr!« eingeschlagen
hatte, die Großfamilie Voßgruber aus Regensburg ihre Köpfe durch
alle Fenster streckte und Herr Voßgruber senior sagte:»Bisschen
laut hier, die Ecke, oder?! Und bodenfeucht!«, Elektro Fink sich mit
einem Umzugskleiderschrank um die alte Waschmaschine prügelte
und immer wieder rief»Die tut's doch noch! Die tut's doch noch!«,
Umzug Panse grad die Küchenelemente in den Laster lud und murmelte:»In vier Stunden sind wir mit dem Bumms hier fertig.«, Professor Clausen mit seinen Studenten an uns vorbeikam und sagte:
»Wir würden gerne morgen wiederkommen. Das ist uns für heute
Abend ein bisschen zu viel Trubel.«, und das Wasser aus unserer
Wohnung über das Treppenhaus hinweg aus dem Haus raus mittlerweile die Straße hinunterlief in Richtung Horizont, fassten meine
ständige Begleiterin und ich uns an der Hand, und ich fand die
schönen Worte:»Ja, morgen mache ich die Buntwäsche. Obwohl
wir überhaupt keine Waschmaschine mehr haben.«
Und sie sagte:»Siehst du: Noch nicht mal Buntwäsche kann man
nicht machen, wenn man mal nichts machen will. Immer ist was.«
Und ich sagte:»Ja. Weil sonst wär ja nix.«

Immer ist was mit der ständigen Begleiterin

Also da ist ja immer was, das ist unglaublich. Selbst wenn man
sich ganz sicher fühlt und grad anfängt, die Ruhe zu
genießen, zack!, schon ist wieder was. Und das immer. Also
eigentlich recht verlässlich, dass da immer was ist.
Sie sieht das ja ganz anders als ich. Das führt wiederum
zu Differenzen.
Und schon ist wieder was…

Nachsaison

Letztens war direkt morgens wieder so viel los – Aufstehen, Radio-laufenlassen, Kaffeekochen, Frühstücken und dann kam auch noch Zeitunglesen dazwischen –, dass ich mich schon fast vorwurfsvoll fragte:»Mensch, muss denn immer was sein?!«
Und da sagte meine ständige Begleiterin zu mir:»Du, wir haben doch jetzt in der übernächsten Woche Zeit, wollen wir da nicht mal ein bisschen Urlaub machen? Einfach weg? Dass mal nichts ist?«
Dachte ich drüber nach. Im Sommer, wenn alle fahren und über-all gar nichts mehr los ist, in dieser Zeit also nichts machen, wenn jeder nichts macht, das kann ja jeder. Nichts machen, wenn alle nichts machen und keiner was macht, das kann ich auch.
Aber als Einziger nichts zu machen, das hat was.
Wenn überall nichts ist, kann man auch selber in Urlaub fahren. Dann stellt man aber fest: Im Urlaub ist auch nichts, weil alle Urlaub haben, sozusagen haben sie ihre Ruhe von der Ruhe in der Ruhe. Und passiert einmal was, sagt man sofort: Mensch, noch nicht mal im Urlaub hast du deine Ruhe. Immer ist was.
Auszeit zwischendurch.

Und ich fragte meine ständige Begleiterin:»Und wo soll's hinge-hen?«
Sie zuckte nur mit den Schultern.
Und da hat sie Recht, weil: So leicht ist das gar nicht.
Und sie sagte:»So leicht ist das gar nicht.«
Und ich sagte:»Da hast du Recht.«
»Schau dich doch mal um«, sagte sie,»Mueller-Heinrichs fahren drei Wochen in die Toscana, Motto: Kultur, Kultur, Kultur und Pasta, da können wir ja nicht mit einer Woche Wyk auf Föhr kommen ...«

»Hm.«

»…Nachbar König bricht mit Rucksack auf zu einer vierwöchigen Norwegenexkursion, barfuß und mit Schlauchboot, im Dialog mit dem Fjord, dagegen fällt ein verlängertes Wochenende in der Lüneburger Heide schon etwas ab …«

»Ja.«

»…Kastenbrocks zieht es wieder in ihr Ferienhaus nach Spanien, direkt an der Küste, ein herrlicher Blick, sagen sie immer, ein herrlicher Blick, einmalig, der Blick. Ich hab ihn noch nie gesehen, den Blick, aber sie sagen immer, er soll einfach herrlich sein, der Blick. Habe auch noch nie ein einziges Foto gesehen von diesem Blick, aber gegen so einen herrlichen Blick ist ein Bauernhofurlaub mit Streichelzoo erledigt, das können wir vor denen nicht erwähnen, Streichelzoo hin, Streichelzoo her …«

»Ja, ja.«

»…Fliedners bevölkern wieder mit ihrer ganzen Familie die kompletten sechs Wochen ihr Domizil in der Provence, die sind da mit zwanzig Männern und Frauen auf diesem riesigen Hof, und Fritz stellt da wieder seinen eigenen Honig her, den er dann an alle, die ihn nicht haben wollen, verschenkt. Also da können wir nicht sagen, dass wir bloß zu Tante Heide in den Hunsrück fahren …«

»Hm, hm.«

»…van der Laaks fliegen zum Schnorcheln nach Hawaii. Sie sagen, dass ihnen die Welt über Wasser viel zu laut sei, sie wollen sich im Urlaub nur noch unter Wasser bewegen. Frag mich, wie die essen wollen. Aber im Vergleich dazu ist die Konzertmuschel von Norderney auch nicht die geeignete Alternative …«

»Ja.«

»Gundermanns machen Kultururlaub in Russland, sie wollen von Zwiebelturm zu Zwiebelturm pilgern und dabei Borschtsch essen, jeden Tag nur Borschtsch und Zwiebeltürme, um so dieser weltberühmten russischen Seele näher zu kommen. Dem kommt der Campingurlaub in Holland zwar nahe, trifft's aber doch nicht ganz …«

»Hm … Ja, ja …«

»...oder wenn Schmidtvogels wieder ihr geliebtes Südseeinsel-hopping machen, nur um im Anschluss daheim ihre Eindrücke der zentralen Inselgruppen und des Archipels in Ölfarben mit den bloßen Fingern auf die Leinwand zu schmieren. Dagegen sehen wir mit der Sommerfrische in der Eifel ziemlich alt aus und unseren letzten Ausweg: Urlaub in Balkonien kann man mit dem Vorhaben Loitheulds, die englischen Gärten zu besuchen, nicht wirklich vergleichen.«

Ich machte wieder:»Hm...«

Ich dachte nach. Man hat doch manchmal das Gefühl: Die meisten fahren gar nicht dahin, wohin sie wollen, sondern wohin sie glauben, dass die anderen denken, dass man sich das, wohin man fährt, eigentlich gar nicht leisten könne, Honig hin, Zwiebelturm her.

Und sie fragte mich also:»Wohin fahren wir denn jetzt die paar Tage in Urlaub?«

Und ich antwortete:»Nordsee.«

»Der letzte Nordseeurlaub war stinkelangweilig, dazu noch schlechtes Wetter und alles endete in einem kilometerlangen Rückreisestau. Und da hab ich dir noch gesagt: Nie wieder Nordsee! Nie wieder!«

»Ich darf dich korrigieren? Das hast du mir nicht gesagt, das hast du mir dreißig Minuten lang ins Ohr geschrien, vollkommen hysterisch.«

»Ja, weil ich's leid war. Nie wieder Nordsee! Eher häng ich allein in der Sahara rum und zähle jedes einzelne Sandkorn aus lauter Langeweile. Mach ich da Inventur, sozusagen. Der ganze Urlaub fing ja schon katastrophal an, weil du deine Reisezahnbürste vergessen hattest. Da konnte der ganze Rest ja nur in einem Fiasko enden. Wobei ich dir tausendmal vorher gesagt habe: Denk an deine Reisezahnbürste.«

»Ich hatte sie eben vergessen.«

»Ich habe dich sogar noch, bevor wir ins Auto gestiegen sind, gefragt: Hast du an deine Reisezahnbürste gedacht?«

»An sie gedacht hatte ich ja. Ich hatte sie nur nicht eingesteckt.«

Sie schaute mich selbstmitleidig an:»Und wo soll's jetzt hingehen?«

»Warum denn nicht mal wieder an die Nordsee?«

»Gibt's vielleicht auch noch was anderes als Nordsee?«

»Wahrscheinlich schon. War ja noch nie woanders.«

»Das glaub ich dir sogar. Ich will aber mal woandershin!«

Und sie schaute mich mit diesem Frauenblick an, auf den nur eine schnelle, originelle, fast schon betörend gute Antwort folgen kann, und ich sagte:»Ostsee.«

Sie schüttelte nur den Kopf.»Ostsee… Nordsee…«

Ich sag:»Ja, Nordsee, Ostsee. Das hat doch was: Meer, gute Küche, keine lange Fahrtzeit, wir müssen auch nicht fliegen.«

»Aber ich will mal weg.«

»Kämst du ja auch.«

»Richtig weg. Eben mit Fliegen vielleicht.«

»Fliegen hast du auch an der Nordsee. Du kannst ja auch mit Cordula in die Toscana. Und ich fahr alleine an die Nordsee«, sagte ich.

»Wir fahren getrennt?!«

»Na ja, soll ja auch ein Urlaub werden.«

»Du bist einfältig«, sagte sie. Pause. Dann, erschöpft:»Gut, also bitte, von mir aus: Nordsee. Nur: Was werden unsere Freunde und Bekannten dazu sagen?«

»Mir doch egal«, sagte ich.»Die sollen ruhig mit Jeeps durch die Azoren oder um die Hebriden rum oder so. Brauch ich alles nicht. Ob ich meine Ruhe auf dem Kilimandscharo finde oder am Mississippi oder am Sandstrand und hinter mir eine norddeutsche Düne, das ist mir egal. Hauptsache, es gibt dazu ein Krabbenbrötchen. Und die besten gibt's eben an der Nordsee.«

Als wir das Freunden von uns erzählten, sagten die:»Nordseeurlaub?! Toll! Erholung, Entspannung, Relaxen, da ist ja auch nichts los, da könnt ihr mal so richtig runterkommen. Blöd nur, wenn es stinkelangweilig ist und ihr schlechtes Wetter hättet. Oder kilometerlange Rückreisestaus… Und seht bloß zu, dass ihr nicht in der Nachsaison fahrt. Das geht gar nicht.«

»Und wieso nicht?«, wollte ich wissen.

»Es ist ja schon so wenig los. Aber in der Nachsaison ist da absolut gar nichts los. Da hat nichts auf, da kommst du nicht mehr weg, weil da nur noch selten eine Fähre fährt, du siehst stundenlang keine Menschenseele, es regnet den ganzen Tag und wahrscheinlich kriegst du da noch nicht mal mehr ein Krabbenbrötchen.«

Wir lachten alle herzlich auf. Ich hab ein Faible für Übertreibungen. Leider war ich mir nicht bewusst, was das heißt: Nachsaison.

Zunächst hieß es aber erstmal Sachen für den Koffer zusammenstellen.

Und da sagte mir meine ständige Begleiterin:»Mit dem, was du anzuziehen hast, kannst du aber nicht fahren.«

»Wie?«

»So nehm ich dich nicht mit! Schau dir doch bitte einmal an, was du für den Sommer im Schrank hast.«

»Ich habe nichts für den Sommer im Schrank. Ich habe nur was für mich im Schrank. Soll doch der Sommer sehen, wo er bleibt.«

»Mit dem, was du im Schrank hast, fahre ich nicht weg.«

»Du musst auch gar nicht mit dem wegfahren, was ich im Schrank habe. Auch mit meinem Schrank musst du nicht verreisen. Mit mir geht's in die Sommerfrische.«

Sie atmete hörbar aus.

Ich sagte:»Ich nehme zwei, drei Polohemden mit, dann noch meine Lieblingshose, und das war's.«

»Deine Lieblingshose hat ein Loch.«

»Kann nicht sein.«

»Ist aber so.«

»Da wüsste ich doch was von.«

»Anscheinend nicht. Mit dem Loch kannst du sie jedenfalls nicht weiter tragen.«

»Warum nicht? Loch ist doch in. Wie viele Menschen tragen verschlissene und abgerissene Hosen?! Das ist modern! Ich glaub, man nennt das vintage.«

»Bei allen anderen Menschen ist das modern und vintage. Bei dir ist einfach nur die Hose kaputt.«

»Soso. Wir könnten da ja auch einen Flicken draufnähen.«

»Ich glaub's dir wohl! Kommt ja gar nicht in Frage!«

»Wieso? So ein Blümchen kann doch recht nett sein … Das ist jetzt mein Vintagelook.«

»So geht das aber nicht.«

»Wir können ja ein Bild drüberhängen.«

»Weißt du, was du bist? Ein einziger Flicken!«

»Von mir aus. Dann aber Gänseblümchen. Man muss das nur ganz bewusst tragen und nicht so seltsam verlegen.«

Schaute sie mich nur an und sagte: »Egal, wo du bist, du siehst immer so aus, als wärst du nur aus einer Verlegenheit heraus irgendwo.«

»Wie bitte?!«

»Dein ganzes Leben ist eigentlich eine reine Verlegenheit. Du bist wahrscheinlich auch nicht geboren worden, sondern verlegt worden.«

Am nächsten Morgen musste ich meine Lieblingshose wegschmeißen und nachmittags etwas Neues einkaufen gehen. Leichte Sommerklamotten für den Urlaub.

Sie meinte, es sollte etwas Flottes sein, so eher vom Legeren her, also Hemden für aus der Hose zu tragen, gerne auch frech in der Farbe, eine Mischung aus pink-lila, mit leicht olivem Unterton, in der Kopfnote aber eher ein Türkis mit Umbraanhang.

Das seien die Farben des Sommers, meinte sie weiter.

Und dazu passende Funktionshosen für alle Wetter. Also trocken bei Regen, warm bei kalt und luftig bei Sonne.

So was trägt man heute in der Freizeit, meinte sie noch.

Scheinen folglich manche Menschen viel zu viel Freizeit zu haben.

Wir buchten was an der Nordsee. Und der Urlaub rückte immer näher.

Noch eine Woche.

Montag, gegen 17 Uhr: Sie beginnt, Sachen für die Koffer rauszulegen. Wir fahren Freitag.

Dienstag, kurz nach 9 Uhr: Sie fragt mich, ob wir alle Reisepässe beisammenhätten.

Ich erinnere sie, dass es an die Nordsee geht. Für eine Nordseeinsel braucht man keine Reisepässe, sage ich ihr. Jedenfalls wären wir das letzte Mal ohne ausgekommen.

Sie meint, man könne die ja vorsichtshalber mal mitnehmen. Wer weiß, ob sich da zwischenzeitlich etwas geändert hat.

Mittwoch, 18:20 Uhr: Die Utensilien für den Kulturbeutel werden zusammengekramt. Zahnpasta, Seife, Rasierschaum, Rasierer, Duschgel, Haarwaschmittel, Tabletten (Aspirin, Halsschmerztabletten, Kopfschmerztabletten), Verlängerungsschnur, Pfefferminz, Taschentücher.

Es fehlt mir noch die Reisezahnbürste. Die Reisezahnbürste muss noch besorgt werden. Sie packt ihren Kulturbeutel, Pardon: ihre Kulturbeutel, selber. Es sind vier.

Man merkt, dass man alt wird, wenn die Kulturbeutel immer mehr und immer größer werden.

Mittwoch, 18:35 Uhr: Sie fragt mich: »Hast du dir schon eine Zahnbürste für die Reise gekauft?«

Ich: »Nein.«

»Du denkst aber bitte noch dran, oder?«

»Für wen hältst du mich eigentlich?«

»Ich sage nur: Vintagehose ...«

»Also gebraucht sind meine Zahnbürsten nicht.«

»So sehen sie aber aus. Weil du jahrelang drauf rumreitest.«

Mittwoch, 18:56 Uhr: Auf ihre Frage, wann ich mir denn jetzt die Zahnbürste für die Reise kaufen möchte, weiß ich noch keine genaue Antwort.

Mittwoch, 19:14 Uhr: Mich beunruhigt, dass sie mich schon seit längerer Zeit nicht mehr auf meine Reisezahnbürste angesprochen hat. Muss mir aber noch dringend eine kaufen.

Mittwoch, 22:11 Uhr: Sie geht im Kopf alle Koffer, alle Sachen, alle Lageplätze der Sachen in den Koffern, die Abfahrt, den Urlaub, die genaue Tagesplanung, die Rückfahrt und das Auspacken der Koffer durch.

Donnerstag, 0:08 Uhr: Sie will nicht mehr in Urlaub fahren.

Donnerstag, 1:26 Uhr: Jetzt will sie doch wieder fahren.

Donnerstag, 2:01 Uhr: Sie ist verzweifelt.

Donnerstag, 2:42 Uhr: Sie schläft.

Donnerstag, 12:02 Uhr: Sie will jetzt die Koffer packen; ich will noch nicht.

Donnerstag, 12:03 Uhr: Sie will immer noch jetzt die Koffer packen; ich sage, es sei noch zu früh, wir fahren doch erst Freitagabend.

Sie kriegt hektische Flecken und brüllt durch die ganze Wohnung: »Aber das ist ja schon morgen!«

Womit sie Recht hat.

Was das Verreisen und alle vorausgehenden Vorbereitungen angeht, ist sie nicht allzu sehr belastbar.

Womit ich Recht habe.

Donnerstag, 12:04 Uhr: Sie packt die Koffer.

Donnerstag, 12:10 Uhr: Besser gesagt: Sie wollte die Koffer packen, aber sie findet die Koffer nicht.

Ich frage sie: »Warum findest du sie denn nicht?«

»Ich weiß es nicht. Die sind unauffindbar. Hab schon überall nachgesehen.«

Das kann nicht sein.

Jetzt suche ich die Koffer. Ich suche sie auf dem Speicher, da sind sie nicht. Ich suche sie im Keller, da sind sie ebenfalls nicht. Ich frage Nachbar König, ob wir ihm die Koffer geliehen hätten. Nein, haben wir nicht.

Ich rufe all unsere Freunde an, um zu fragen, ob einer von ihnen die Koffer hat. Auch nicht.

Donnerstag, 12:51 Uhr: Ich muss in die Stadt, Koffer kaufen.

Donnerstag, 15:07 Uhr: Komme mit zwei neuen Koffern nach Hause. Sie steht mit unseren alten Koffern in der Diele und ruft: »Ich hab sie gefunden, waren im Schrank in der Abstellkammer.«

Wie kommen die denn dahin?

Da hatte ich nicht nachgesehen.

Sie wohl aber auch nicht.

Gut, dass sie überall nachgeschaut hat.

Donnerstag, 15:08 Uhr: Ich muss in die Stadt, Koffer umtauschen.

Donnerstag, 15:52 Uhr: Wir reden nicht mehr miteinander, ich lege mich hin, um zu lesen, und sie packt die Koffer.

Donnerstag, 17:09 Uhr: Ich erwache, will sehen, wie weit sie ist. Sie hat bereits alle Koffer fertig gepackt. Mit ihren Sachen. Meine konnte sie nicht mehr unterbringen.

Donnerstag, 17:36 Uhr: Ich muss in die Stadt, Koffer kaufen. Vielmehr einen; muss ja schließlich auch was für mich mitnehmen.

Donnerstag, 18:04 Uhr: Sie schreibt Adressen raus für die Postkarten, die ich dann schreiben muss, wobei sie immer sagt: »Und schreibe leserlich. Und denk dir mal was Nettes aus, sei mal kreativ. Und denk dran: Schreib ordentlich, das kann ja kein Mensch lesen.«

Sie hat 54 Adressen rausgeschrieben.

»Was soll das?«, frage ich.

»Denen schreiben wir aus dem Urlaub.«

»54 Leuten?! 54 Karten?! Hast du auch noch etwas anders vor, als Karten zu schreiben im Urlaub?«

»Ich schon«, sagt sie. »Aber ich muss ja auch nicht die Karten schreiben.«

Donnerstag, 18:05 Uhr: Seltsam: Vor den Urlauben ist die Stimmung zu Hause meistens so angespannt, dass man mal dringend in Urlaub fahren müsste; allerdings getrennt voneinander.

Freitag, 0 bis 9 Uhr: Man fällt in unruhigen Schlaf.

Freitag, 10 Uhr: Frühstück beendet. Sie geht los, um sich Bücher für die Reise zu kaufen. Ich bitte sie, mir noch etwas zu lesen mitzubringen. In der Zwischenzeit packe ich meinen Koffer.

Freitag, 13:47 Uhr: Jetzt erst kehrt sie zurück, hat in der Stadt noch die Hanna getroffen und war mit ihr essen. Ich darbte zwischenzeitlich. Die Reiselektüre, die sie mir mitgebracht hat: *Abnehmen ohne zu essen – ein schwerverdaulicher Leitfaden für Hungerhaken und solche, die es werden wollen.* Freue mich bedingt.

Freitag, 14:18 Uhr: Sie möchte, dass ich die Koffer im Kofferraum verstaue.

Freitag, 14:19 Uhr: Jetzt sagt sie:»Nee, das mach ich lieber selber. Wenn du das machst, dann rutschen die da immer so hin und her. Das hab ich nicht so gerne.«

Freitag, 14:20 Uhr: Sie versucht's.

Freitag, 14:21 Uhr: Sie verzweifelt.

Freitag, 14:22 Uhr: Sie schreit mich an:»Kannst du mir nicht helfen?! Stehst da blöd daneben! Das ist auch das Einzige, was du kannst: blöd irgendwo nebenstehen.«

Freitag, 14:23 Uhr: Stehe immer noch blöd daneben, sie bewegt sich am Rande des Nervenzusammenbruchs.

Freitag, 14:24 Uhr: Der Rand ist überschritten: Nach einem weiteren Schreianfall stehe ich nicht mehr blöd irgendwo neben, sondern packe den Kofferraum. Für mich überhaupt gar kein Problem, denn ich habe ein ausgeklügeltes Verfahren, wie ich am besten die Koffer lege und stelle, dass sie genau in den Kofferraum passen.

Freitag, 14:25 Uhr: Es gestaltet sich doch schwieriger als vermutet.

Freitag, 14:26 Uhr: Bin drauf und dran aufzugeben. Ein Koffer liegt alleine im Kofferraum, einer liegt auf der Rückbank und einer steht vor der Beifahrertür. Ernsthaft: Also so geht's irgendwie nicht.

Freitag, 14:28 Uhr: Schmeiße alles einfach in den Kofferraum und knalle die Haube zu. Die Koffer werden wahrscheinlich wieder blöd hin- und herrutschen.

Freitag, 14:29 Uhr: Sie sagt, sie hätte vergessen, ihren Badeanzug einzupacken. Ich lege ihn ins Handschuhfach.

Freitag, 15:00 Uhr: Pünktlich auf die Minute, genau wie fest eingeplant, sitzen wir im Auto, müssen wir auch, um unsere Fähre zu bekommen. Freuen uns auf die Nordsee, auf unseren Urlaub, auf den Wind, das Meer, die Möwen, die Schiffe, die Ebbe, die Flut, auf die Krabbenbrötchen, auf die Freiheit. Und irgendwie haben wir uns auch wieder lieb.

Freitag, 15:21 Uhr: Wir stehen im Stau. Kein Feierabendverkehr, leichte Stauungen, betulich fließend, nein: Massenkarambolage. Nichts geht mehr. Stehen zweieinhalb Stunden fest. Die Fähre schaffen wir nicht mehr. Es wird geweint, sie will wieder nach Hause. Ihre Nase läuft. Und die Tränen noch dazu... Die Taschentücher sind aber im Kulturbeutel und der ist im Koffer. Sie schnäuzt sich in den Badeanzug. Gut, dass der im Handschuhfach ist.

Stelle fest: Ich habe meine Reisezahnbürste vergessen.

Freitag, kurz nach 22:00 Uhr: Sind endlich am Fährhafen angekommen. Es fährt aber nichts mehr. Um die Uhrzeit eh nicht mehr, und außerdem kommt noch dazu, sagen sie uns da: Ist ja Nachsaison.

Wir finden eine preiswerte Pension im Ort, die auf so Urlauber wie uns vorbereitet ist: ein Zimmer, das im Charme der ausgehenden 1950er Jahre stecken geblieben ist, Waschbecken auf dem Zimmer, Gemeinschaftsdusche und WC auf dem Gang. Fernseher im Aufenthaltsraum. Und der ist noch schwarz-weiß. Also der Fernseher.

Die Übernachtung kostet das Doppelte als üblich. Das liegt nicht an der Nachsaison, das liegt an der Fähre.

Kurios: Dass die Fähre nicht fährt, das liegt wiederum an der Nachsaison.

Freundlichkeit ist aus, dafür ist das Frühstück spärlichst.

Entscheiden uns gegen das Frühstück, nehmen lieber die erste Fähre auf die Insel. Und da essen wir dann als Erstes ein Krabbenbrötchen. So ist unser Plan.

Stehen um 7 Uhr an der Fähre. Die kommt auch schon um 9 Uhr.

Denken uns: In der Zwischenzeit können wir ja ein Krabbenbrötchen essen. Die sind leider aus. Ist ja auch Nachsaison.

Gibt's einen Kaffee?

Maschine ist kaputt.

Wir warten.

Irgendwann kam die Fähre und dann waren wir auf der Insel. Endlich mal Ruhe, endlich mal abschalten. Weg vom Trubel, hin zur Entschleunigung.

Sind wir in die Ferienwohnung auf die Nordseeinsel.

In der Nachsaison.

Das sagte jedenfalls die Frau, die uns den Schlüssel für die Ferienwohnung gab.

Es sei Nachsaison, sagte sie, da wär alles ein bisschen preiswerter. Auch die Krabbenbrötchen. Wenn's denn noch welche gibt.

Wir lachten.

Sie lachte nicht.

Sie wusste, warum.

Wir schauten sie verständnislos an.

Wir wussten noch nicht, welche abscheuliche Wahrheit hinter dem Begriff »Nachsaison« steckt.

Ich sagte: »Ist ja blödes Wetter grad, so starker Regen, oder?«

»Ja, ja«, sagte die Frau, »das wird jetzt aber die nächsten Wochen erstmal so bleiben.«

»Ist das denn hier immer so?«

»Nein, nur in der Nachsaison.«

Die Frau müsse jetzt auch los, die letzte Fähre kriegen, morgen früh würde der Flieger in den Süden gehen. Sie hätte Urlaub. Macht sie immer in der Nachsaison, wenn nichts los wäre und das Wetter so mies sei.

»Und wohin mit dem Schlüssel von der Ferienwohnung, wenn wir abreisen?«, fragte ich sie.

»Den können Sie dem Bürgermeister geben. Der weiß dann schon Bescheid.«

Wir waren erstaunt. Hat so ein Mann nichts Besseres zu tun?!

Wir wollten noch schnell wissen, wo man denn gut einkaufen könne.

Nichts, keine Antwort. Eher ein verdutztes Gucken.

Und wo hier abends noch was los sei.

Jetzt wurden wir verständnislos angeschaut.

Es sei Nachsaison. Da sei zwar alles preiswerter, aber dafür auch weniger los.

In den nächsten Stunden durften wir erfahren, was mit »weniger los« gemeint war. Also, wie so ein Insulaner »weniger los« definiert. Aber zwischen »weniger los« und »Arsch ab« liegen bei mir noch Welten. Hier auf der Insel war noch nicht mal der Hund begraben! Ich hatte meine Reisezahnbürste vergessen. Macht nichts, dachte

110

ich mir, da wird's ja einen Drogeriemarkt geben, da kaufen wir eine. Der Drogeriemarkt hatte aber übers Wochenende zu. Ist eben Nachsaison. Da ist die Nachfrage nie so groß.

Fragte einen auf der Straße, wie man denn jetzt an Zahnbürsten kommen könne.

Er fragte nur zurück:»Wofür brauchen Sie denn noch eine Zahnbürste?!«

Wir bezogen die Ferienwohnung. Eigentlich ganz hübsch. Wenn man auf den renovierungsbedürftigen Charme der ausgehenden 1960er Jahre steht.

Staub gewischt hätte auch mal wieder werden können, und die Bettwäsche machte den Eindruck, als wären wir nicht die Ersten, die darin schlafen sollten.

Jetzt wollten wir frischen Fisch kaufen, wenigstens abends gemütlich und schön etwas kochen.

Eigentlich wollten wir ja essen gehen. War aber nicht möglich. Die fünf Restaurants auf der Insel hatten leider alle vorübergehend geschlossen. Ist ja Nachsaison. Und auf die Pizzabude am Marktplatz hatten wir nicht so richtig Lust.

Und sie auf uns auch nicht, wenn man die vernichtenden Blicke richtig deutete, die uns entgegenschlugen, als wir dran vorbeikamen.

Im Internet fanden wir dann den angeblich besten Fischhändler der Insel, da sollte es den tollsten Fisch weit und breit geben. Wir freuten uns. Leider zu früh. An der Eingangstür hing von innen ein Zettel, auf dem mit Kuli geschrieben stand:»Mache Urlaub! Ist ja Nachsaison. Bis dann!«

Wann das»dann« sein sollte, war nicht wirklich ersichtlich.

Ein Insulaner ging an dem Fischladen vorbei und sagte so nebenher: »Die Fischer sind grad alle im Urlaub. Genau wie die Restaurantbesitzer und die Kneipiers. Oder die Hoteliers. Oder die, die Ferienwohnungen vermieten. Genauso wie die mit den Frühstückspensionen. Oder die Bäcker und Metzger. Die sind jetzt alle in der Südsee. Da ist jetzt die Hölle los. Hier auf der Insel ist ja Nachsaison.«

»Und warum sind Sie noch hier?«, fragte ich ihn.

»Einer muss hier ja die Stellung halten. Ich nehme dann auch den Schlüssel von Ihrer Ferienwohnung entgegen. Hab grad eh nichts Besseres zu tun. Ich bin der Bürgermeister.«

Wir nickten.

»Ist Nachsaison«, sagten wir beide im Chor.

Im Supermarkt bekamen wir dann die letzte Packung Fischstäbchen und eine Tonne Kartoffelsalat auf Mayonnaisebasis. Kostete zusammen 18 Euro. Ziemlich teuer, fanden wir. Eigentlich unverschämt teuer. Zu teuer.

Wir wollten wissen, ob das an der Nachsaison liege.

Nee, sagte die Verkäuferin, das sei immer so teuer.

Na, wenigstens etwas.

In der Ferienwohnung versuchten wir dann, in den uralten Pfannen die Fischstäbchen zu braten. Was misslang. Alle Stäbchen klebten wie Kohlebriketts in der Pfanne fest. Der Fisch samt Pfanne musste geschlossen weggeschmissen werden.

In der Not lernt man Kartoffelsalat lieben.

Und in der Nachsaison.

Am nächsten Morgen wollte meine ständige Begleiterin dann sofort von der Insel runter, sie hatte die Schnauze voll. In Windeseile packte sie die Koffer, ging eilends Richtung Hafen und stand dann mit ihren gepackten Koffern an der Anlegestelle. Und ich daneben mit meinem.

Eine halbe Stunde lang. Sie suchte einen Fahrplan, fand aber nichts. Wir standen eine Stunde lang da rum … Anderthalb Stunden … Es kam aber keine Fähre.

Sie schaute über ihr Mobiltelefon im Internet nach, wann die nächste Fähre kommen sollte. Die nächste sollte erst am nächsten Abend fahren. Die fahren eben nicht so oft. Ist ja Nachsaison. Stand auch so im Internet.

Sie schaute mich wütend an: »Dass wir hier so blöd rumstehen in der Pampa, nichts ist los, noch nicht einmal die Idee von nichts, also gar nichts, und dass wir mitten in diesem Nichts sind, das ist allein deine Schuld. Nachsaison… Weißt du was? Dein ganzes Leben ist eine einzige Nachsaison.«

Ich konnte da nichts drauf erwidern. Manchmal fehlen auch mir die Worte. Grad in der Nachsaison.

Jetzt standen wir beide bedröppelt und mutterseelenallein an der Anlegestelle. Um uns nur Meer und Möwen.

Der Bürgermeister fuhr mit seinem Rad übern Deich und rief uns zu:»Wollen Sie hier weg?« Er lachte laut und herzlich:»Das wird schwierig. Ist Nachsaison!«

Menschen sind oft eine Störung der Ordnung. Vor allem in der Nachsaison.

Gramgebeugt von dieser ganzen Schmach, trotteten wir wieder zurück in die Ferienwohnung.

Auf dem Weg dorthin kamen wir am Kurhaus vorbei.

Und da hing ein Plakat:»Das Insel-Highlight: Candlelight-Wassergymnastik mit Poolnudeln, begleitet vom Shantychor Neuharlingersie.«

Ich sagte:»Das ist heute Abend. Sollen wir da hin? Komm, das ist doch was.«

Solch ein Vorschlag! Von mir! Eigentlich unvorstellbar. Denn hier treffen vier unerträgliche Faktoren zusammen: Candlelight, Wassergymnastik, Poolnudeln und ein Shantychor. Aber was macht man nicht alles, wenn die Not so groß ist?

Und sie sagte nur:»Das dürfen wir zu Hause keinem Menschen erzählen. Die lachen uns doch aus.«

Im Endeffekt war's aber auch eine unsinnige Aktion, denn der Badeanzug lag immer noch bei uns im Auto im Handschuhfach.

Und das Auto stand auf dem Festland.

Und als wir abends hinkamen, klebte am Kurhaus nur ein Zettel über dem Plakat:»Fällt aus.«

Hätten wir eigentlich wissen müssen.

Ist ja Nachsaison.

Uns wurde klar, was Nachsaison bedeutet: Wenn alles so ist wie immer und es ist auch alles da, aber ohne Menschen.

Und weil die Menschen nicht da sind, sagen sich die Dinge: Dann brauchen wir ja auch nicht da zu sein. Und schon ist gar nichts mehr.

Nachsaison ist eigentlich ein Synonym für nichts. Also gar nichts. Absolut überhaupt rein gar nichts. Noch nicht mal nichts ist da nicht.

Und so standen wir da mit nichts vorm Hallenbad des Kurhauses.

Und wer kam auf einmal poolnudelbewaffnet auf uns zu?

Mueller-Heinrichs, König, Kastenbrocks, Fliedners, van der Laaks, Gundermanns, Schmidtvogels, Loitheulds …

Ich stand vor Frau Schmidtvogel und schüttelte den Kopf: »Grad von Ihnen bin ich sehr enttäuscht. Wir dachten immer, Sie machen dieses Südseeinselhopping.«

Frau Schmidtvogel nickte so engagiert, dass ihre Poolnudel im Takt mitwippte: »Das haben wir auch zweimal gemacht. Aber da waren uns immer zu viele Norddeutsche. Die hatten einen Mordsspaß da und sagten immer was von Nachsaison.«

So standen meine ständige Begleiterin und ich sprachlos und mit unseren Poolnudeln bewaffnet im Regen auf dieser Nordseeinsel.

Unsere Bekannten meinten noch, sie würden alle gerne Urlaub in der Nachsaison machen, da ist's am billigsten.

Fanden's nur alle schade, dass die Wassergymnastik ausfällt.

Aber so ist es nun mal, grad, wenn nichts ist: Immer ist was.

Und wenn gar nichts ist, ist Nachsaison.

Nikolaus

Ich glaube ja, manchmal fragen Frauen Fragen, nur um uns zu ärgern. Die fragen Fragen, die können die gar nicht ernst meinen. Die fragen die einfach so vor sich hin.

Fragte letztens meine ständige Begleiterin:»Du, fällt dieses Jahr Nikolaus eigentlich wieder auf den 6.12.?«
Ich sag:»Wie bitte?«
»Ja, fällt der auf den 6. oder auf den 7.?«
Ich sag:»Ich bitte dich! Der Nikolaus fällt immer auf den 6.! Wann soll der denn sonst kommen?!«
Sagt sie:»Ja, kann doch sein.«
»Was kann sein?«
»Dass der mal später kommt. Hat doch auch zu tun.«
»Der kann zu tun haben, wie er will, trotzdem kommt der immer am 6.!«

Sie machte eine lange Pause, dann sagte sie:»Also dass das im Dezember ist, das weiß ich selber. Ist ja immer im Dezember. Aber ob der 6. oder der 7., das weiß ich grad nicht.«
Ich sag:»Also ich glaub, das Pferd muss man in diesem Fall von hinten aufzäumen.«
»Das ist doch St. Martin«, sagt sie.
Ich hole tief Luft:»Also Silvester fällt dies Jahr auf den 31., glaub ich. Und – jetzt lass mich bitte nicht lügen! – Heiligabend ist in diesem Jahr exakt, wie durch eine Laune der Natur, eine Woche vorher, das liegt aber nur daran, dass Silvester exakt eine Woche später ist als Heiligabend, und deshalb ist das eine genau eine Woche vor

dem anderen, was wiederum genau eine Woche nach dem einen liegt.«

»Und wann ist dann Nikolaus?«

»Langsam, langsam. Also ich glaube, Heiligabend fällt dies Jahr – aber nagel mich bitte nicht drauf fest – auf den 24.!«

»12.?!«

»Ja, es fällt auf den 24.12., aber das lässt sich ja mathematisch ganz einwandfrei nachweisen und belegen, denn: Wenn Silvester dies Jahr am 31. ist und Heiligabend exakt eine Woche vorher, also sieben Tage, dann lässt sich das doch ganz einfach errechnen. Da hast du einmal Silvester, also 31, selbstverständlich im Dezember, das heißt in Monaten 12, abzüglich der Woche, an Tagen in Zahlen 7, zwischen den Jahren, ein Jahr hat 12 Monate und 365 Tage, im Schnitt versteht sich, immer im Schnitt, und dann kommst du eben, wenn du subtrahierst, summa summarum rein rechnerisch auf Heiligabend.«

»Und du bist sicher, das ist am 24.?«

»24.12., jawohl. 31 minus 7 gleich 24. Ganz einfach.«

»Und wo ist dabei die 12 geblieben?«

»Die haben wir stehen lassen, die ziehen wir einfach mit rüber.«

»Phänomenal. Und was ist mit dem 1. und dem 2. Weihnachtstag?«

»Die müssten, lass mich nachdenken, die müssten auf den 25. und 26.12. fallen.«

»Das steht aber jetzt mit der 7-Tage-Differenz zu Silvester in keiner Relation oder vertue ich mich da?«

»Nein. Wenn du beispielsweise den 2. Weihnachtstag nimmst und addierst die 7 Tage zwischen den Jahren dazu, plus den Pfingstmontag und das Osterwochenende, also mit Karfreitag, Ostersamstag, Ostersonntag und Ostermontag, allerdings ohne Gründonnerstag, bist du rechnerisch schon beim 7. Januar und hast damit um einen Tag die Heiligen Drei Könige verpasst.«

»Oh, das wäre schade«, sagt sie.

»Siehst du. Die kommen nämlich am 6.!«

»Ich dachte, da kommt der Nikolaus.«

»Im Dezember, richtig. Im Januar kommen am 6. die Heiligen Drei Könige.«

»Am 2. kommen immer Onkel Werner und Tante Edith.«

»Stimmt«, sage ich.

»Die haben aber mit Ostern nichts zu tun?«

»Onkel Werner und Tante Edith? Doch, wenn die so lange bleiben …«

»Nein, die Heiligen Drei Könige.«

Ich sag:»Thematisch nicht. Zahlenmäßig schon: Wenn man überlegt, dass Ostern mit Gründonnerstag und Ostermontag zusammen fünf Tage sind und die Heiligen Drei Könige, nur wenn sie zwei mehr gewesen wären, auch fünf wären, lassen sich schon Parallelen ziehen.«

»Aber die Heiligen Drei Könige kommen nicht Ostern?!«

»Nein, dann wären die zu spät. Könnten dann aber Onkel Werner und Tante Edith ablösen.«

»Und was ist jetzt mit St. Martin?«, fragt sie mich.

Ich sag:»Der kommt ganz wann anders geritten.«

Jetzt dachte ich, das Thema ist endlich vom Tisch. Aber da hatte ich mich vertischt, sozusagen.

Sie guckte so in der Gegend rum, dann schaute sie mich an, und schon schoss die Frage raus:»Ja, und wann ist jetzt Nikolaus?!«

Ich atmete ganz langsam:»Ja, das ist doch ganz einfach: Also, du hast 365 Tage zur Verfügung stehen. Da könnte an jedem einzelnen Tag theoretisch der Nikolaus kommen. Wenn wir jetzt aber errechnen wollen, wann denn nun der Nikolaus endlich kommt, dann nehmen wir das Osterwochenende, also diese kompletten fünf Tage, davon ziehen wir die drei Weihnachtstage ab und subtrahieren noch Silvester, dann bleibt noch ein Tag übrig, und den addierst du zu dem 6. dazu, ja, und dann …«, sagte ich und stutzte.

»Ja, und dann«, sagte ich weiter, »dann ist Nikolaus erstmal am 7.! Aber jetzt kommt's: Jetzt nehmen wir die 7 von unserem errechneten 7.12., wo ja rein rechnerisch jetzt Nikolaustag ist, rechnen die 7 plus die 5 Osterfeiertage, da kommen wir nach Adam Riese auf 12, die dividieren wir durch 2, die zwei steht für den ersten und zweiten Weihnachtstag, und schon kommen wir durch die Dividierung 12 durch 2 wieder auf die 6, was den 6.12. ausmacht, und dann ist auch Nikolaus.«

Sagte sie:»Aha. Und wo bleibt bei deiner Rechnung St. Martin?«

Jetzt machte ich eine lange Pause; dann:»Den bringt der Nikolaus am 6. mit, und dann bleiben die alle mit Onkel Werner und Tante Edith, wenn sich auf dem Gästesofa noch ein Plätzchen findet, über die Feiertage bis Ostern. Zusammen mit den Heiligen Drei Königen.«

Sagte sie:»Das ist aber weit hergeholt.«

»Ja«, sagte ich nur noch,»aus dem Morgenland.«

Die Radtour

Letzten Sonntag: ein Kaiserwetter.
Also wirklich so ein Wetter, wo man ganz unverhohlen sagen muss:
Mensch, das ist jetzt aber mal ein Kaiserwetter.
Ich hatte frei, jetzt: Was mach ich, wenn ich frei hab? Braucht einen nicht zu interessieren, ich werd's sagen: Ich habe ausgeschlafen, schön gefrühstückt, jetzt: Wie frühstückt dieser Mann, also ich? Braucht einen auch nicht interessieren, ich werd's sagen: Toast, Quark, Aprikosenkonfitüre, frisch gepresstes Ei, hartgekochter Orangensaft, Milchkaffee, lese ich die Zeitung, höre ich plötzlich in diese Idylle hinein ein Geräusch.

Jetzt: Was war das für ein Geräusch?! Ein Geräusch, ganz laut, ganz hoch, ganz extrem, ich hatte das Gefühl, es explodiert mir von innen der Schädel weg, so ein Geräusch war das.
Und ich denke mir: Woher könnte das kommen, dieses Geräusch? Ist vielleicht meine Heizungsanlage defekt? Musst du einen Handwerker kommen lassen? An einem Sonntag?! Welchen Handwerker lässt du da kommen? Natürlich nur einen Handwerker meines Vertrauens, also einen, mit dem ich bis jetzt noch nichts zu tun hatte. Aber wen rufe ich da an? Wenn ich wen anrufe, nimmt er ab? Wenn er abnimmt, hört er mir zu? Wenn er mir zuhört, versteht er mich? Wenn er mich versteht, will er kommen? Wenn er kommen will, wann kommt er? Wenn er dann da ist, woher ist er gekommen? Was wird er mir allein für den Anfahrtsweg in Rechnung stellen, ohne einen Handschlag getan zu haben? Wird er sofort wissen, woher das Geräusch kommt? Wird er wissen, was der Anlage fehlt? Wenn er's weiß, kann er's reparieren? Wenn er's reparieren kann, will er's reparieren? Wenn er's reparieren kann und will, braucht er

ein Ersatzteil? Wenn er ein Ersatzteil braucht: Hat er's bei? Wenn er's nicht beihat, wo holt er's her? Von sich zu Hause aus der Werkstatt, von einem anderen Handwerkerkollegen oder vielleicht sogar vom Hersteller? Und wenn vom Hersteller: Wo sitzt der? Wie oft wird der hin- und herfahren, wie viel wird der mir allein für seine Fahrtkosten in Rechnung stellen?

Und wie ich mir das alles so vor meinem geistigen Auge Revue passieren lasse und mich schon in den pekuniären Ruin gestürzt sehe, falte ich die Zeitung zusammen, guck ich sie an, hat sie sich einfach nur mit mir unterhalten …

… und fragt mich in diese sonntägliche Idylle hinein: »Du, was hältst du eigentlich von einer Radtour heute?«

Ja: nichts!
Ich halte nichts von einer Radtour! Ich will in meinem Leben keine Radtour mehr machen. Und auch nicht müssen! Ich will auch in meinem Leben keinen Spaziergang mehr machen! Ich bin schon mal spazieren gegangen. Ich weiß, wie's geht!
Links vor, rechts vor und das Atmen nicht vergessen.
Ich bin sozusagen ein Profi in Sachen Spaziergang. Mir macht spaziergangtechnisch keiner mehr was vor! Ich bin schon prenatal spazieren gegangen worden. Im Bauch meiner Mutter. Noch davor bei meinem Vater, da wusste der noch gar nichts von meiner Mutter. Da hatte der noch was mit dieser blonden Holländerin am Laufen …
Aber das ist jetzt auch egal. Schwamm drüber.
Ich will in meinem Leben keine Spaziergänge mehr machen müssen! Wir haben in Duisburg die Sechsseenplatte. Was bin ich als Kind im Kinderwagen um diese Sechsseenplatte rumkutschiert worden. Später, als ich laufen konnte, bin ich um diese Sechsseenplatte spazieren gegangen und rumgeschleift worden, den einen Sonntag linksrum, den anderen rechtsrum, dann wieder linksrum, rechtsrum, linksrum, rechtsrum, links, rechts, links, rechts, dann zur Abwechslung rechts, links, rechts, links, wie eine besengte Sau! Was

bin ich froh, dass das nur die Sechsseenplatte ist. Es hätte ja auch die Zwölfseenplatte sein können.

Und ich sag zu ihr am Sonntag noch: »Wo soll's denn hingehen?« Sagt sie: »Ja, mal gucken.« Und ich sag: »Wie: Mal gucken?! Mal gucken, mal gucken, mal gucken. Das ist ja mal wieder so ein typisches Frauenziel: Mal gucken. Auf so ein Ziel würd ein Mann nie kommen! Ich weiß ja nicht, was bei dir aus deinem Mund rauskommt, aber in meinem Ohr kommt immer nur Malgucken an! Malgucken, ich werde wahnsinnig! Ich bin ein Mann, ich brauche ein klar gestecktes Ziel! Malgucken, Malgucken... Mit Malgucken kann ich nichts anfangen! Wo ist denn deiner Meinung nach Malgucken? Bitte?! Das kannst du gerne mal in der Deutschlandkarte nachschlagen, das Malgucken: D9, F7, Schiff versenkt, oder was?! Das kannst du auch gerne mal in dein Navi eingeben. Das wird dir auch nur sagen: Ich weiß nicht, wo's ist. Malgucken... Wenn ich so was schon höre: Malgucken! Wie lange willst du denn... Wie lange meinst du denn... Wie lange willst du denn nach Malgucken unterwegs sein?!?! Wie lange, wie lange willst du denn nach Malgucken fahren?!?!«
»Ja, mal schauen.«
»Mal schauen!!! Mal schauen... Man glaubt es kaum: Malschauen! Ja, ich fahre doch nicht malschauen nach Malgucken!!! Ich bin doch nicht bescheuert! Malschauen nach Malgucken!!! Wie lange... Wie lange willst du denn da unterwegs sein? Malschauen nach Malgucken! Wie ich dich kenne, sind malschauen nach Malgucken doch sechzig, siebzig, achtzig Kilometer! In eine Richtung!!! Die müssen wir auch abends wieder nach Hause fahren! Malschauen nach Malgucken!!! Das ist mein freier Tag heute. Malschauen nach Malgucken! Das soll eine Radtour sein und keine Tortur werden! Da bin ich abends zu Hause, da bin ich fertig mit der Welt! Da habe ich solche Oberschenkel und mir tut der Hintern weh. Und ich komm nicht aus Köln! Malschauen nach Malgucken... Was... Was... Was willst du überhaupt in Malschauen? Was willst... Was willst du, wenn wir Malschauen nach Malgucken... Was willst du,

wenn wir Malschauen nach Malgucken gefahren sind? Hä?! Was willst du da, wenn wir Malschauen in Malgucken sind?!?!«

»Wir können da ja ein Eis essen gehen.«

»Ein Eis essen gehen!!! Fünf Meter Luftlinie ist die Küche! Da sind 20 Cornettos in der Tiefkühltruhe. Dafür muss ich mich gar nicht erst bewegen, da schick ich dich! Da fahre ich doch nicht Malschauen nach Malgucken! Für ein Eis!!! Ich werde in meinem Leben keine Spaziergänge und vor allen Dingen keine Radtouren mehr machen! Ob freiwillig, gezwungen, privat, beruflich, mir vollkommen wurscht, ich mache keine Radtouren mehr, Ende der Diskussion!!!!«

So.

Zwanzig Minuten später sind wir losgefahren.

Waren dann irgendwann irgendwo, sagte sie plötzlich:»So, hier essen wir jetzt ein Eis.«

Dacht ich, na, Gott sei's gedankt, gelobt, gepfiffen und gepriesen.

Was hatte sie jetzt da, hatte sie einen Klassiker, hatte sie ein Hörnchen mit zwei Ballen: Vanille, Schokolade.

Ich hatte den Eisbecher Phantasie für zwei Personen.

Setzen wir uns auf eine Bank, kommt plötzlich in diese Idylle hinein ein Kind.

Ich hab nichts gegen Kinder. Muss es geben. Soll selbst mal eins gewesen sein. Kann mich persönlich nicht mehr dran erinnern; es soll belastendes Fotomaterial existieren.

Kommt also dieses Kind … Wie alt war das Kind …? Ich kann Kinder nicht schätzen. Wie alt war das Kind? Das Kind war so 85 Zentimeter hoch alt.

Kommt also das Kind da an, in der Hand ein Hörnchen, ein Ballen Eis drin, Zitrone, schleckt dieses Eis Zitrone und bleibt vor mir stehen und schaut mich an. Ganz alleine! Das alleinerziehende Elternpaar wahrscheinlich irgendwo überfordert in den Büschen am Liegen.

Das Kind steht jetzt vor mir, schleckt das Eis Zitrone, ganz alleine, 10 bis 15 Minuten. Und schaut mich an! Sagt nichts, schaut mich nur an!

Mittlerweile 20 Minuten lang.

Jetzt denk ich nach 25 Minuten: Musst du ja mal was zu sagen.

Musst auf das Kind ja mal eingehen. Nachher hast du Amnesty International und die Waldörfer auf der Hütte, und die sagen, hättest das Kind nicht richtig integriert, nichts mit Holzspielzeug angeboten, keinen Origamifrosch gebastelt, keine Walgesänge intoniert, nichts mit Fingerfarbe gemalt, nicht mit deinen Eurythmieschuhen seinen Namen getanzt…

Sag ich also nach 45 Minuten, ungelogen: Nach 45 Minuten sag ich also zu diesem Kind nach 45 Minuten, sag ich:»So!!!!«

Ganz freundlich also.

Sag ich:»So!!!!!! Schleckst du ein Eis?!?!?!«

Und was sagt das Kind jetzt? 85 Zentimeter hoch alt? Das Kind?

Noch nichts geleistet in seinem Leben: kein Studium, kein Haus gebaut, noch nicht outgesourct, nichts hat's!

Sagt dieses Kind zu mir:»Blödmann.«

Und geht weiter. Lässt mich da sitzen.

Ich natürlich fertig mit der Welt, sag nichts, meine ständige Begleiterin aber auch nicht, ergreift Partei oder so, nichts macht sie!

Nach zwanzig Minuten steht sie auf, geht zu den Rädern, schließt sie auf, dreht sich noch mal kurz zu mir um und sagt:»Kindermund tut Wahrheit kund.«

So!

Und auf dem Weg zum Fahrrad bin ich noch in Hundescheiße getreten. Das war mein freier Sonntag.

Und das ist ja ein Phänomen: Die Hundehaufen werden immer größer. Manchmal frage ich mich: Was tun die vorne in die Töle rein, dass das hinten rauskommen kann?!

Ich ernähre mich auch ausgewogen, aber solche Haufen schaff ich nicht!

Und die werden immer größer. Irgendwann wird irgend so ein Herrchen ein Gipfelkreuz in einen Haufen drücken.

Und Messner wird davorstehen, den Kopf schütteln und sagen:»Na, den schaff ich nicht. Den schaff ich einfach nicht!«

Mittlerweile habe ich das Gefühl, abends geht Tante Waltraud mit dem Wastel Gassi, Wastel macht irgendwohin, und da sagt sich Tante Waltraud: »Mensch, wo wir grad so traut beisammen sind, mach ich glatt mal neben.«

Früher hatte man doch auch das Gefühl, da ist eine Losung am Fuß einer Laterne. Heute meint man, der Oberbürgermeister geht durch die Stadt, sieht so einen Kaventsmann liegen und sagt sich: »Mensch, guck dir mal den Haufen an, da setz ich doch glatt mal eine Laterne neben.«

Und man darf Hundebesitzer ja nie ansprechen! Bloß nicht. Es bringt nichts. Ich habe das mal gemacht. Ich habe gesagt: »Entschuldigung, finden Sie das gut, dass Ihr Hund da unter die Kinderrutsche fäkaliert?«

Und was hat der gesagt? »Ich zahl Steuern.«

Ja, heißa hoppsa, Lillebror!

»Ich zahl Steuern.«

Was für'n Satz! Man müsste mal Folgendes machen: Man muss den Hundebesitzer bis zu ihm nach Hause verfolgen. Dann wartet man 10 Minuten ab, hofft, der wohnt im Parterre, stellt sich unters größte Fenster, hofft weiter, dass es das Wohnzimmerfenster ist, dann lässt man die Hose runter, geht in die Hocke, und dann … Aber direkt unter das Fenster.

Das Bild möchte ich sehn. Das Fenster wird aufgehen, der Hundebesitzer wird rausgucken und rufen: »Was machen Sie denn da?!«

Und dann kann man auch mal sagen: »Ich zahl Steuern!«

Ich zahl Steuern. Wenn ich das schon höre. Ich zahl Steuern! Was soll das denn?

Ich zahl ja auch Solidaritätsbeitrag und fahr nicht zum Kacken in den Osten!

Der Schnitt

Was manchmal mit dem Kopf los ist... Also innendrin wie drum rum. Und wenn das erst mal zusammenfällt...!
Letztens kam meine ständige Begleiterin vom Friseur. Also vielmehr von der Hanna, ihrer besten Freundin. Die ist Friseurin. Oder sagen wir mal besser so: Sie schneidet Haare. Man muss das so sagen, damit sich meine Reaktion auf das, was ich dann gesehen habe, erklärt.

Jetzt kam sie wieder. Das kenn ich schon. Oder sagen wir so: Den Anblick bin ich gewohnt.
Wenn sie beim Friseur ist, grad bei der Hanna, dann dauert das mal länger, mal weniger lang, dann ist das mal teurer, mal weniger teuer, dann hat sie's mal kürzer, mal länger gelassen... Kurz: Der Phantasie sind da eigentlich keine Grenzen gesetzt.
Also meiner schon, aber ihrer nicht.

Jetzt kam sie also letztens nach Hause, und ich muss sagen: Das war gewagt. Und ein wenig kürzer als gewohnt, mir schien, da war auch noch irgendeine Tönung mit dabei, also mit drin, hinten war's so fransig, vorne eher leicht fluffig irgendwie und an den Seiten...
Also an den Seiten... Ja, nun, an den Seiten waren eben die Seiten...
Und ich dachte mir so: Was soll ich dazu denken?! Oder sagen?!

Und sie stellt sich vor mich hin und sagt: »Und?«

Ja, was sagt man da, wenn das, was man sieht, gewagt ist? Wenn's so'n bisschen kürzer ist als gewohnt, da auch noch irgend so eine

Tönung mit im Spiel ist, es hinten irgendwie fransig ist, dafür vorne leicht fluffig und die Seiten so aussehen, wie Seiten bestenfalls eben aussehen?

Ja, was sagt man da?!

Und sie schaut mich weiterhin stumm an und fragt noch mal: »Und?«

Und ich sag: »Ja, ist ein Schnitt.«

In diesem Moment konnte ich sehen, wie ihr alles aus dem Gesicht fiel.

»Was heißt das denn?!«

Ich sag: »Ja, ist ein Schnitt eben.«

»Wie: Schnitt?!«

»Ja, Schnitt.«

»Ich versteh dich nicht.«

Ich sag: »Ist doch in Ordnung.«

»Wie: in Ordnung?!«

»Mein Gott, du warst beim Friseur, der hat da was gemacht. Und das sieht man jetzt.«

»Was sieht man jetzt?!«

»Dass was gemacht worden ist, das sieht man jetzt.«

»Was sieht man genau?«

»Den Schnitt! Man sieht, dass er da was gemacht hat.«

»Wer?«

»Na, der Friseur. Dass der Friseur da was gemacht hat. Also, in diesem speziellen Fall die Hanna.«

»In diesem speziellen Fall?«, wiederholt sie langsam.

»Ja, dass er da was gemacht hat.«

»Der hat da was gemacht?!«

Ich sag: »Ja, der hat da auf deinem Kopf… Der hat also… Der wollte wahrscheinlich… Also vielmehr… Ich meine: Der macht das ja hauptberuflich, an und für sich. Der wird ja wissen, was er da macht. Also gemacht hat. Der wird sich da ja was bei gedacht haben.«

»Bei gedacht haben?!«

»Nun, der trägt ja auch eine gewisse Verantwortung. Also vielmehr sie, die Hanna. Sollte man meinen.«

»Meinst du«, sagt sie. »Was meinst du denn sonst noch so?!«

»Ach, weißt du, also wirklich … Machen wir doch bitte aus so einem Schnitt keinen Staatsakt. Du bist dahin … Und der hat dann … Also geschnitten.«

»Geschnitten?!«

»Ja, geschnitten. Den Schnitt. Den Schnitt geschnitten. Es ist ein Schnitt eben.«

Langsam wurde sie hysterisch: »Ein Schnitt …?! Ihr Männer nennt das also einen Schnitt?!«

»Ich weiß nicht, wie Männer das so nennen. Aber ich sag dazu jetzt einfach mal: ein Schnitt.«

»Dazu?!«

»Ja, zu dieser Frisur, also, zu diesem Schnitt sag ich Schnitt. Ich kann ihm auch gerne einen eigenen Namen geben, wenn ihr beide euch emotional so nahe seid. Was soll ich denn noch alles sagen?!«

»Wie es dir gefällt, zum Beispiel.«

»Wie es mir gefällt? Was gefällt mir?«

»Ja, oder er.«

»Wer er?«

»Der Schnitt, von mir aus.«

»Ach so … Ja, der Schnitt … Also …« Ich schaute sie an, ich schaute ihn an, ging näher ran, entfernte mich wieder ein bisschen, ging einmal rum und sagte dann: »Ach, weißt du, das wächst sich doch wieder raus.«

Jetzt kreischte sie: »Wie bitte?!«

»Das wächst sich doch raus, der Schnitt.«

Noch höher: »Was?!«

Ich sagte: »Komisch, die Ohren hat sie doch frei … Dass sie nichts hört … Verstehst du mich nicht?«

»Viel schlimmer: Ich begreif dich nicht!« Langsam wurde sie mürbe.

»Der Schnitt. Also das wächst sich ja raus und auch nach, das mit dem Schnitt. Das kommt ja alles wieder. Also die Frisur. Auch das mit der Tönung, das wäscht sich aus. Mit der Zeit. Das geht dann

wieder. Wird dauern, kommt aber dann. Auch das fransig-fluffige …
Ist ja nicht von Dauer. Auch wenn du sie wäschst. Also die Haare.
Einmal waschen, fällt das gleich ganz anders. Und der Rest, das mit
dem Schnitt … Das wächst sich raus. Und nächste Woche sieht das
alles wieder anders aus.«

Und da hatte ich Recht. Die nächste Woche sah ganz anders aus. Sie
ist dann nämlich zu ihrer Freundin, der Hanna.
Sie sagte, die hätte wenigstens Verständnis. Sie sagte, sie könne mich
grad nicht mehr ertragen.
Sie müsste weg. Sie bräuchte einen Schnitt.
Hab sie nicht gefragt, ob sich das noch rauswächst.
Na ja, ist sie jetzt eben zur Hanna.
Die hat ihr ja auch den Schnitt verpasst.

Der erste Mensch

Letztens am Morgen sagte mir meine ständige Begleiterin. »Hör mal, und wenn du gleich gehst, nimm den Müll mit.«
Ich sag: »Wie: Den soll ich mitnehmen? Ich treff mich mit ein paar Philharmonikern zur Probe im Stadttheater. Und da soll ich den Müll mit hinnehmen? Na, die werden Augen machen. Vor allen Dingen, das sind zwanzig Mann. Stell dir mal vor, da würde jeder seinen Müll mit zur Probe nehmen… Na, da wär ja mehr Müll im Raum als Musik.«
»Sehr lustig«, sagte sie. »Komiker, was?! Du sollst den mit runternehmen und in die Tonne schmeißen.«

Hab ich dann auch gemacht. Also vielmehr: wollte ich. Hab ich den Müll genommen, bin aus der Wohnung. Aber irgendwie war die Mülltüte glitschig, der Müll entkam mir, riss sich mir aus den Händen und verteilte sich dekorativ im Treppenhaus.
Ich dachte erst: Komm, lass liegen, fällt bei uns auch nicht weiter auf… Außerdem: Nächstes Jahr ist wieder Frühjahr, da macht sie immer ihren Frühjahrsputz, da kann sie da mal bei.
Und zum Ende des Jahres hin kann ich im Advent noch Zimtsterne beilegen, hätten wir die Weihnachtsdeko auch schon stehen.
Hatte ich die Rechnung aber ohne meine ständige Begleiterin gemacht. Sie stand nur stumm in der Wohnungstür und schüttelte den Kopf.
Das ist ja das Schlimmste, was Frauen machen können: stumm wo stehen und den Kopf schütteln.
Und dann können Frauen ja auch noch gucken. Frauen sind ja in der Lage, so laut zu gucken, dass es einem lieber wäre, die würden einen einfach anbrüllen.

Und plötzlich öffnete meine ständige Begleiterin den Mund und sagte ganz leise, als käme es von ganz weit her aus der Tiefe des Raumes: »Du benimmst dich manchmal wie der erste Mensch.«
Muss ich sagen: Hab ich gar nichts mehr zu gesagt. Manches muss man nicht mehr kommentieren. Manches muss man einfach mal so stehen lassen.
Musste ich alles wieder einsammeln und die Treppe putzen. Von oben bis unten.

Unten auf der Straße angekommen wollte ich den Müll in die Tonne werfen, jetzt hatte die Tonne aber an der Ecke so eine scharfe Kante, also so eine scharfe Kantenecke, ich wollte die Mülltüte da reinwerfen, jetzt machte der Müll aber so einen Ausfallschritt, also eher so einen Wechselschritt, also der sambierte da vor sich hin, die Tüte blieb an der Eckenkante hängen, riss auf und alles landete neben der Tonne.
Hab ich natürlich wieder alles einsammeln müssen. Dachte nur so bei mir: Na, wenigstens hat sie nichts davon mitbekommen.
Ja, nichts da: Sie hing im Fenster und hatte sich das Ganze von dort aus angesehen, schüttelte wieder den Kopf und rief quer über die ganze Straße: »Es ist nicht zu fassen. Zu blöd, um Müll wegzuwerfen. Machst einen Staatsakt aus dem Müllwegbringen! Du verhältst dich manchmal wie der erste Mensch. So was!«
Ich rief hoch: »Geht's noch lauter?!«
»Wie der erste Mensch!«, schrie sie runter und lehnte sich dabei weit aus dem Fenster.
Kamen Nachbarn über die Straße und winkten uns zu; das kennen die schon von uns zu Hause.
»Zu blöd zum Müllwegwerfen! Nein, nein, nein! Manchmal möchte ich einfach nur noch an dir verzweifeln. Wie der erste Mensch.«

Während der Proben rief sie mich auf dem Handy an. Jetzt fand ich's nicht sofort, musste suchen, kramte dann irgendwann mein Handy aus der Jackentasche, kam leider irgendwie auf den roten

Knopf und hatte sie so weggedrückt. Kann ja mal passieren. Im Eifer des Gefechts. Ein paar Sekunden später rief sie wieder an. Sagte ich:»Du, tut mir leid, ich hab dich weggedrückt aus Versehen.«

»Nein, nein, nein, zu blöd zum Telefonieren. Du benimmst dich manchmal wie der erste Mensch. Kann doch alles nicht so schwer sein: Grün ja, Rot nein. Grün ja, Rot nein. Lernt man doch schon im Kindergarten: Grün, ich darf gehen, Rot, ich muss stehen, Grün, ich darf gehen, Rot, ich muss stehen…«

Frauen sind ja der festen Überzeugung, durch ihre ständigen Wiederholungen und Aussagen einen bleibenden Eindruck im nicht vorhandenen männlichen Gehirn zu hinterlassen.

»Grün ja, Rot nein. Wie der erste Mensch.«

Ich fragte:»Hast du jetzt nur angerufen, um mich zu beleidigen?«

»Nein«, sagte sie,»kannst du vielleicht gleich noch was einkaufen? Wir bekommen doch heute Kaffeebesuch.«

»Und den soll ich mitbringen?«

»Nein!«, sagte sie.»Ich bräuchte noch Quark zum Backen.«

Hab ich dann auch mitgebracht. Also vielmehr wollte ich. Jetzt stellt mich das Einkaufen in Supermärkten oft vor fast unlösbare Aufgaben.

Quark soll ich mitbringen. Jetzt muss man im Supermarkt ja erst mal den Quark finden.

Schön wäre jetzt, und das würde den Einkaufsvorgang drastisch erleichtern, wenn man beim Betreten des Supermarktes eine Palette sehen würde, auf dem sich Quark befände, und über diesem Quark hinge ein Pappschild, auf dem stünde:»Hier Quark!«

Da würde ich instinktiv sagen:»Bei dem Produkt unter der Überschrift Quark muss es sich auch zwangsläufig um Quark handeln.«

Aber so ist es ja nicht. Kann mir mal einer verraten, warum es so viele Quärke gibt?!

Es wimmelt im Supermarkt ja nur so vor Quärken! Es gibt ja zig Quärke! Alle sehen anders aus, mal sind sie blau von außen, mal grün, mal gelb, mal rot, alle heißen anders, sind irgendwie anders, aber letztendlich sind's nur Quärke.

Die schmecken nach nichts, weil überall nur Quark drin ist, also sind's alles nur Quärke. Also Quärke ist gleich Quärke. Jetzt aber die Frage: Welchen Quark nimmt man da?! Einer dieser Quärke muss ja der richtige sein.

Man schaut sich also die ganzen Quärke an, wie sie da unschuldig, mir nichts, dir nichts, im Regal rumliegen, die Quärke schauen zurück. Man nimmt die Quärke richtiggehend ins Visier. Die Quärke tun, also ob nichts wär, lassen sich absolut nichts anmerken und machen auf Pokerface.

Jetzt habe ich eine Taktik: Ich drehe mich in solchen Momenten zum Gehen weg, wiege somit die Quärke in Sicherheit, dann drehe ich mich aber blitzartig zurück, die Quärke erschrecken, rühren sich nicht, sind erst mal überrumpelt, und dann schnappe ich zu.

Das Verblüffende ist aber: In dem kurzen Moment, wo ich mich für diese Taktik beiseitedrehe, in diesem Moment räumt das Personal vom Supermarkt die Quärke weg. Und man dreht sich um und: Weg sind sie, und man sucht von Neuem.

Wenn man sich also mal fragt, weshalb das oft so lange dauert, wenn Männer einkaufen: Wir jagen Quärke.

Ich hatte dann aber irgendwann einen gefangen, jetzt komm ich nach Hause, mach dir Türe auf, sie kommt mir entgegen, schaut mich an, ich schaue sie an, sie schaut wieder zurück, und in solchen Momenten merkt man sofort: Mist! Hier stimmt was nicht. Hier läuft grad richtig was daneben.

Man merkt das zwar, aber man kann ums Verrecken nicht sagen, was. Also was da grade schiefläuft.

Und man geht im Kopf alle möglichen Dinge durch: Geburtstag vergessen, Kennenlerntag vergessen, Jahrestag vergessen, ist vielleicht Valentinstag, zweiter Weihnachtstag, oder hab ich vielleicht vergessen, den Wellensittich zu füttern?! Denk dann aber sofort wieder: Ach nee, wir haben ja gar keinen Wellensittich mehr. Hatt ich vergessen zu füttern.

Und sie eilt auf mich zu, reißt mir den Einkauf aus der Hand und sagt nur: »Das kann doch wohl nicht wahr sein! Normalen Quark sollte er mitbringen!«

(Ich war schon ein ER! Mit mir wurde über mich in dritter Person gesprochen! Es fand grad in einem Raum, in dem sich zwei Menschen aufhalten, ein Gespräch zwischen diesen beiden Personen statt, und die eine Person redet mit der anderen über sie in der dritten Person! Unfassbar! War ja froh, dass ich nicht schon sächlich war!)

Und sie weiter: »Normalen Quark sollte er mitbringen. Und was bringt er mit? Die Magerstufe. Als hätten wir jemals schon mal Magerstufe... Ich meine: Magerstufe, wo leb ich denn?! Magerstufe! Als hätten wir jemals schon mal Magerstufe gekauft. Als sähe er aus wie Magerstufe! Der Mann ist ja noch nicht mal entrahmt. Man fasst es nicht! Magerstufe! Als würde er zum ersten Mal einkaufen gehen... Wie der erste Mensch...!«

Ich sag: »Dann geh ich den Quark eben wieder umtauschen.«

Sagt sie: »Ja, da bleibt dir nicht anderes übrig. Da musst du den wohl oder übel, musst du den also umtauschen, wohl oder übel.«

Das ist auch so eine typische Floskel von meiner ständigen Begleiterin: »Wohl oder übel«. Würde ich nie sagen: »Wohl oder übel«. Was heißt das auch: »Wohl oder übel«? Könnte doch auch so eine Modeboutiquekette für Damen sein: »Wohl oder Übel«.

Sagt die eine: »Sag mal, wo hast du denn die schicke Bluse her?«

Sagt die andere: »Och, die ist von Wohl oder Übel.«

Musste ich noch mal los. Hat mir aber nichts ausgemacht.

Am Nachmittag kam dann der Besuch. Hanna. Eine alte Freundin meiner ständigen Begleiterin. Und diese Hanna brachte ihre Tochter Sarah mit.

Jetzt ist das ja so, wenn Frauen Besuch von ihren besten Freundinnen bekommen: Man darf sich als Mann überall in der Wohnung aufhalten, nur nicht da, wo man eventuell stören könnte. Nur: Was macht man vier Stunden lang auf dem Gästeklo?! Nach zwei Stunden hatte ich mir vor lauter Langeweile mal die Zehennägel lackiert. Stand mir gar nicht schlecht.

Irgendwann wollte ich mir mal ein Wasser aus der Küche holen. Man muss ja auch mal was trinken im Laufe eines Tages.

Und in der Küche saßen die drei.

Hab ich mal ganz unverbindlich gefragt, was Hannas Mann Joachim macht.

»Wir leben in Scheidung!«, sagte sie drauf.

»Oh«, sagte ich, »das tut mir leid. Aber das Kind ist noch von ihm, oder?«

Am Abend im Bett schaute meine ständige Begleiterin zu mir rüber und sagte dann: »Kein Feingefühl hat er. Absolut kein Feingefühl. Da fragt man sich manchmal doch, wie er überhaupt so alt geworden ist. Mit so wenig Benimm. Und wenn du dich benimmst, dann wie der erste Mensch …«

Am nächsten Tag hatte sie Zeit. Ich hatte auch Zeit. Zu ihrer Zeit kam aber auch noch Lust dazu. Ich hatte zwar Zeit, auch Lust, aber keine Lust auf das, worauf sie Lust hatte, denn sie hatte Zeit und Lust und wollte shoppen. Ich wollte nicht Shoppen, obwohl ich Zeit hatte, aber eben keine Lust, jedenfalls nicht auf Shoppen, aber sie hatte Lust und Zeit und wollte shoppen.

Ich sagte mir: Komm, geh mit, hast zwar nicht Lust, worauf sie Lust hat, aber hast ja Zeit, und bevor sie keine Lust hat, worauf du Lust hast, hast du jetzt auch mal Lust auf Shoppen.

Sind wir in ein großes Einkaufscenter.

Wollten wir etwas essen gehen. Sie wollte zum Chinesen, ich wollte zum Italiener.

Waren wir dann chinesisch essen. Anderthalb Stunden Glutamat, drei Wochen Aufstoßen. Kann man nichts gegen sagen. Mittagstisch. 6,50 Euro, pro Nase. Wir haben zwei, also Nasen, sind's 13 Euro. Wär's nach Ohren gegangen, hätten wir mehr bezahlt, logisch, wir haben vier. So ging's nach Nase. Also pro Nase. Wir haben zwei. Also Nasen. Mittagstisch. 6,50 plus Getränke. Kann man nichts gegen sagen.

Sind wir dann raus aus dem Chinesen, also nicht aus dem Mann, ich kenn den ja auch gar nicht, aber aus dem Restaurant, links und rechts zwei goldene Löwen, und dann wollte sie shoppen. Jetzt bin ich ein Mann, mit mir kann man prima shoppen gehen, ich muss nur wo trocken sitzen. Ich brauche kein Handy, kein Buch, keine Latte, also macchiato, ich muss nur wo trocken sitzen.

Und dann sagt sie plötzlich: »So, und jetzt gucken wir mal nach einer Jacke für'n Übergang für dich.«

Ich hätte mal gerne von irgendwem ernsthaft – ernsthaft! – erklärt, was eine Übergangsjacke ist.
Was ist denn bitte schön eine Übergangsjacke?!
Das ist doch wieder irgend so eine Frauenerfindung. Auf so etwas Überflüssiges wie eine Übergangsjacke würde ein Mann ja nie kommen.
Was soll das auch? Wir Männer haben eine Jacke, die heißt bei uns »die Jacke«, nicht mehr, aber auch nicht weniger. Da ist alles mit gesagt. Die braucht auch keinen Zusatz, denn das ist die Jacke.
Was ist das überhaupt: der Übergang? Und was ist die passende Jacke dazu?
Ist das die Joppe für die Kiste? Wenn ich im Sarg liege und es ins Jenseits geht, dass ich da was Passendes anzuziehen habe?
Übergangsjacke... So was Dämliches.
Entweder ist es warm, oder es ist kalt. Und dann hab ich entweder was für warm oder für kalt. Also wenn's warm ist, hab ich gar keine Jacke an, und wenn's kalt ist, hab ich eine dicke Jacke an. Das ist doch ganz simpel. Aber da brauch ich doch nichts für den Übergang.
Oder ist der Übergang, wenn das Wetter nicht nach ihm und nicht nach ihr ist?
Oder dieser ganze Mist von dieser Firma mit den Wolfstatzen über-

135

all drauf. Da rennen sie doch alle mit rum wie die Blöden und sagen immer: »Das ist super für outdoor.«

Natürlich ist das für outdoor. Wofür denn sonst? So was Blödes! Ich trag meine Klamotten alle nur out von der door. Für indoor brauch ich keine Jacke für draußen. Stell mich ja nicht mit der Jacke für outdoor indoor unter die Dusche.

Und dann stehen sie da in den Alpen oder im Watt oder in der Fußgängerzone mit ihren dreifach unterteilten Hosen mit Klettverschluss und reißen sich, wenn's zu warm wird, die Hose in Stücke.

Ruf ich immer: »Hat Kleider nicht, hat Lumpen an!«

»Ja«, rufen die dann immer, »aber die ist atmungsaktiv.«

So ein Schwachsinn!

Ich schwitz im Sitzen!

Da brauch ich doch nichts Atmungsaktives!

Ich kenn den auch gar nicht, den Übergang. Weiß auch gar nicht, wo der liegt. Komm besoffen noch nicht mal mit dem Flur klar, da brauch ich doch nichts für den Übergang.

Und wenn mir nicht einer mal ernsthaft den Übergang definiert, kauf ich mir da auch keine Jacke für. Ich will nichts für den Übergang.

Ich brauch auch nichts für einen Übergang, weil ich nicht weiß, was der Übergang ist.

Nach anderthalb Stunden hatte ich was für'n Übergang!

Und dann meinte sie: »So, und jetzt kriegst du noch Schwimmshorts.«

Ich sag: »Ich brauch keine Schwimmshorts. Ich schwimm überhaupt nicht.«

»Ja«, sagt sie, »weil du keine Schwimmshorts hast.«

»Nein«, sag ich, »weil ich nicht gern schwimm. Ich will auch gar nicht schwimmen. Ich will auch in Zukunft nicht schwimmen. Hab gar keine Lust zu schwimmen. Hatte ich auch noch nie.«

»Kannst doch mal schwimmen gehen«, sagt sie.

»Ich geh aber nicht schwimmen.«

»Ja, weil du keine Schwimmshorts hast.«

»Nee, ich geh nicht schwimmen, weil ich nicht gern schwimm.«

»Könntest doch mal schwimmen gehen.«

»Will aber nicht schwimmen gehen.«

»Ja, aber wenn du welche hättest, könntest du mal schwimmen gehen.«

»Ich will aber nicht schwimmen gehen! Ich vertrag das Schwimmengehen auch gar nicht. Von dem ganzen Chlor tun mir immer die Augen weh.«

»Dann schwimmst du eben mit geschlossenen Augen.«

»Ja, aber dann verschwimm ich mich doch. Weiß ich doch gar nicht, wo ich hinschwimmen soll!«

»Muss man üben.«

»Ich will das aber nicht üben! Ich will auch nicht schwimmen! Und ich will erst recht keine Schwimmshorts!«

»Ja, aber wenn du Schwimmshorts hast, dann kannst du ja mal schwimmen gehen«, sagt sie.

»Ich will aber nicht schwimmen gehen.«

»Könntest du dann aber.«

»Ich will aber nicht schwimmen gehen.«

»Wieso? So einmal die Woche…«

»Auch nicht einmal die Woche.«

»Schwimmen ist gesund.«

»Rote Beete auch. Und geh ich ja auch nicht mit ins Bett.«

»Kannst doch mal morgens schwimmen gehen.«

»Ich will aber nicht morgens schwimmen gehen. Ich will weder morgens schwimmen gehen, noch abends schwimmen gehen.«

»Ja, dann gehst du eben mittags schwimmen.«

»Nein! Ich will auch nicht mittags schwimmen gehen. Ich will gar nicht schwimmen gehen.«

»Ja, und wofür kaufen wir dir dann Schwimmshorts?«

»Ich weiß es nicht! Ich will die auch nicht! Ich brauche die überhaupt nicht! Ich gehe nicht schwimmen!«

»Könntest aber mal schwimmen gehen.«

Eine Stunde später hatte ich auch noch Schwimmshorts.

Jetzt sitze ich manchmal einfach so ganz allein bei mir zu Hause auf dem Sofa mit nichts an, nur mit Schwimmshorts und Übergangsjacke.
Ja, will ja auch getragen sein.

Und dann wollte sie nach Schuhen gucken. Hab ich nichts dagegen, wenn sie Schuhen nachgucken will. Hatte ich sie aber falsch verstanden. Brauchte sie zwei Stunden in einem Schuhgeschäft. Hab ich ja eigentlich nichts gegen.
Sollte mich irgendwo hinsetzen.
Nur wenn ich immer wieder weggeschickt werde, weil dort, wo ich grad sitze, ein Verkaufsgespräch stattfinden soll, dann hebt sich meine Laune nur bedingt.
Sie wuselte durch die unzähligen Schuhgänge in dem Geschäft, sah mich ab und an von Weitem an, bekam mit, wie ich an allen möglichen Ecken störte und schüttelte immer wieder über die Regale hinweg den Kopf.

Und was musste ich mir anhören, als wir nach zwei Stunden mit unzähligen Tüten mit Schuhkartons das Geschäft verlassen hatten?
»Mein Gott, findest noch nicht mal einen Sitzplatz, wo du nicht störst… Zu blöd, um nicht zu stören! Wie der erste Mensch…«
Hab ich nur gesagt: »Und weißt du was? Der erste Mensch hat den Autoschlüssel und der fährt jetzt mutterseelenallein nach Hause. Und du kannst machen, was du willst. Bis später.«
Sie schaute mir aus weit aufgerissenen Augen nach und rief mir hinterher: »Du wirst mich doch wohl hier nicht so stehen lassen! Du wärst der erste Mensch, der sich das wagen würde!!!«

Was soll ich sagen?
Ich wollt sie einfach nicht enttäuschen.
Manches muss man nicht mehr kommentieren.
Manches muss man einfach mal so stehen lassen.

Gesunde Diskussion

Letztens saßen wir zusammen auf dem Balkon, da fragte ich meine ständige Begleiterin:»Sag mal, hast du vielleicht mal ein Taschentuch?«

Sie schaute mich an:»Warum? Musst du niesen?«

»Nee, jetzt noch nicht. Aber gleich wahrscheinlich.«

»Soso. Also gleich wahrscheinlich. Und warum brauchst du dann jetzt ein Taschentuch?«

»Man kann's ja nicht wissen. Nenn es von mir aus vorbeugend.«

Sie schaute mich verständnislos an.

Ich sagte:»Vorbeugend ist das. Alles vorbeugend.«

Sie las ihr Buch weiter, ich blätterte in meiner Zeitung, als ich auf einmal loshusten musste. Zweimal kurz, trocken. Dann einmal lang.

Sie schaute rüber zu mir und fragte mich:»Was hustest du denn wieder so laut rum?«

»Gönnst du mir jetzt noch nicht mal mehr meinen Husten?«

»Doch.«

»Dann lass mich doch gefälligst husten.«

»Ja, huste doch.«

»Lass mir doch meinen Husten!«

»Ich lasse dir ja auch deinen Husten. Ich habe dich ja nur gefragt, warum du wieder so laut rumhusten musst.«

»Ja, nun, ich bin nun mal erkältet.«

»Aber muss man denn dann so laut husten?«

Verständnislos schaute ich sie an:»Wenn ich erkältet bin, schon.«

»Also, wenn ich erkältet bin, huste ich noch lange nicht so laut rum wie du.«

»Dann wird der Husten bei dir auch nicht so schlimm sein wie bei mir.«

»Wie bitte?!«

»Oder es wird dir wahrscheinlich nicht so schlecht gehen wie mir.«

»Woher willst du das denn wissen?«

»Wenn du nicht so laut hustest wie ich, wird's ja wohl so sein.«

»Warum soll mein Husten weniger schlimm sein als deiner? Woher willst du das wissen?«

»Nenn es weibliche Intuition.«

Jetzt war sie es, die mich verständnislos anschaute. »Weibliche Intuition. Aha. Bei dir. Soso. Kommen mir ja die Tränen.«

»Wieso? Hast du einen Hustenreiz oder hast du Zug abgekriegt?«

»Ich bin noch lange nicht so wehleidig wie du.«

»Wehleidig!« Ich pfefferte meine Zeitung auf den Tisch. »Ich! Ich und wehleidig! Wenn hier einer hart im Nehmen ist, dann… Dann… Also dann…«

»Also dann ja wohl ich«, ergänzte sie. »Ich will dir mal was sagen: Du bist ein Hypochonder.«

»Was soll ich sein?!«

»Was war denn mit dem verstauchten Zeh letzte Woche, wo du gleich dachtest, der ganze Fuß ist gebrochen?«

»Das hätte auch gut sein können.«

»Das hätte gar nicht sein können. Wie denn auch?«

»Das weiß ich doch nicht. Ich bin weder Fuß noch Arzt.«

»Aber du hast zwei.«

»Ärzte?«

»Nein, Füße. Und Ärzte hast du bestimmt zehn. Weil du keinem traust. Und für jedes Zipperlein brauchst du eine Koryphäe.«

»Ich brauche Leute um mich, die wissen, was sie tun. So sieht's aus. Aber keiner nimmt mich ernst.«

»Die sehen deine Nummer auf dem Display und lassen sich verleugnen. Hätte ich beizeiten auch mal besser machen sollen.«

»Was redest du denn für einen Unsinn?«

»Was war denn mit deiner Herz-Rhythmus-Störung?«

»Herz-Rhythmus-Schwäche. Es ist eine angeborene Herz-Rhythmus-Schwäche!«

»Du dachtest, es ist eine angeborene Herz-Rhythmus-Schwäche.«

»Alles sprach dafür. Mein Schwindel, die Halluzinationen, die Sauerstoffunterversorgung meines Gehirns, die Schmerzen in der Leistengegend, das Brennen in den Augen … Alles wahrscheinlich unter anderem Anzeichen einer angeborenen Herz-Rhythmus-Schwäche.«

»Es waren festsitzende Blähungen.«

»Aber drei Tage lang! Was ging's mir schlecht … Nimm mich doch bitte einmal ernst und fühl dich in mich hinein.«

»Die Zeit hab ich gar nicht.«

Beleidigt griff ich zur Kaffeetasse und nahm mir meine Zeitung wieder vor.

Dann sagte sie plötzlich: »Du hast ein Ziehen in der linken Backe.«

»Wange. Es war ein Ziehen in der linken Wange!«

»Das ist doch dasselbe.«

»Ist es nicht. Zwischen Wange und Backe liegen Welten.«

»Bei dir bestimmt. So wie du wieder zugenommen hast. Also du hattest ein Ziehen in der linken Wange. Bist du gleich zum Arzt gerannt, weil du einen Schlaganfall vermutet hast.«

»Ja und?«

»Der erste Arzt sagte, es wäre kein Schlaganfall, es wäre eine Nervenschwäche.«

»Der hatte doch keine Ahnung.«

»Deshalb bist du zum Nächsten. Der sagte, es wäre eine zeitlich begrenzt auftretende Muskelzuckung.«

»Quacksalber.«

»Dein Zahnarzt sagte, es könnte ein Phantomschmerz am Weisheitszahn sein.«

»Der nahm mich wenigstens ernst.«

»Dann bist du sogar ins Krankenhaus.«

»Ja, und was haben die gesagt? Hm?!«

»Gar nichts. Die haben dich rausgeschmissen.«

»Richtig. Weil sie überfordert waren!«

»Überfordert …«

»Ich führe Mediziner immer wieder an die Grenzen ihres Könnens.«

»Und was war es im Endeffekt? Es war ein ganz ordinärer Juckreiz.«

»Ich bin dem Tod von der Schippe gesprungen!«

»Wärst du mal draufgeblieben.«

Wir schwiegen uns jetzt erstmal eine Weile an.

Dann sagte ich: »Du schwächelst manchmal auch ganz schön.«

»Wann denn? Wann?«

»Zum Beispiel beim letzten Spaziergang.«

»Das war eine fast fünfstündige Wanderung. Weil wir uns verlaufen haben. Weil du dich verlaufen hast! Und nur weil du dich nicht getraut hast, nach dem Weg zu fragen.«

»Du brauchst Spaziergänger nie nach dem Weg zu fragen. Die wissen doch selber nicht, wo's langgeht. Außerdem hättest du das ja machen können.«

»Mir war das nicht zu viel. Wer hat denn den ganzen Abend gejammert und musste ein Fußbad nehmen und sich die Füße eincremen?«

»Ich.«

»Aha.«

»Ja, weil ich ganz empfindsame Füße habe. Bin eben nicht so ein Trampeltier wie du.«

»Wer hat denn in seinem Arbeitszimmer im Bücherregal die komplette obere Hälfte voll mit Medikamenten gestopft?!«

»Das habe ich doch nur deshalb, damit ich mich nicht bücken muss und eventuell einen Hexenschuss bekommen könnte oder hysterische Schnappatmung, wenn ich mal was nicht sofort finde. So ist alles an Ort und Stelle und schnell am Mann.«

»Du stopfst dich mit einer Chemie und einem Mist voll … Du bist ein chemisches Pulverfass. Irgendwann gehst du in die Luft.«

»Im Leben nicht«, sagte ich. »Dafür sorgst du schon. Holst mich ja immer auf den Boden der Tatsachen zurück.«

»Das kann doch alles nicht gesund sein.«

»Mir hilft es aber.«

»Und deine Tinkturen gegen Haarausfall?«

»Vorbeugend. Alles vorbeugend.«

»Die Anti-Falten-Hautcreme?«

»Auch vorbeugend.«

»Deine Sauerstoffzeltausrüstung für Starkasthmatiker?«

»Vorbeugend.«

»Jeden Tag Voltax und Knoblauchdragees?«

»Alles vorbeugend.«

»Deine Pferdesalbe, die du dir auf die Knochen schmierst?«

»Vorbeugend.«

»Der Stuhlweichmacher?«

»Nochmals: vorbeugend.«

»Und der Sarg im Keller?«

»Alles vorbeugend.«

Erneutes Schweigen.

Dann sagte sie: »Also so könnte ich nicht leben.«

»Musst du ja auch gar nicht.«

»Tu ich aber. Über Bande. Ich lebe mit dir und werde mit dir durch dich krank.«

»Das ist mir viel zu kompliziert.«

»Kannst ja was fürs Hirn einnehmen.«

»Sehr witzig. Soll ich dir vielleicht ein paar Betablocker geben? Hab noch welche für den Notfall.«

Meine ständige Begleiterin legte ihr Buch zur Seite, stand auf, ging ins Schlafzimmer und wuselte dort rum.

Nach einer Weile ging ich ihr hinterher: »Hör mal, was machst du denn da jetzt?«

»Ich?«

»Ja, klar. Wer denn sonst? Schiel ich?«

»An warmen Tagen ein bisschen. Kannst damit ja mal zum Arzt gehen.«

»Wirklich sehr komisch. Und was machst du jetzt da?«

»Ich packe meine Koffer.«

»Wie: Du packst deine Koffer? Und dann?«

»Dann fahre ich zu meinen Eltern.«

»Aha. Und warum, wenn ich fragen darf?«

»Weil wir jetzt mächtig Zoff kriegen würden, wenn ich hier weiter mit dir diskutieren würde.«

»Und deswegen packst du deine Koffer?!«

»Ja. Ich flüchte.«

»Und was ist das dann?«

Sie schaute mich an: »Das ist vorbeugend. Alles vorbeugend.«

Immer ist was mit der Unterhaltung nicht in Ordnung

Unterhaltung meint hier in den meisten Fällen Kommunikation.
Funktioniert ja nicht immer. Meistens selten, öfters noch weniger.
Und manche reden auch einfach aneinander vorbei.
Wenigstens etwas. Manche reden gar nicht, was oftmals die
angenehmste Form der Unterhaltung ist.
Kann man auch drüber aneinander vorbeireden, mit
wem man will. Hört ja eh keiner zu.
Aber ob man sich unterhält oder nicht und ob einem das nun
Unterhaltung genug ist oder nicht, fest steht: Alles wird
immer merkwürdiger.

Vergleichsweise früher und heute

Vergleichen wir doch mal: Wie war das denn alles früher und wie ist das heute?

Heute, wenn einem ein Song gut gefällt, heute heißt das ja Song, da bleibt man schön sitzen, geht ins Internet, auf die Playlist von dem Radiosender, searcht da mal rum, lookt nach dem Song, dann hat man den Song gefunden, dann geht man auf copy/paste – so werden in diesem Land manche sogar Doktor –, dann googlet man den Song im Internet, dann findet man den bei Itunes, dann loadet man sich den Song down auf den Mp-3-Player, und da hat man sich im Endeffekt, ohne den Hintern bewegt zu haben, für ein paar Euro 50 den Song auf den Player gezogen.

Früher, wenn einem ein Lied gut gefiel, früher hieß das noch Lied, da ist man mit dem Bus... mit dem Bus, weil der Vatti das eine Auto hatte, was der Familie gehörte... ist man also mit dem Bus in die Stadt gefahren und hat sich eine Langspielplatte gekauft. Die hat man ganz vorsichtig nach Hause getragen, weil: Die konnte brechen. Dann hat man die aufgelegt, die musste man nach 20 Minuten umdrehen.

Wenn man das heute einem 14-Jährigen erzählt, der schießt einen übern Haufen, weil der denkt, man kommt von einem ganz anderen Planeten.

Heute hat auch jeder Depp ein Handy. Jeder Depp hat ein Handy, mit dem kann man alles machen. Da kann man mit SMS verschicken, MMS verschicken, im Internet surfen, Mails empfangen, Mails lesen, Mails verschicken, man kann faxen...

Meine ständige Begleiterin hat auch so ein Multifunktionsteil, so ein Smartphone.

Das sind so Dinger, wo man immer wischen muss. Von links nach rechts wischt man da drüber, von oben nach unten…

Ich hab so was gar nicht. Seh ich so aus, als würd ich wischen? Sieht meine Wohnung so aus, als hätt ich jemals gewischt? Ich hab noch nie gewischt, und bei meinem Handy schon mal gar nicht!

Kriegte sie letztens eine MMS, eine sogenannte Bildnachricht, ein Foto, darunter stand: »Liebe Grüße aus Peru, Eva und Flo.«

Wir wussten gar nicht, dass die überhaupt in Peru sind.

Später fiel uns auf: Wir kennen noch nicht mal Eva und Flo.

Jetzt kennen wir sie.

Mit diesen Handys kannst du alles machen.

Letztens habe ich in der Innenstadt eine Frau gesehen, die hat mit dem Handy telefoniert! Ja, das ist doch der Wahnsinn!

Und man hat auf dem Handy Google Earth. Fragt man sich natürlich: Was ist das, Google Earth?

Google Earth, das heißt, man kann auf dem Handy gucken, wo man grade ist.

Früher hast du einfach mal die Augen aufgemacht.

Ja, das ist doch crazy!

Und jeder Depp hat eine App. Jeder Depp hat App! Das ist die sogenannte DeppApp. Zig Apps haben die.

Fragt man sie, warum, sagen die: »Ja, kostet doch nichts.«

Hab ich letztens gesagt: »Ja, aber bringt dir doch auch manchmal nichts.«

»Ja, aber kostet dann ja immer noch nichts.«

Ich habe einen Freund, der ist Arzt. Der hat eine HochwasserApp.

Hat der gar nichts mit zu tun, eigentlich. Interessiert der sich auch an und für sich nicht für. Er hat aber eine HochwasserApp.

Hab ich ihn mal gefragt, warum er diese HochwasserApp hat.

Sagt er: »Ja, wenn mich mal einer danach fragt.«

Ich sag: »Hat dich denn jemals einer nach Hochwasser gefragt?«

»Nee«, sagt er, »aber jetzt könnte mal jemand fragen.« Schließlich hätte er ja jetzt die HochwasserApp.

»Aber es fragt dich keiner, oder?«

»Nee«, sagt er, »aber langsam könnten sie mal fragen.«

»Was soll denn der Schwachsinn, sag mal?«

»Ja«, sagt er, »ist doch interessant. Ich weiß die Pegelstände von …
sagen wir mal … Emmerich und Rees.«

»Wann warst du denn das letzte Mal in Emmerich oder Rees?«

Sagt er: »Da war ich noch nie. Aber wenn ich da jetzt mal hin-
müsste, wüsste ich, wie da die Pegelstände sind.«

Und weil das sonst keinen in seinem Umfeld interessiert, ruft der
mich jetzt manchmal nachts um eins an und nennt mir deutsch-
landweite Pegelstände.

Der hat sie doch auch nicht mehr alle.

Und auf dem Handy gibt's jetzt die QR-Codes.

Die kann man sich runterladen, dann geht man in den Supermarkt, sucht die Erdbeerkonfitüre, hat sie dann endlich gefunden,
die Erdbeerkonfitüre hat auch einen QR-Code, da hält man dann
das Handy vor, das sieht den QR-Code von der Erdbeerkonfitüre,
scannt den ein, und dann sagt das Handy: »Aha, vor mir steht eine
Erdbeerkonfitüre.«

Das wusste man ohne Handy auch schon. Nur noch früher. Jetzt
wissen es aber beide. Also Mensch und Handy.

Eigentlich schade, dass man, um die Realität erkennen zu können,
mittlerweile die Technik dazwischenschalten muss.

Früher war das anders. Da sah auch die Realität anders aus.

Da hatten wir ein Telefon. Pro Familie. Das war eine Zuteilung von
der Deutschen Post.

In Beige. Da hat die Oma immer gerne noch Brokat drumgemacht.

In Grün. Gut, manchmal war es auch Schimmel, aber oft Brokat.

Dieses Telefon hatte eine Wählscheibe. Ja, nicht als App, die war da
dran.

Wenn man da zum Beispiel in eine andere Stadt telefonieren wollte,
musste man die Kuppe des Zeigefingers der linken oder rechten

Hand in das zur Ziffer zugehörige Loch drücken, dann die Wählscheibe bis zum Anschlag führen, dann den Finger blitzschnell
rausziehen, die Wählscheibe surrte zurück, dann steckte man die
Kuppe des Zeigefingers in das Loch für die nächste Ziffer und
machte einfach weiter.

Da war man beschäftigt.

Und es gab damals auch noch keine Mailbox, Anrufbeantworter
waren eine Seltenheit. Das heißt: Man war auch mal nicht erreichbar auf dem Festnetz.

Da hat man's nicht sofort auf dem Handy versucht, eine SMS geschickt und dann noch eine Mail rausgehauen…

Das war alles noch nicht erfunden.

Da musste man den Hörer auflegen und wenig später wieder neu
wählen. Oder wenn besetzt war: auflegen, nach kurzer Zeit wieder
versuchen.

Es gab ja auch keine Wahlwiederholung.

Das war anstrengend, und man hat sich das gut vorher überlegt, ob
man den anderen auch wirklich sprechen wollte.

Und es ging auf die Finger.

Deshalb haben ja ältere Leute ganz komisch krumme Finger. Die
haben keine Gicht oder Rheuma, nein, die haben sich im Laufe der
Jahre die Finger kaputtgewählt.

Und immer erst nach 18 Uhr, weil nach sechs war billiger.

Glaubt einem heute kein Mensch mehr.

Und das Telefon war mit einer Schnur in der Wand verbunden.
Da wusste man auch immer, wo das Telefon ist. Heute rufen sie ja
durchs Haus: »Ruf mich mal eben an, ich weiß nicht, wo das Telefon ist.«

Gab's früher nicht.

Das Telefon war an der Schnur mit der Wand verbunden. Da kam
man grade mal mit bis aufs Klo.

Da brauchte man kein Google Earth, dass der Gesprächspartner
wusste, der kackt grad beim Telefonieren.

Ja, ist doch wahr.

Und wenn ich da samstags abends mit meiner Freundin telefoniert
habe …
Man muss dazu sagen: Das Telefon stand immer in der guten Stube,
also im Wohnzimmer, in der Ecke, unter der Wanduhr, auf einem
extra fürs Telefon gekauften Telefontischchen, das hatte unten noch
so ein Brett, da stand die Etagere drauf mit Süßem, unter der Tisch-
platte war noch ein Brett, da lag das Telefonbuch, damals konnte
man ja keine Nummern googeln, die musste man nachschlagen, da
musste man noch blättern, auf dem Tischchen lag ein selbst gehäkel-
tes Deckchen, immer mit den Spitzen so über Ecke runterlappend,
und dann stand das beige Telefon in Brokat an der Schnur mit Wählscheibe auf einem rechteckigen schwarzen Telefonnummernregister.
Da waren oben Knöpfe mit Buchstaben drauf, und wenn man Kö-
nigs anrufen wollte und die Nummer nicht wusste, eingespeichert
war damals ja noch nichts, dann drückte man das K, und dann kam
da eine Lade rausgeschossen, aber immer mit dem Buchstaben L.
Immer.
Wenn man das Telefonnummernregister jetzt aber austricksen
wollte und drückte auf J, damit K kam, kam M.
Der reine Wahnsinn.
Wenn man also um 18 Uhr wen erreichen wollte, war man manchmal schon ab 14 Uhr beschäftigt.

Und wenn ich also samstags abends mit meiner Freundin telefo-
niert habe, stand ich in der Ecke, rechts lag die Mutti, links lag der
Vatti, in der anderen Ecke saß Dieter Thomas Heck und hat Bata
Illic angesagt …
Wie erklärt man jetzt Bata Illic …?!
Das ist heute so eine Art Bushido.
Und dann hab ich ins Telefon geflüstert: »Ja, ja, ja, das können wir …
Richtig, das machen wir … Ja, morgen … Morgen sehen wir uns …
Richtig, das wird … Ja, ich mich … Ja, ich dich … Ja, du mich, ich
dich, mein ich, richtig … Ja, das … Toll, nein wirklich, das können
wir … Ja … Ja … Ja, die liegen hier … Ja … Ja, ich mich … Jaaaa-
haaaa … Ja, bis … bis morgen … Bis morgen, tschüss … Tschüss …«

Hab ich das letztens meinem Patenkind erzählt, das ist 12. Was hat der gefragt?

»Warum habt ihr nicht geskypt?«

Unglaublich!

Heute hat man auch 500 deutschsprachige Programme. 500. Und wenn man einmal da durchgeschaltet hat, ist man 600 Mal mit Mist konfrontiert worden.

Jeder will im Fernsehen singen. Ich will die Stars von morgen gar nicht finden! Absolut talentfreie Idioten, treffen keinen einzigen geraden Ton, dumm wie Schifferscheiße… Und das ist erst die Jury!

Und sie wandern aus. Weil sie zu blöd für die Heimat sind. Nur was die Idioten nicht wissen können: Woanders sind sie genauso blöde. Man kann der eigenen Dummheit eben nicht entkommen.

Und dann wandert der Depp aus und hockt in Barcelona und denkt sich: »Mist, hier bräucht ich Spanischkenntnisse.«

Und schon kommt er wieder zurück.

Dummheit ist vielleicht eine Frage der Perspektive, aber noch lange keine Frage des Ortes. Du bist also vorm Eiffelturm genau so dämlich wie dahinter.

Man hat doch das Gefühl, man guckt immer nur, wie sie irgendwen erst zum Superstar machen, dann in den Dschungel oder in die Wüste schicken, dann holen sie ihn wieder zurück, dann lassen sie ihn kochen, auswandern, holen ihn wieder zurück, trainieren seinen Hund, renovieren seine Hütte, und dann lassen sie ihn tanzen…

Früher hatten wir drei Programme. Drei! Das dritte, wenn man Glück hatte, mit Schnee!

Da musste ich immer an die Antenne packen, damit die Oma das Bild klar hatte.

Sagte sie immer zu mir: »Jung, kannze ma anne Antenne packen?«

Stand ich da stundenlang und wurde mit Süßigkeiten gemästet. Ja, die Nachwirkungen vom klaren Bild merke ich heute noch.

Und dann stand ich da an der Antenne.
Mit der Zeit haben Opa und Oma überhaupt nicht mehr gemerkt, dass ich da noch stand mit der Antenne in der Hand.
Ich stand da oft bis weit nach Mitternacht, als schon die Edgar-Wallace-Filme liefen.
Ich hab mich doch nicht getraut, loszulassen, denn dann wär das Rauschen gekommen, und Oma und Opa wären wieder wach geworden, und dann hätte es einen Anschiss gegeben.

Aber man hat damals gemeinsam ferngesehen. Mit der ganzen Familie.

Der Klassiker: sonntags abends. Erst wurde gebadet (ja, bei uns wurde eben sonntags und nicht samstags gebadet), also erst der Vatti, dann die Mutti, und dann wurde ich immer aus so einer pisswarmen Seifenplörre gezogen und in einen hautengen, unglaublich warmen Frottierschlafanzug gestopft.
Ich werde das mit meinen Kindern genau so machen, ja, warum soll's denen denn besser gehen als mir?!
Dann ging's ab aufs Sofa, Käseknifte und ein Glas Milch, und dann wurde mit der ganzen Familie Fernsehen geguckt.
Erst saß da der Opa, dann die Oma, dann der Vatti, die Mutti und ich.
Und erst kam mal die Tagesschau. Und das waren damals ja noch Institutionen, die Sprecher. Heute moderieren sie einen Tag vorher den Grand Prix und einen Tag danach eine Hundeausstellung in Lüneburg.
Nein, früher war das noch ein Wilhelm Wieben. Und wenn der Wilhelm Wieben früher »Bonn« gesagt hat, hat der Opa noch die Hacken zusammengeschlagen.

Und wenn der Fernseher früher zu leise war, da ist man früher vom Sofa aufgestanden, ist durch das komplette Wohnzimmer, also um den Couchtisch rum, zwischen den Sesseln durch, vorbei am Zeitungsständer, vorbei am brokatbezogenen Telefon, an der rustikalen Schrankwand entlang, also durch die komplette Wohnung durch, zur anderen Seite rüber, und hat den Ton lauter gedreht, ist zurückgelaufen, also wieder an der rustikalen Schrankwand entlang, vorbei am Telefon, vorbei am Zeitungsständer, zwischen den Sesseln durch, um den Couchtisch rum, nur um am Sofa festzustellen: »Ui, jetzt ist zu laut«, und ist wieder nach vorne gegangen.

Was war das früher anstrengend.

Für die Frauen...

Und heute? Lauf ich selber.

Schade.

Eine Art Callcenter

Man muss ja erreichbar sein. Und man kann mich anrufen. Fast immer. Ob Festnetz oder Handy: Man kann mich immer und jederzeit anrufen.

Auch nachts um zwei. Auch morgens um sieben. Gut, ich geh nicht ran, aber anrufen kann man.

Bei meiner ständigen Begleiterin geht auch ständig das Handy. Immer und überall. Es ist zum Fürchten. Und wenn's nicht klingelt, kommen Nachrichten rein: whatsapp, SMS, MMS, Mails… Der reine Wahnsinn.

Hab ich sie letztens mal gefragt:»Hör mal, kannst du das nicht auch lautlos stellen?«

Hat sie dann auch gemacht.

Nur: Bei Frauen kommt immer die Retourkutsche.

Vier Wochen später hatten wir eine Diskussion; ging um Radtour oder Spaziergang. Sie hatte ihre Argumente, ich die meinen.

Und was fragte sie mich plötzlich aus heiterem Himmel?

»Sag mal, kann man dich eigentlich auch lautlos stellen?«

Hab ich gesagt:»Natürlich. Und wenn ich vielleicht mal was sagen will, dann wackel ich nur noch. Ist der Vibrationsalarm. Und wenn ich mal kurz aufstoße, ist grad eine SMS reingekommen.«

Kam von ihrer Seite nur noch die Höchststrafe: Hat sie nichts mehr drauf gesagt.

Letztens klingelte das Telefon; der Festnetzanschluss. Irgendwann mitten in der Nacht. Mag so 4 Uhr gewesen sein. Also fast schon morgens.

Ich schlief natürlich, wurde jetzt aber wach, machte mich hoch, tastete ohne Brille nach dem Telefon.

So – nachts, halbblind und tastend – findet man ja alles, nur nicht das Telefon: ein altes Paar Pantoffeln, man tritt auf einen verschollen geglaubten Legostein aus den 1980ern, findet endlich das vermisste Meerschwein Mopsi, das man noch wochenlang gesucht hatte, bis man's endlich aufgegeben hatte, ein Paninisammelbildchenklebebuch von den Olympischen Spielen von Athen 1896 fand sich wieder ein.

Freude allerorts.

Und irgendwann hatte ich auch das Telefon in der Hand.

»Hallo? Wer ist denn da? Mitten in der Nacht?«

Ein Mann sagte wach und verstört: »Wer bist du? Und was machst du da?«

»Ich versuche grad zu schlafen. Und ich bin zu Hause, wo soll ich sonst sein?«

»Was hast du denn da verloren, du Arsch?!«

»Was ich bei mir zu Hause verloren habe? Nun, ich wohne hier, würde ich mal sagen. Tagsüber jedenfalls. Und nachts versuche ich wie gesagt zu schlafen. In der Regel.«

»Na ja, scheiß auf die Regel, Mann. Ist sowieso alles scheißegal. Ich bin's. Kannst du mir mal die Beate geben?«

Ich verstand nicht: »Welche Beate?«

»Beate eben. Ich weiß, dass sie da ist.«

»Oh, dann weißt du mehr als ich. Wo könnte sie denn sein? Wüsste ich nämlich selber gern. Sie ist mir bisher nämlich nicht aufgefallen. Ich steh nicht so auf Beates in meiner Wohnung, von denen ich nichts weiß.«

»Jetzt stell dich nicht so an und gib mir endlich Beate.«

»Ich kenne keine Beate!«

»Jetzt gib sie mir! Wo ist sie denn grad?«

»Ich weiß es nicht.«

»Hast du mal im Bad nachgesehen?«

»Was soll ich in meinem Bad nach einer Beate suchen, die dort nicht ist?! Außerdem lag ich im Bett.«

»Mit Beate?!«

»Ohne eine Beate. Ganz allein.«

»Ja, und wo ist Beate jetzt?«

»Das weiß ich nicht!«

»Und wenn du mal in der Küche nachsiehst?«

»Nach was denn?«

»Nach Beate!«

Ich sag: »Was soll ich nach einer Beate schauen, die in meiner Wohnung nichts verloren hat, eine Beate, die mir nichts sagt und die nicht hier ist, auch nicht in meiner Küche, wo sie schon nicht im Bad war, nachdem sie schon nicht neben mir im Bett gelegen hat, hm?! Ich könnte vielleicht mal im Arbeitszimmer unterm Schreibtisch nachschauen, falls dich das beruhigen sollte…«

»Sag mal, Heiner, wie lange willst du das Spiel noch spielen?«

»Was denn jetzt für ein Heiner? Ich kenne keinen Heiner. Ich heiße auch nicht Heiner. Also, ich bin kein Heiner.«

»Findest du alles wohl irrsinnig lustig, was, Heiner?«

»Ich find das gar nicht lustig. Ich bin kein Heiner, und ich weiß auch nicht, wo diese Beate ist.«

»Pass auf, Heiner. Ich find das langsam nicht mehr witzig.«

»Schön. Dann sind wir schon mal zu zweit.«

»Wohl eher zu dritt. Weil irgendwo bei dir muss ja noch Beate stecken.«

»Hier ist keine Beate! Hier war auch noch nie eine!«

»Und im Wohnzimmer?«

Langsam reichte es mir; ich sagte: »Ich kann sie ja mal rufen, wenn du willst.«

»Ja, mach das mal.«

Ich rief in die nächtliche Stille der Wohnung laut: »Beate! Hallo, Beate! Telefon! Be-a-te!« Pause, dann: »Siehst du: nichts.«

»Ja, typisch Beate: Sie stellt auf stur. Pass auf: Wenn Beate, die dumme Sau, nicht ans Telefon geht, dann soll sie's eben lassen. Sag ihr, wenn ich sie noch einmal mit Olaf erwische, dann ist es endgültig aus. Endgültig. Sag ihr das.«

»Und dafür rufst du morgens um 4 Uhr an?!«

»Ja. Und sag es ihr, hörst du, Heiner?«

»Ja, ich höre dich.«

»Endgültig aus ist es dann. Dieser fette Olaf… Was findet die denn überhaupt an dem?«

»Weiß ich doch nicht. Da musst du wohl Beate fragen.«

»Ja, aber du gibst sie mir ja nicht!«

»Weil sie nicht hier ist!«

»Vor allen hat sie mit dem da rumgemacht. Ist doch ekelhaft. Ich hätte der sofort eine gepflastert, aber ich war ja nicht da.«

»Wo warst du denn?«

»Ich war mit Kathrin…«

»Aha!«

»Nichts aha. Rumgemacht hat Beate mit Olaf, das ist Fakt.«

»Und warum?«

»Das würde ich sie ja gerne fragen, aber…«

»Ja, ja, ich gebe sie dir ja nicht. Aber auch nur, weil sie nicht da ist! Hier gibt's keine Beate. Hat's auch nie gegeben.«

»Lenk nicht ab. Und dann kannst du ihr gleich noch ausrichten, wo wir schon dabei sind, an ihrem Geiz und ihrer Sparsamkeit müsste sie auch bald was ändern, sonst ist es aus.«

»Ich werd's ihr sagen.«

»Also ist sie doch da?!«

»Nein! Nur wenn ich irgendwann mal irgendwo eine Beate treffen sollte, dann würde ich's ihr sagen.«

»Idiot!«

Und schon hatte er aufgelegt.

Ich war mit den Nerven ganz schön durch. So ein Telefonat mitten in der Nacht… Und ich hatte überhaupt keine Ahnung, wer da angerufen hatte. Bin dann wieder ins Bett.

Am nächsten Morgen kam mir zunächst das Bad seltsam unbekannt vor, dann ging plötzlich auch noch die Tür auf, und mir wurde leicht übel, als eine mir völlig fremde Frau reinkam und fragte: »Hat wer für mich angerufen?«

An dieser Stelle musste ich vollkommen wertfrei feststellen, dass ich mich in einer mir absolut fremden Wohnung, in einem völlig fremden Bad befand.

Nur die Frau, die kannte ich: Das war Beate.

Ich war dann mit Beate frühstücken.

Bezahlt hab ich.

Sie scheint wirklich recht geizig zu sein.

Haben aber ganz nett über alles gesprochen.

Was das für eine Wohnung war, weiß ich bis heute nicht.

Aber vielleicht kann ich ja mal diesen Heiner fragen, wenn ich ihn treffe. Scheint ja so eine Art Anlaufstelle zu sein, dieser Heiner. Den kann man fragen.

Mich nicht. Weil: Ich bin ja kein Heiner.

Leider hab ich seine Nummer nicht.

Sonst würde ich mal nachts um 4 Uhr anrufen.

Wenn Sie mal Tennis spielen möchten, rufen Sie an ...

Letztens klingelte das Telefon.

»Guten Tag, Rehling hier, ich hätte gerne einen Platz für Samstagabend, 19 Uhr.«

Ich hatte keine Ahnung, wer der Mann war und was er von mir wollte. Aber ich sagte mir: Lass dir mal nichts anmerken. Und deshalb sagte ich dem Mann am Telefon: »Das ist schön. Immer gerne.«
»Also geht das klar?«
»Von mir aus schon«, sagte ich. »Ich habe nichts dagegen.«
»Ich komme dann mit meiner Frau am Samstag vorbei.«
»Aber das ist ja schon übermorgen. Das geht nicht, da spiele ich in Hamburg.«
»Das ist mir doch egal, wo Sie spielen. Ich kann doch trotzdem mit meiner Frau vorbeikommen.«
»Theoretisch schon, aber ich bin doch nicht da.«
»Sie müssen ja auch nicht da sein.«
»Und wo soll ich den Schlüssel für meine Wohnung hinterlegen?«
»Für Ihre Wohnung?!«
»Und Sie kennen sich doch auch überhaupt nicht bei mir aus.«
»Warum auch?«
»Nun, wie soll das denn bitte schön werden, wenn Sie mit Ihrer Frau bei mir vorbeikommen wollen, ich aber nicht da bin? Außerdem müsste ich vorher noch eine Kleinigkeit einkaufen gehen und dafür habe ich keine Zeit.«
»Jetzt mal langsam, ich möchte doch nicht zu Ihnen nach Hause, wie käme ich auch dazu? Ich kenne Sie doch überhaupt nicht.«
»Ja, eben. Das hat mich auch schon stutzen lassen.«

»Ich möchte Tennis spielen.«

»Am Samstag kann ich aber nicht.«

»Ich will ja auch nicht mit Ihnen Tennis spielen, sondern mit meiner Frau!«

»Aber warum rufen Sie mich dann an, wenn Sie mit Ihrer Frau Tennis spielen wollen? Das ist doch eine Sache zwischen Ihnen und Ihrer Frau. Da bin ich doch außen vor.«

»Ja, aber Sie vergeben doch die Tennisplätze.«

Hier musste ich insistieren. Ich glaubte, jetzt hatten wir das Problem. Ich mache ja einiges; die Vermietung von Tennisplätzen gehört ganz klar nicht dazu.

Und ich sagte zu Herrn Rehling: »Tennisplätze vergebe ich leider nicht. Sie müssen sich verwählt haben.«

»Welche Nummer haben Sie denn?«

Ich nannte ihm meine Nummer.

Er sagte drauf: »Die habe ich auch gewählt.«

»Das ist logisch, dass Sie die gewählt haben. Deshalb sprechen Sie ja auch mit mir.«

»Ich will aber überhaupt nicht mit Ihnen sprechen! Warum auch?! Und über was?! Ich kenne Sie doch überhaupt nicht. Ich will Tennis spielen.«

»Aber ich spiele sehr schlechtes Tennis.«

»Mit Ihnen will ich ja auch nicht spielen. Mit meiner Frau will ich spielen.«

»Hier ist sie aber nicht.«

Langsam empörte er sich: »Was soll meine Frau denn bei Ihnen verloren haben?!«

»Das frag ich mich allerdings auch.«

»Ich habe bei Ihnen angerufen, weil ich Tennis spielen will.«

»Richtig«, sagte ich. »Mit Ihrer Frau am Samstagabend.«

»Woher wissen Sie das?!«, bellte er mich an.

»Sie haben es mir erzählt.«

»Wann soll das denn gewesen sein?«

»Als Sie mich angerufen haben.«

»Wann hab ich Sie angerufen?!«

Ich sagte: »Grad eben. Deshalb sprechen wir ja auch miteinander.«

Herr Rehling polterte los: »Ich wüsste nicht, warum ich Sie anrufen sollte. Und jetzt machen Sie gefälligst die Leitung frei.«

»Sie sind ja lustig«, sagte ich. »Sie haben doch mich angerufen.«

»Und warum?«

»Sie wollten Tennis spielen.«

Herr Rehling überlegte kurz. »Ach ja, richtig, Tennis. Stimmt ja. So. Und jetzt möchte ich einen Platz für Samstagabend, 19 Uhr.«

»Aber ich kann Ihnen keinen Platz für 19 Uhr geben.«

»Hm«, machte Herr Rehling.

»Ich kann Ihnen keinen einzigen Platz geben!«

»Wenn das so ist und Sie sich da so anstellen… Dann nehme ich eben zwei Plätze! Zwei Plätze für Samstagabend, 19 Uhr.«

»Nein, ich kann Ihnen keinen geben!«

»Also, jetzt wird's mir zu bunt! Was ist denn mit Ihnen los? Erst haben Sie keinen Einzelplatz, dann verkaufen Sie die Einzelplätze, die Sie angeblich nicht haben, nur doppelt, jetzt haben Sie überhaupt gar keinen Platz mehr, noch nicht mal Einzelplätze, weder einzeln noch doppelt… Sie müssen sich schon irgendwann entscheiden.«

»Ich kann Ihnen keinen Platz für 19 Uhr geben.«

Am anderen Ende der Leitung war es einen Moment still. Dann:
»19:30 Uhr.«

»Nein!«

»Ist 20 Uhr noch was frei?«

»Auch nicht!!«

»Wär's Ihnen um 20:30 Uhr recht?«

»Nein!«

Eins musste man ihm lassen: Herr Rehling blieb hartnäckig: »Mein letztes Angebot: Dann eben um 18 Uhr.«

»Das geht auch nicht für 18 Uhr!«

Er musste tief Luft holen, so als wolle er groß ausholen. »In Ordnung. Und wie sieht's am Freitag aus?«

Zweifellos: Rehling hatte Ausdauer.

Der Punkt ist: Wenn mir Menschen mit so viel Ausdauer begegnen, resigniere ich gerne. Deshalb gab ich auch klein bei und sagte: »Das sieht sogar sehr gut aus. Freitag um 18:30 Uhr?«

Mit was man Leute glücklich machen kann … Herr Rehling strahlte förmlich durch den Apparat: »Ja, das klappt. Ich habe es mir schon notiert.«

»Und bringen Sie bitte Ihre Frau mit.«

»Gerne.«

»Es gibt nach einem kleinen Begrüßungsgetränk, mit dem ich Sie überraschen möchte, eingelegte Auberginen vorneweg, dann einen leichten Fisch zum Hauptgang, inklusive korrespondierendem Wein, und zum Abschluss etwas Käse.«

»Wunderbar.«

»Käse schließt nämlich den Magen.«

»Als hätt ich's nicht gewusst. Und danach spielen wir Tennis?«

»Aber immer.«

»Toll!«

»Dann also bis Freitag.«

»Bis Freitag.«

Wir legten beide auf. Solcherart Telefongespräche musste ich im Laufe der nächsten Wochen leider zuhauf führen. Es gab immer wieder Leute, die bei mir einen Tennisplatz reservieren wollten.

Irgendwann war ich es leid und ich rief bei der Telefongesellschaft wegen dieser Störsache an.

»Guten Tag«, fing ich das Gespräch ganz freundlich an, »hier ist ein Mensch, der ein simples Problem hat, das nun von Ihnen behoben werden soll.«

»So einfach kann Ihr Problem gar nicht sein, wenn Sie bei unserer Gesellschaft sind. Wo liegt denn Ihr Problem?«

»Das liegt nicht, es steht hier vor mir. Ich spreche gerade mit meinem Problem.«

»Nun werden Sie mal bitte nicht persönlich!«

»Entschuldigen Sie, ein Missverständnis. Mein Telefon macht mir Schwierigkeiten. Ständig rufen Leute bei mir an und wollen Tennis mit mir spielen.«

»Sport soll sehr gesund sein.«

»Ja, aber ich habe doch keinen Tennisplatz.«

»Dann gehen Sie doch mit denen schwimmen.«

»Ich möchte nicht schwimmen gehen.«

»Oder tanzen. Wechselschritt, seit, vor.«

»Nein. Ich möchte meine Ruhe haben.«

»Gut, gut … Was halten Sie vom Wandern?«

»Gar nichts.«

»Ausgedehnte Gänge, frische Luft, am Busen von Mutter Natur …«

»Sie meinen wohl ›Im Frühtau zu Berge wir ziehen‹ oder so was?! Ist überhaupt nicht meins. Wie gesagt: Meine Ruhe will ich.«

»Wenn das so ist, dann spielen Sie doch Schach mit denen.«

»Möchte ich auch nicht! Ich kenne die doch auch gar nicht.«

»Ungewollte Bekanntschaften sind oft die angenehmsten.«

»Für mich aber nicht! Das ist ja auch nicht hin und wieder mal eine Person, das sind ja zig Leute, die ständig anrufen. Von morgens bis spät am Abend.«

»Da scheinen Sie ja keine Langeweile zu haben.«

Ich sagte: »Hab ich auch nicht.«

»Na, da seien Sie mal froh«, meinte er. »Es gibt so viele Menschen, die nichts mit ihrer Zeit anzufangen wissen …«

»Ich weiß aber was mit meiner Zeit anzufangen. Und was soll ich denn mit all den Leuten, die bei mir anrufen, machen?«

»Wenn das so viele sind, dann gehen Sie doch Fußball spielen. Zwei Mannschaften bilden und gut.«

»Ich bin doch kein Fußballer.«

»Wär Schiedsrichter was für Sie?«, schlug er vor.

»Ich glaub’s nicht! Ich frage Sie: Warum rufen Menschen bei mir wegen Tennisplätzen an?«

»Weil die Tennis spielen wollen?!«

»Natürlich! Aber ich habe keinen Tennisplatz!«

»Dann sollten Sie sich einen zulegen. Scheint ja lukrativ zu sein.«

»Jetzt ist es aber gut!«, sagte ich. »Klären Sie das bitte mal ab, warum dieses Tenniscenter und ich anscheinend dieselbe Nummer haben. Wie ist Ihr Name?«

»Schubert.«

»Gut, Herr Schubert. Sie erledigen jetzt diese Sache für mich, haben Sie mich verstanden?!«

»Selbstverständlich.«

»Sie melden sich also wieder, Herr … äh … Wie war Ihr Name? Rehling?«

»Schubert.«

»Angenehm, Sting. Sie melden sich also?«

»Selbstverständlich.«

Herr Schubert hat sich wieder bei mir gemeldet.

Herr Rehling mitsamt seiner Frau allerdings auch.

Herr Schubert konnte das Problem mit den Tennisplatzanrufern leider nicht beseitigen. Er weiß nicht, woran es liegt. Tennis ist zurzeit aber wieder im Kommen, wusste er zu sagen.

Es rufen also immer noch ständig Leute bei mir an, die Tennis spielen wollen. Jetzt habe ich aus der Not eine Tugend gemacht. Mittlerweile bekommt man bei mir Tennisplätze, obwohl ich eigentlich gar keine habe. Und es sind die teuersten der Stadt.

Und da die Nachfrage nicht abreißt – es hat sich mittlerweile rumgesprochen, dass man bei mir sofort für jeden gewünschten Tag und jede gewünschte Uhrzeit Tennisplätze bekommt –, habe ich mich und mein Tennisplatzangebot erweitert. Jetzt bekommt man bei mir Tennisplätze deutschlandweit.

Hat letzthin ein großer Reiseveranstalter bei mir angerufen, der hatte auch davon gehört. Ich habe mich jetzt mit dem zusammengetan. Ich vermiete Tennisplätze in der ganzen Welt!

Und wer Appetit auf einen leichten Fisch mit korrespondierendem Wein hat, darf auch gerne mal vorbeikommen.

Und mit Herrn Schubert und dem Ehepaar Rehling spiele ich jetzt jeden Mittwochmittag Doppel. Also wir verabreden uns dafür. Getroffen haben wir uns noch nie. Wo auch?

Jetzt Folgendes zum Abschluss: Sitz ich letztens auf dem Sofa, klingelt das Telefon. War ein Mann dran. Und was wollte der?

Eine Darmspiegelung!

Muss das jetzt nur noch mit dem Ehepaar Rehling und Herrn Schubert absprechen.

Käsebrötchen

Gerne esse ich ja Käsebrötchen. Also das ist jetzt nicht meine Leib- und Magenspeise, aber als so genanntes Catering, was hinter deutschsprachigen Bühnen in Garderoben, Verschlägen und Kellerverliesen so rumsteht, ist ein Käsebrötchen aller Ehren wert, da kann man nichts mit falsch machen.

Bei einem Auftritt: In der Pause die eine Hälfte, nach der Vorstellung die andere Hälfte.

Die Zurverfügungstellung eines einfachen Käsebrötchens erscheint einem Großteil der Menschheit allerdings als schier unlösbare Aufgabe, denn die Tage, wo in Garderoben ein Käsebrötchen auf mich wartet, die lassen sich an einer Hand abzählen.

Und so kommt es manchmal zwischen Veranstalter und mir zu Meinungsaustäuschen.

Ich sag: »Entschuldigen Sie, aber wo ist denn das Käsebrötchen?«

»Ist da keins?«, fragt mich der Veranstalter.

»Nein. Sonst wär da ja eins. Und ich hätte doch ganz gern ein Käsebrötchen.«

»Ja, wie: Käsebrötchen?«

»Ein einfaches Käsebrötchen.«

»Mit was denn drauf?«

»Mit Käse. Deswegen ja auch Käsebrötchen. Sagt schon der Name: Käsebrötchen. Also im Detail ein Brötchen mit Käse.«

»Mehr nicht? Nur ein Brötchen mit Käse?«

»Nein, mehr nicht. Ein Käsebrötchen eben.«

»Ja, aber eins mit Salatblatt oder ohne? Und wenn mit Salatblatt, dann nur mit Salatblatt oder mit Salatblatt und Tomate oder eins mit Salatblatt, aber ohne Tomate oder eins mit Tomate und Gurke,

aber ohne Salatblatt, oder eins mit Gurke und Salatblatt, aber ohne
Tomate oder eins ohne Tomate, dafür mit Salatblatt und Gurke?«
»Ich hätte gerne einfach nur ein Käsebrötchen.«
»Mit Ei denn?«
»Nein.«
»Ich könnte Ihnen eins mit Ei machen.«
»Will ich nicht.«
»Remoulade dazu?«
»Wozu?«
»Zum Ei.«
»Zu meinem Käsebrötchen ohne Ei möchte ich auch keine Remou-
lade. Und auf Eier, die ich nicht esse, können Sie so viel Remoulade
draufschmieren, wie Sie wollen.«
»Also jetzt doch Remoulade?«
»Nein, ein ganz normales Käsebrötchen mit Butter.«
»Ach, Butter schon?«
»Selbstverständlich mit Butter.«
»So selbstverständlich ist das nicht. Mag ja nicht jeder, Butter.«
»Wieso? Das ist doch die Basis eines jeden Butterbrotes: die Butter.
Und was ich gerne hätte, ist genau das: ein ganz normales Käsebröt-
chen mit Butter.«
»Dann ist es doch eher ein Butterbrötchen mit Käse.«
»Bitte, von mir aus, wenn Sie das sagen, ich gebe auf.«
Er schaute mich an: »Welche Butter denn?«
»Wie? Was für Butter? Ganz normale eben.«
»Normale Butter gibt's nicht.«
Langsam verzweifelte ich: »Dann eben irgendeine Butter.«
»Ach so ist das. Macht sich's der feine Herr also leicht. Aber Butter
ist ja nicht gleich Butter. Wollen Sie eine Sommerbutter oder eher
eine Herbstbutter, vielleicht auch eine Frühlingsbutter, eine Land-
butter, eine Bauern- oder Almbutter, eine Käserei- oder Senne-
reibutter, eine Kuhmilchbutter oder eine Ziegen-, Schafs-, Büf-
fel- oder Yakbutter, und wenn, dann eher eine Sauerrahmbutter,
eine Süßrahmbutter, eine mild gesäuerte Butter oder eine Salz-
butter oder doch eher etwas Irisches, eine Maibutter oder eine

Dreiviertelfettbutter oder doch eher, so wie Sie aussehen, lieber eine Margarine?«

»Sie kommen mir jetzt komisch, oder?!«

»Wieso? Wer will denn hier ein Käsebrötchen mit Butter?«

»Ich möchte ganz einfache gute deutsche Butter!«

»Gute Butter?!«

»Ja.«

»Streichzart?«

»Ich streich's doch nicht, ich hätt's gern fertig vor mir liegen«, ich wurde lauter.

»Aber mit Butter?!«

»Natürlich mit Butter. Es soll ja nach was schmecken.«

»Ja, nach Käse. Und was für ein Brötchen? Vielleicht ein Dinkel auf Roggenbasis?«

»Bloß nicht! Dinkel auf Roggen...«

»Oder ein Sesam? Ein Mohn? Ein Kürbis, Bauernbrötchen, ein Knuspisatt, ein Weizenmisch oder ein Schrotbrötchen, Schwedenbrötchen, Kartoffelbrötchen, eine Kümmelstange in Brötchenart, eine Kaisersemmel, Laugensemmel, Strohsemmel, oder ein Röggelchen, Schusterjunge, Vinschgauer oder Wasserweck?«

»Das ist doch die pure Provokation. Ich möchte ein ganz normales Brötchen! Schrippe, Rundstück, Fettbemme...«

»Eine Fettbemme ist aber eine Schmalzschnitte.«

»Was?«

»Sie wissen doch selber nicht, was Sie wollen.«

»Hm?«

»Oder Käseplatte.«

»Wie?«

»Ich hab's: Käseplatte! Was halten Sie denn von einer Käseplatte?«

»Nichts!«

»Bei der Käseplatte wär auch Brot dabei.«

»Ich hab nichts Grundsätzliches gegen Käseplatten, ich will nur keine«, sagte ich.

»Oder Antipasti. Ich könnte Ihnen so einen gemischten Vorspeisenteller zusammenstellen.«

»Das ist ja sehr nett, aber ich möchte Sie noch einmal darauf hinweisen, dass ich eigentlich wie gesagt nur …«

Er unterbrach mich, sichtlich zufrieden: »Ach, das ist es doch: Antipasti als Vorspeise. So mit Datteln im Speckmantel, Champignons, Auberginen, getrockneten Tomaten, Oliven, ein bisschen Parmesan …«

»Ich will keinen Parmesan!«

»Parmesan ist doch Käse.«

»Ich weiß, was Parmesan ist!«, schreie ich ihn an.

»Der Parmesan ist ein Käse.«

»Ja! Aber nein! Also …«

»Sie wissen einfach nicht, was Sie wollen.«

»Bitte?!«

»Wissen Sie, wer gute Käsebrote gemacht hat?«

»Nein.«

»Meine Oma.«

»Kann die vielleicht mal kurz vorbeikommen?«

»Die ist schon seit fünfzehn Jahren tot.«

»Ach.«

»Ja. Aber die hat sehr gute Käsebrote gemacht. Die hat ein Schwarzbrot genommen, also ein Schwarzbrot im Sinne eines herkömmlichen Pumpernickels, also auf Pumpernickelbasis, da hat sie dann dick Butter draufgeschmiert, dann ordentlich Rübenkraut und dann den Käse.«

»Das würde ich jetzt auch essen.«

»Aber es sind Käsebrote. Nicht Brötchen.«

»Das ist mir jetzt egal.«

»Ach, auf einmal ist es Ihnen also egal.«

»Ja, das wär jetzt was.«

»Hab ich aber nicht. Oder können Sie mir mal verraten, wo ich jetzt um diese Zeit Schwarzbrot hernehmen soll? Mein Schwager nimmt Schwarzbrot, dann Senf, dann den Käse.«

»Nee, das ist eher nicht mein Fall.«

»Oder möchten Sie lieber etwas Warmes?«

»Nein danke.«

»Sie möchten bestimmt lieber etwas Warmes.«

»Nein.«

»Das ist es doch: ein französisches Menü! Vorneweg eine Soupe à l'oignon, danach ein Pot-au-feu oder ein Coq au Vin oder ein Boeuf bourguignon oder alle drei zusammen, und zum Abschluss eine Crème brûlée. Na? Oder eher etwas Italienisches? Zuerst ein Vitello tonnato, dann vielleicht Penne con melanzane e peperoni, dann Ossobuco alla milanese und zum Abschluss eine Tiramisu. Das ist doch was! Kann ich Sie damit vielleicht um den Finger wickeln?«

Mittlerweile sehe ich rot.

Ich brülle ihn an: »Nein, nein, nein! Ich will das alles nicht! Ich will keinen Coq und keinen Boeuf, keinen Ossobuco und Penne schon erst recht nicht! Und vor allen Dingen möchte ich nicht um irgendwelche Finger gewickelt werden. Und um Ihre schon gleich gar nicht!«

Der Veranstalter atmet erschöpft aus.

»Also, Sie wissen wirklich nicht, was Sie wollen. Erst wollen Sie ein Käsebrötchen, dann plötzlich eins mit Butter, aber nicht mit irgendeiner Butter, nein, ostirische sollte es sein, am besten noch mit Ei, auf einmal hätte der feine Herr gerne einen Vorspeisenteller mit allem Drum und Dran, dann behaupten Sie, Parmesan sei kein Käse, dann wollen Sie lieber ein Käsebrot haben, am liebsten wäre es Ihnen, wenn Ihnen das meine Oma schmieren könnte, die ist aber schon lange tot, dann möchten Sie etwas Warmes, dann auf einmal wieder nicht... Darf ich Sie mal fragen, was Sie eigentlich wollen?! Sie wissen doch gar nicht, was Sie wollen. Wissen Sie was? Ich nehme das jetzt in die Hand. Und wissen Sie, was ich mache? Ich schmiere Ihnen jetzt einfach mal ein Käsebrötchen.«

Es wird das Käsebrötchen schlechthin. Ein knuspifit-extra Brötchen auf Roggen-Dinkel-Basis mit Kürbiskernen und leichtem Schmalzstich, als Belaggrundierung dick gute Butter, dann zwei mittelgroße Salatblätter, dann drei Scheiben Käse, zwei Gurkenscheiben, zwei Tomatenscheiben, etwas Gemüsezwiebel und zum krönenden Abschluss drei Scheiben Ei mit kleinen Remouladenhäubchen.

Eine verblüffende, fast museumsreife Käsebrötchenkreation; ein Meisterstück.

Und das liegt jetzt hinter Glas in einer Vitrine in der Brot- und Brötchenabteilung des Torf- und Heimatmuseums in Fetterstrich. Kann dort besichtigt werden: Di bis Do in den Zeiten von 10:30 Uhr bis 12 Uhr und von 15 Uhr bis 17 Uhr. Mo und Fr Ruhetag, an Wochenenden nur Schulklassen und Ermäßigungen.

Als Leihgeber steht mein Name drunter.

Und an manchen Tagen habe ich das Gefühl, ich stehe als Exponat in der Vitrine daneben.

Und noch etwas: Mittlerweile können sie mir alles hinstellen.

Seitdem ich noch nicht mal ein bescheidenes Käsebrötchen bekomme, ess ich einfach alles.

Hotelgeschichte
Oder: Wenn man fremd zu schlafen hat und einfach nur geweckt werden, gefrühstückt haben und seine Ruhe will

Manchmal kommt man auf Reisen in Gegenden, in die man als Mensch nie wollte.

Letztens beispielsweise, da war ich in Sulzbach an der Murr. Kennt kaum einer außerhalb von Sulzbach an der Murr. Ich kann das schnell erklären, für Menschen, die da noch nie waren: Sulzbach ist die Stadt, Murr ist der Fluss, an der liegt dazwischen.

Und das ist Provinz. Und die deutsche Provinz kennt keine Hotels. Die deutsche Provinz kennt die Herberge, damit hat sich's dann aber auch.

Da gibt's Gasthäuser. Und in den Gasthäusern gibt's Fremdenzimmer. Weil: Die kennen einen da ja nicht. Hinten am Bett steht dann auch so ein kleiner Adolf, das ist der Fremdenführer, der zeigt einem bei Bedarf auch noch das Örtchen. Also, das Städtchen, nicht das Klo. Was in manchen Örtchen aufs Selbe rauskommt.

Und in den Gasthäusern: immer gute deutsche Küche. Merken: Nur deutsche Küche reicht nicht, da muss auch noch ein gute vornedran, das hängt nun mal immer zusammen: gute deutsche Küche. Also vom Wort, nicht vom Geschmack her.

Das heißt aber auch: Schon bei der Einfahrt in das Örtchen riecht man diesen alten, überall eingebrannten Fettgeruch. Man steigt aus dem Wagen, man riecht's, im Gasthaus: Man riecht's, auf dem Zimmer: Man riecht's.

Der Fettgeruch hat sich über die Jahrzehnte auch in die Möbel gefressen. Wichtigste Regel im Fremdenzimmer: nie irgendwo anlehnen! Man klebt sofort fest und kommt nie wieder los!

Wie oft musste ich so ein Gasthaus schon mit Anrichten, Bildern,

173

Kommoden, Fernsehern und Lämpchen verlassen. Nicht, weil die mir so gut gefallen haben. Ich kriegte sie einfach nicht wieder vom Körper los!

Und die Gasthäuser werden immer nach Tieren benannt. Der Löwe, das Lamm, die Kuh, der Marder, die Made im Speck, der Silberfisch … Jedes Tier, was da nicht bei drei auf dem Baum hockt, wird als Gasthausname missbraucht. Und dann wird dem Tier auch noch eine Farbe zugeordnet: grün, gelb, ocker …
Und ich musste letztens im goldenen Ochsen schlafen. Also nicht in dem Tier, sondern in dem Gasthaus. Und da stand wörtlich über dem Eingang: »Zum goldenen Ochsen – Fremdenzimmer, eigene Schlachtung.«
Ja, da geh ich doch nicht rein! Ich bin doch nicht meschugge! Mit mir käm doch so eine fünfköpfige Sulzbacher Familie gut übern Winter! Ich wär doch bescheuert.

Oder letztens Lübeck. Kennt man ja auch: Lübeck an der Trave, ist so was Ähnliches wie Warne an der Münde, ist ja ein ganz geschichtsträchtiger Ort, also Lübeck.
Und ich durfte da nun schlafen, in Lübeck, und kam nachts so gegen halb eins zurück ins Hotel.
Nun wollte ich geweckt werden. Oder besser: musste. Von wollen kann beim müssen oft nicht die Rede sein.
Am Empfang der Nachtportier, es ging gegen halb eins in der Nacht. Ich sagte: »Hallo, also guten Abend, oder vielmehr gute Nacht, besser: Guten Morgen, könnten Sie mich bitte um 6:30 Uhr wecken?«
Und er sagte und schrieb sich auf: »Gerne. Herr Sting, Zimmer 14, Weckruf 6:30 Uhr. Wird gemacht.«
Jetzt kam ich aber auf mein Zimmer, da seh ich, dass zwar das Telefon durch Anwesenheit glänzt, auch das Telefonkabel ist anwesend, aber beide Gerätschaften, also eben Telefon und Telefonkabel, gehen keine direkte technische Verbindung ein.
Jetzt bin ich technisch nicht wirklich versiert, aber ich dachte: Unter gegebenen Umständen, also Telefon und Telefonkabel sind zwar

anwesend, gehen aber beide keine direkte technische Verbindung ein, wird ein telefonischer Weckruf durchzuführen schlichtweg unmöglich sein.

Dachte ich: Teil ich das auch mal dem Portier mit.

Ich ins Erdgeschoss zum Portier: »Nochmals hallo, also guten Abend, oder vielmehr gute Nacht, besser guten Morgen, aber entschuldigen Sie bitte, Sie wollten mich ja morgen wecken.«

Der Portier, leicht hysterisch: »Ich wollte Sie nicht wecken!!!«

»Ja, vollkommen richtig. Entschuldigen Sie bitte vielmals. Nicht Sie wollten mich wecken, sondern ich wollte durch Sie geweckt werden. Leider haben wir nur ein akutes und nicht so einfach von der Hand zu weisendes Problem, das ich Ihnen, im Hinblick auf meinen morgendlichen Aufstehwunsch, auch unbedingt mitzuteilen gedenke, da es von enormer Wichtigkeit und Dringlichkeit ist, da, so ich das Problem nicht benenne, eine Weckung Ihrerseits meinerseits nicht ihre Erfüllung finden könnte. Ich bin nämlich grade auf mein Zimmer, also natürlich nicht auf mein eigenes Zimmer, sondern auf Ihr Zimmer, vielmehr auf das Zimmer, welches Sie mir für diese eine Übernachtung zur Verfügung gestellt haben, ein wunderbares Zimmer mit Parkett, lassen Sie's Laminat sein, von mir aus auch PVC in Holzoptik, oder Laminat in Parkettoptik, gerne auch Parkett als PVC in Laminatoptik, sei's drum, Doppelbett, Kingsize, wunderschöne Tagesdecke, Doppelfenster, herrlicher Blick, ich schätze Panorama, auf diese tolle Pfütze draußen – mag's die Trave sein? – wunderbare Vorhänge, Zentralheizung, funktionierend, fließend warmes und kaltes Wasser, tolles Bad, frisch gefliest, Spiegelfront, Wanne, Dusche, WC, Bidet, wenn ich mir mal die Haare waschen will, Minibar, vier alkoholische, vier antialkoholische Getränke, Pay-TV, 34 Kanäle, also nicht 34 Kanäle Pay-TV, sondern 34 Kanäle und zusätzlich vier Kanäle Pay-TV, auf die ich selbstverständlich in dieser einen Nacht nicht zurückzugreifen gedenke, ich bitte Sie, für 21 Euro 50, wo kommen wir denn da hin?!, sollte ich allerdings mal in den zweifelhaften Genuss kommen, Tage, mehrere Wochen, Monate gar die Übernachtungsmöglichkeit Ihres Etablissements in Anspruch nehmen zu müssen, würde ich wahrscheinlich

auch auf Ihr Pay-TV-Angebot zurückkommen, so ich mich nicht pe-
kuniär in der Lage sehen würde, auf anderweitige Befriedigung zu-
rückgreifen zu können, jetzt bin ich also – wie gesagt – in diesem
von Ihnen mir zur Verfügung gestellten wunderbaren Zimmer, will
mich grade in mein Nachtgewand schmeißen, das ich zu solchen
Zwecken immer mitzuführen imstande bin, das ist wie bei älteren
Leuten, die haben ja auch immer einen Koffer gepackt irgendwo
in der Ecke stehen, wenn's mal ins Krankenhaus geht, zack!, einmal den Koffer schnappen, und schon geht's los in die nächste Klinik, so ist das bei uns Künstlern auch, wir haben immer einen Koffer gepackt irgendwo stehen, wenn's mal wieder irgendwohin geht,
Koffer packen und zack!, ab dafür ins nächste Theater, jetzt will
ich mich also in mein Nachtgewand schmeißen, als mein durch einige Hotelübernachtungen geübter und durch einige Apfelschorlen
schon getrübter Blick auf den Nachttisch fällt, auf dem – wie bereits
erwähnt – das Telefon durch Anwesenheit glänzt, auch das Telefonkabel ist da, aber beide Gerätschaften, also Telefon und Telefonkabel, gehen keine direkte technische Verbindung ein, worauf ich
die These gegründet habe, dass ein telefonischer Weckruf, von mir
in Auftrag gegeben, an Sie gerichtet, von Ihnen letztendlich an mich
gerichtet durchzuführen schlichtweg unmöglich sein wird, weil gerade eben geäußerte These durch Wiederholung an Ihre Denkmur-
mel gerichtet Unterstützung und Untermauerung finden dürfte und
auch sollte: Das Telefon zwar durch Anwesenheit besticht, auch das
dazu gehörige Kabel ist im Zimmer gegenwärtig, und erfreuen sich,
beide für sich gesehen, bester Gesundheit, nur ist das Problem, dass
beide keine direkte technische Verbindung eingehen!«
Beim Portier: Verständnislosigkeit, Blick ins Leere, dann ein: »Hä?«
Ich sagte: »Das Telefon ist kaputt!!«
»Müsste aber gehen.«
»Es wird nicht gehen!«
»Gestern ist es noch gegangen.«
»Das mag sein. Es mag gestern gerne noch gegangen sein, es wird
auch in der Zwischenzeit wieder zurückgekommen sein, es ist ja
oben. Nur wird das Telefon aufgrund der Wiederkunft – nicht Nie-

derkunft, das waren Maria und Josef! –, also aufgrund der Wiederkunft des Telefonkabels nicht wirklich in Verzückung ausgebrochen sein, denn sie haben sich ja nicht wieder vereint.«

»Gestern ist es aber noch gegangen.«

»Heute aber nicht mehr!«

»Was wollen Sie mir denn jetzt sagen?!«

»Das Telefon wird nicht klingeln.«

»Warum denn nicht?«

»Weil es kaputt ist!«

Er überlegte: »Hm … Ich rufe Sie mal eben an.«

»Warum? Können Sie mir das mal erklären?! Ich steh doch direkt vor Ihnen. Sie können alle Probleme, die Sie haben, und so wie Sie aussehen, werden das eine Menge sein, die können Sie alle direkt mit mir besprechen. Und wo wollen Sie mich überhaupt anrufen?! Auf meinem Handy?! Sie haben doch meine Nummer gar nicht! Oder wollen Sie mich oben auf meinem Zimmer anrufen? Oben bin ich im Moment aber gar nicht. Und oben ist es auch kaputt! Da kann ich's nicht hören! Selbst wenn ich oben wäre, was ich grad nicht bin, könnte ich's nicht hören, weil's oben eben kaputt ist! Aber ich bin ja sowieso unten. Da kann's oben klingeln, wie es will, wenn's könnte, ich würde es hier unten eh nicht hören können. Also selbst wenn es oben klingeln würde, was es nicht tun wird, weil's da oben ja kaputt ist, könnte ich es hier unten nicht hören. Wenn ich aber oben wäre, was ich aber nicht bin, da ich hier vor Ihnen stehe, könnte ich es auch nicht hören, weil es oben nicht klingeln würde durch Defektion. Ich könnte zwar – wenn ich oben wäre – abheben und drangehen, wüsste aber nicht, wann, weil ich nicht weiß, wann Sie hier unten abheben und meine Nummer wählen, um mich oben anzurufen, was ich allerdings wissen müsste, um an den Apparat gehen zu können, da ich oben das Klingeln nicht höre, weil es oben kaputt ist. Ich bin aber nicht oben. Ich bin hier. Und egal wo ich stehe, ob ich theoretisches Klingeln hören können sollte oder nicht, es wird nicht klingeln.«

Er überlegte erneut; dann, fast vorwurfsvoll: »Lassen Sie doch das Telefon klingeln!«

»Ich lass es ja auch. Es kann doch machen, was es will! Das bleibt ihm doch unbenommen, was es macht. Aber es will noch nicht mal selber klingeln, weil's das nicht kann!«

»Ich rufe Sie einfach mal an.«

»Warum? Was versprechen Sie sich davon? Vielleicht wird oben das Telefonkabel ausschlagen, dem Telefonapparat als solchem wird das vollkommen wurscht sein.«

»Ich ruf Sie trotzdem mal eben an.«

»Bitte schön. Machen Sie, was Sie wollen. Wir leben in einem freien Land. Noch.«

Er wählte, wartete und schaute mich dann an.

»Komisch. Ich habe hier aber ein Freizeichen.«

»Sie können da haben, was Sie wollen, es wird bei mir oben aber nicht klingeln.«

»Wieso nicht? Können Sie's hören?«

Ich schrie: »Nein, eben nicht!«

»Warum?«

»Weil das Telefon kaputt ist!«

»Ich habe hier aber ein Freizeichen.«

»Es wird aber oben nicht klingeln! Wissen Sie was? Ich gehe eben hoch aufs Zimmer und hol Ihnen das Telefon mal herunter...«

»Machen Sie's bloß nicht kaputt!«

Jetzt brüllte ich: »Es ist kaputt!!«

»Und wecken Sie keinen mit Ihrem Klingeln!«

»Ich klingel nicht!«

Ich ging auf mein Zimmer, wickelte das Telefon vorsichtshalber noch in eine dicke Wolldecke – um sicherzugehen, falls es doch mal unerwarteterweise losklingeln sollte –, ging an die Rezeption und stellte dem Portier das Ding vor die Nase.

Ich sagte: »Und, hören Sie's da klingeln?«

Der Portier schüttelte den Kopf: »Nee. Komisch, ich hab hier aber ein Freizeichen.«

»Es klingelt doch da aber nicht.«

»Nee. Seltsam. Gehen Sie doch mal dran.«

An dieser Stelle gab ich auf. Nahm ab: »Ja, hallo?«

»Ja, hören kann ich Sie.«

»Natürlich! Ich stehe ja auch direkt vor Ihnen!!«

Er schaute mich zweifelnd an.

Und ich fragte: »Und was machen wir jetzt?!«

»Ja, dann…«, sagte er, »dann wecke ich Sie morgen mal manuell.«

Am nächsten Morgen also klopfte er um Punkt halb sieben mit dem Telefonhörer in der Hand an meine Tür und rief wörtlich: »Hallo Herr Sting, es ist 6:30 Uhr, hier ist Ihr Weckruf!«

Und dann der deutsche Frühstücksraum!

Eine Unwürde in Eierschalenweiß.

Mit der umgedrehten deutschen Kaffeetasse, die nur darauf wartet, mit gutem deutschen Kaffee zunächst gefiltert und dann gefoltert zu werden.

Morgens schon der Duft nach künstlichem Fabrikrührei und Nürnbergern. Wer da noch zum Multivitaminsaft greift, der fragt auch nach Bircher.

Da kam dann eine Hotelbedienstete auf mich zu, eng gegurtet und geschürzt, die mich streng anschaute und mir im zackigen Kasernenton ein friedfertiges »Morgen!!« entgegenschmetterte.

Ich, zerstört, da alles – wie stets – viel zu früh: »Ja… Äh… Ja, ja, guten… also… Ich mein… Ähm… Morgen.«

»Und?! Was wollen Sie trinken?! Tee?! Kaffee?!«

Und ich antwortete ihr, wie immer in so einem Moment, weil ich es seit Jahrzehnten so halte und jeden Tag mit diesem herrlichen Getränk beginne und bisher gut damit gefahren bin: »Einen Kakao, bitte.«

Und sie nur: »Oh! Auf Kinder waren wir nicht eingestellt.«

Aber das ist ja sowieso so eine Sache mit dem Frühstück. Vor allem mit den Zeiten fürs Frühstück. Wenn ich das schon höre, bei der Ankunft in irgendeinem Hotel: »Frühstück gibt es ab halb sechs.«

Ja, bin ich Grubenarbeiter, oder was? Halb sechs! Denken die, dass ich da mit dem Leder vorm Arsch durch den Frühstücksraum renne und singe: »Glück auf, Glück auf, der Steiger kommt…«, oder was? Ich will nicht wissen, ab wann es Frühstück gibt, sondern bis wann es Frühstück gibt. 11 Uhr? Wunderbar, schlag ich eine Viertelstunde vorher auf, kann ich immer noch bis halb 12 frühstücken.

Und ganz schlimm in den Hotels sind ja die künstlichen Lüftungen. Ein Beispiel: Man geht ins Bad, unter die Dusche, in die Wanne, aufs Klo, vor den Spiegel und plötzlich: »Wuuuuuuuuuuuuu!« geht das mit dem Summen los, also eher so ein Einsummen.

Ich kann das nicht mehr hören! Und will's nicht mehr! Ich muss mitunter so viele Nächte im Jahr in deutschen Hotels verbringen, mich macht das Geräusch langsam porös!

Und diese Gebläse werden immer lauter. Manchmal denke ich, wenn ich ins Hotelbad komme, da steht bestimmt ein Rentner mit dem Laubsauger hinter der Tür. Ich schau immer direkt nach, ob da einer steht. Hab bis jetzt aber keinen gefunden.

Und es wird immer stärker, dieses Summen. Letztens in Hamburg stehe ich morgens unter der Dusche, dreh das Wasser auf, denke noch so: Warum kommt denn da nichts raus?! Ist es kaputt?

Und da seh ich's auch schon: Die Lüftung war so stark, das ging alles nach oben weg.

Hab ich dann den Duschkopf abgenommen und mich von unten… Man kann sich vorstellen, wie ich aussah.

Oder letztens Freiburg. Wunderschöne Stadt, Feiburg, wenn's nicht Freiburg wäre. War ich in Freiburg in einem Hotel.

Schönes Hotel. Frühstück ab halb sechs. Standardsituation. Hab ich geübt. Kenn ich. Kann ich verwandeln.

Hab gefragt, wie lang es Frühstück gibt. Musste die an der Rezeption erstmal in die Annalen des Hauses schauen und sagte mir dann, also die Grundsteinlegung war 1988.

Später hab ich dann aber doch noch erfahren, dass es bis halb elf Frühstück gibt.

Jetzt war das ein Hotelkomplex, der durch eine zentrale Klimaanlage versorgt wurde. Das heißt, es ging kein Fenster auf, die Klimaanlage hielt alles auf konstante 22 bis 23 Grad. Ich kam mir im Zimmer vor wie ein Reptil im Terrarium. Hab nur darauf gewartet, dass zwischendurch einer die Tür aufmacht, mir was zu fressen reinstellt und mich einmal abbraust.

Und ständig dieses »Wuuuuuuuuuuuuuu«.

Und ich musste da drei Tage leben, drei Nächte schlafen.

Bin ich runter an die Rezeption.

Ich sag: »Entschuldigung, mein Zimmer wuuuuuut, und bei mir kommt die Wut langsam auf. Könnten Sie das nicht mal abstellen?!«

Und die Frau an der Rezeption, die Freundlichkeit und das Entgegenkommen in Person: »Nein, können wir nicht. Aber keine Angst, das ist die Klimaanlage, die schaltet sich immer um 22:30 Uhr automatisch ab.«

Jetzt kam ich um kurz nach 23 Uhr ins Hotel zurück. Und die Frau hatte Recht: Es war mucksmäuschenstill.

Die Frau hatte wirklich Recht: Um 22:30 Uhr schien sich die Anlage automatisch abzustellen.

Leider hatte ich vergessen zu fragen, wann die morgens wieder anspringt.

Um 4 Uhr!

Um halb sechs saß ich beim Frühstück!

Umständehalber Kaffee

»Kann ich Ihnen etwas anbieten? Möchten Sie vielleicht was trinken?«

»Ach, nein danke. Hab grade.«

»Ein Wasser vielleicht?«

»Nein, nein, danke.«

»Oder vielleicht 'n Kaffee?«

»Nein, danke, wirklich nicht.«

»Einen kleinen Kaffee?«

»Nee, nee, wirklich.«

»Espresso eventuell?«

»Auch nicht, nein.«

»Cappuccino? Latte Macchiato?«

»Nein, danke.«

»Also so ein richtig aromatischer, duftender, frischer Kaffee… Das ist ja schon was Feines.«

»Ja, ja… Also…«

»Möchten Sie vielleicht nicht doch einen Kaffee? Hm…?!«

»Na ja… Nun gut. Weil Sie es sind.«

»Sie trinken wegen mir Kaffee?!«

»Aber nur, wenn's keine Umstände macht.«

»Nein, nein, macht gar keine Umstände.«

»Schön. Dann nehm ich einen.«

»Also, Umstände macht's nicht.«

»Gut.«

»So direkte Umstände macht's nicht.«

»Hmm…«

»Ich muss ihn nur erst noch kochen.«

»Nee, nee, bloß keine Umstände.«

»Macht ja keine Umstände.«

182

»Ja.«

»So ein frischer schöner Kaffee will erstmal gekocht sein.«

»Ja, aber dann macht's ja doch Umstände.«

»Ich bitte Sie. Nein! Kaffeekochen… Das macht doch keine Umstände.«

»Na, dann nehm ich einen.«

»Ich meine: Es ist schon so, dass ich da erst noch für in die Küche…«

»Also wissen Sie, dann lassen wir das doch einfach mit dem Kaffee. Sollte ja keine Umstände machen. Ich wollte ja eh nur kurz…«

»Jetzt machen Sie's doch nicht komplizierter, als es ist. Das macht doch keine Umstände! Ich bitte Sie! So ein Kaffee ist doch ratzfatz gemacht, da müssen wir doch gar nicht erst groß und breit lamentieren.«

»Ach. Nicht?«

»Nein, nein, das geht ganz fix.«

»Na, dann… Wenn's keine Umstände macht.«

»Natürlich nicht. Ich verstehe das eh nicht. In Restaurants: Da kostet der Kaffee immer am meisten. Mitunter 3 Euro. 3 Euro. Stellen Sie sich das mal vor. 3 Euro! Für einen Kaffee! Nicht ein Kännchen, draußen. Nein, eine Tasse drinnen. 3 Euro. Sind ja auch 6 Mark. Da rechne ich immer noch um. Das kann mir keiner nehmen. 6 Mark für eine Tasse Kaffee. Stellen Sie sich das doch mal bitte vor! Das stellt sich doch kaum noch einer vor! 6 Mark für eine Tasse Kaffee. Das hätte doch früher niemand bezahlt! Da hätte der Kellner gesagt, dass der Kaffee 6 Mark kostet, da hätte man den doch für verrückt erklärt. Das ist doch Wucher! Und dabei macht doch so eine Tasse Kaffee nun wirklich keine Umstände. Soll ich Ihnen denn jetzt nun eine machen oder nicht? Sie müssen sich schon entscheiden. Das geht ja immer hin und her bei Ihnen…«

»Ach, wissen Sie, lassen Sie's einfach bleiben. Ich brauch nicht unbedingt einen Kaffee. Ich wollte ja eh nichts trinken.«

»Können Sie aber. Also, macht auch wirklich keine Umstände.«

»Haben Sie denn so einen Automaten?«

»Automaten?!«

»Ja, so einen mit Tabs? Oder Kapseln?«

»Mit Tabs?!«

»Ja, mit Tabs.«

»Oder Kapseln?!«

»Ja, mit Tabs oder Kapseln?«

»Sagt mir nichts. Ich hab noch so eine Maschine. Guter deutscher Filterkaffee. Aus der Bohne. Nicht aus der Kapsel.«

»Aber in der Kapsel sind doch auch Bohnen.«

»Ja, und warum tut man die dann vorher in die Kapseln? Dann muss die Maschine doch erstmal die Bohnen wieder auspacken?!«

»Die packt nichts aus, die Maschine. Die presst den Kaffee über die Bohne aus der Kapsel.«

»Also, ich mach das mit dem Filterkaffee alles ohne Kapsel.«

»Die Kapsel gibt's in unterschiedlichen Farben.«

»Ach. Aber da ist überall derselbe Kaffee drin?«

»Ja. Also nein. Der schmeckt immer anders.«

»Dann ist das so eine Art Wundertüte: Man weiß nie, was drin ist.«

»Doch: Kaffee.«

»Also das ist mir alles zu viel. Macht doch nur Umstände. Wie viel Bohnen sind denn in einer Kapsel?«

»Das weiß ich nicht. Wenigstens eine.«

»Vielleicht gibt's ja auch Kapseln ohne Bohne. Oder welche mit ganz vielen Bohnen drin, wie so eine Art Hauptgewinn. Rechnet sich das denn?«

»Für die Bohne oder für die Kapsel?«

»Für Sie.«

»Weiß ich nicht. Ich rechne den Kaffee ja nicht. Ich trinke ihn.«

»Nein, also ich mache generell Filterkaffee aus der Bohne. Kapseln hin oder her. Soll ich Ihnen denn jetzt einen machen?«

»Ja, macht das denn auch wirklich keine Umstände?«

»Nein, wo denken Sie hin?«

»Na, denn nehm ich einen. Mit Vollmilch, bitte. Und etwas Gebäck, wenn es geht. Und wenn's keine Umstände macht.«

»Ja, na ja, Moment einmal. Das ist jetzt aber doch… Also… Ich meine… Das geht ja jetzt doch schon ein bisschen… Vielmehr… Also zu weit. Wenn Sie mich fragen.«

»Wieso? Sie sagten doch, das macht keine Umstände.«

»Ja, ein Kaffee. Ein normaler Kaffee. Aber doch nicht mit so vielen Extrawürstchen.«

»Wie: Extrawürstchen?!«

»Milch, Gebäck…«

»Ich habe nur gesagt, wie ich meinen Kaffee gerne trinke. Und ich hab noch den Zucker vergessen.«

»Zucker! Auch das noch.«

»Sie haben mir doch Ihren Filterkaffee angepriesen wie Sauerbier. Aus der Bohne, nicht aus der Kapsel.«

»Das macht ja auch keine Umstände.«

»Sie liegen mir stundenlang mit Ihrem Kaffee in den Ohren. Und dass es alles keine Umstände macht.«

»Ja, macht's ja auch nicht.«

»Ja, Herrgottnochmal, was denn jetzt? Macht es Umstände oder nicht, wenn ich meinen Kaffee so haben möchte, wie ich ihn nun mal gerne trinke?! Jetzt entscheiden Sie sich doch mal! Immer hin und her hier, das ist ja furchtbar!«

»Was regen Sie sich denn jetzt so auf?«

»Ich kann mich aufregen, wann und wo und wie ich will. Da muss ich Sie doch nicht fragen. Sie mit Ihren ganzen Umständen! Ich kann das schon nicht mehr hören!«

»Jetzt beruhigen Sie sich doch mal. Ist doch alles gut. Ich kann Ihnen auch einen Tee machen. Frisch gepflückt, frisch aufgebrüht, was ganz was Feines. Macht auch keine Umstände.«

»Haben Sie den Tee auch in Kapseln?«

»Ach, das gibt's auch schon?!«

»Ich will nichts! Ruhe jetzt! Ich weiß schon gar nicht mehr, warum ich überhaupt hier bin und was ich von Ihnen will!!«

»Ja, was wollen Sie überhaupt von mir?«

»Das weiß ich nicht mehr! Verdammt! Und ich will auch überhaupt nichts trinken!«

»Na, dann muss ich Ihnen ja auch nichts machen.«

»Nein. Aber nur, wenn's Ihnen keine Umstände macht.«

Das Versehen

Wie schön es doch ist, in einem Konzertsaal in angenehmer Atmosphäre einem klassischen Konzert zu lauschen. Sich mal in Schale zu werfen, vor der Vorstellung einen Prosecco im Foyer zu trinken, den ein oder anderen zu treffen, Konversation zu betreiben, sich in der Pause angeregt über das Erlebte auszutauschen.

Einfach herrlich.

Also dieser Meinung bin ich nicht. Aber meine ständige Begleiterin. Deshalb kommt sie auch in regelmäßigen Abständen auf den irrwitzigen Gedanken, man könnte ja mal abends was in dieser Richtung unternehmen.

Wo ich mir immer denke: Also einfach mal ganz entspannt zu Hause auf dem Sofa sitzen und gar nichts tun… Kann mir schon Unternehmung genug sein.

Und letztens kam sie mir mit zwei Karten für ein klassisches Konzert. Sie freute sich riesig. Ich nahm hin.

Bin dann auch hin. Aber alleine. Weil sie mit einer saftigen Erkältung zu Hause lag.

Ich war schon spät dran. Nicht rechtzeitig von zu Hause los (also für mich rechtzeitig genug, aber für alle anderen Verkehrsteilnehmer offensichtlich nicht), mit dem Auto schlecht durchgekommen, keinen Parkplatz gefunden, es war bereits zehn Minuten vor acht.

Schade. Es hätte ja auch fünf nach acht sein können, dann wären die Türen bereits zu, ich wäre nicht mehr reingekommen und hätte in meiner Lieblingskneipe einen trinken gehen können.

Prosecco und Konversation vor der Vorstellung fallen also aus; Dankbarkeit stellt sich ein.

Im Konzertsaal selber werde ich von der freundlichen Dame an der Türe in die grobe Richtung meines Platzes gewiesen. Ich folge dem Wink, nähere mich meinem Platz, schau noch mal auf meine Eintrittskarte, schau auf die Reihe, wurstel mich durch die bereits gut besetzte Reihe, komme zu dem Platz, der auf meiner Karte steht, aber auf diesem Platz sitzt bereits ein dicker älterer Herr.

Ich schau auf den Stuhl, ich schau auf den Mann, ich werfe einen Blick auf meine Eintrittskarte, schau wieder auf den Mann, auf den Stuhl, auf die Karte, erneut auf den Mann, und der fragt mich: »Ist was?«

Und ich sage dann recht freundlich: »Entschuldigen Sie bitte, aber das ist mein Platz!«

Der ältere Herr schaut mich an: »Bitte?«

»Ich möchte Sie nur ungern stören, aber Sie sitzen auf meinem Platz!«

Er grinst satt und sinkt noch tiefer in den Sitz: »Das kann nicht sein, ich sitze immer hier!«

»Aber schauen Sie doch bitte auf meine Platzkarte. Hier steht es doch: Reihe 4, Platz 68.«

»Das wird auf meiner Karte dann wohl auch stehen.«

»Warum?«

»Weil ich hier sitze! Und ich sitze immer hier. Reihe 4, Platz 68.«

»Aber man kann uns doch nicht zwei gleiche Platzkarten verkauft haben.«

»Da haben Sie Recht. Aber ich habe seit 38 Jahren eine Karte fürs A-Abo fürs *Harmonische Kammerkonzert* und ich sitze immer hier!«

Plötzlich kommt von Leuten hinter uns ein: »Können wir Ihnen irgendwie behilflich sein?«

»Nein«, sag ich. Und zu dem Herrn: »Aber heute ist B.«

»Was ist heute?«

»B-Abo!«

»Ach. Und was wird gegeben?«

»Isolde Stolzgerber-Bärenfels singt Schumann. Begleitet von Hans-Walter Dobler-Scheuermann am Piano und von Dietlinde zu Probst an der Blockflöte.«

»Furchtbar! Dietlinde zu Probst, Blockflöte … Tourte die nicht letztes Jahr mit einem Soloprogramm?«

»Ja. *Beethoven für Blockflöte*. Ziemlich eigenwillige Arrangements.«

»Und Hans-Walter Dobler-Scheuermann gestaltet doch nebenbei Diavorträge von seinen weltbekannten Arktis-Reisen unter dem Motto *Klirrende Kälte und heißes Heimweh*, oder?«

Von hinten wieder: »Haben Sie sich da jetzt mal langsam eingerichtet?«

»Augenblick«, sag ich, »wir haben's gleich. Ein Missverständnis.«

Von hinten: »Sieht ganz danach aus.«

Der ältere Herr nach hinten: »Ein Missverständnis, an dem ich nicht schuld bin.«

Von hinten wieder: »Das haben wir uns schon gedacht.«

»Und ob!«, sag ich zu dem Herrn. »Würden Sie also jetzt vielleicht bitte aufstehen?«

Und er mit Nachdruck: »Nein!«

Plötzlich ertönt Wagners Walkürenritt. Der ältere Herr sagt – nicht ohne Stolz: »Das ist mein Handy.«

Er schaut drauf: »Meine Frau, entschuldigen Sie. Ja, du … Nein, ich sitze schon. … Ja, im Konzert. Und hier gibt's ein Missverständnis. Könntest du dem Herren hier vielleicht mal erklären, dass ich immer auf meinem Platz sitze?«

Ich sag: »Es geht hier aber nicht nur um den Platz, sondern auch um das Abo.«

Der ältere Herr wieder in sein Handy: »Hörst du? … Ja, richtig, der Mann faselt. Ich glaube, er hat sich im Abo vertan. … Ja, er tut sich auch etwas schwer. … Ja, ich melde mich gleich noch mal. … Wie bitte? Ob Meiers auch wieder da sind? Warte mal, ich frag mal eben nach.«

Der ältere Herr dreht sich umständlich nach hinten um und ruft in den Saal: »Sind Meiers da?!«

Von ganz hinten kommt ein: »Ja, hier!«

Und der ältere Herr wieder: »Schöne Grüße von meiner Frau!«

Meiers von hinten: »Gruß zurück!«

Und er wieder ins Telefon: »Hast du gehört? Schöne Grüße von

Meiers.... Was? Ob's die Meiers sind? Kann ich nicht sagen, ich seh sie ja nicht. Sind zu weit weg. Tschüs.«

Er legt auf und sagt zu mir: »Also auch meine Frau meint, ich sitze richtig. Und ich steh nicht auf.«

Ich schau ihn an: »Aber heute Abend ist B- und nicht A-Abo!«

»Das sagten Sie bereits.«

»Sehen Sie.«

»Sie wiederholen sich.«

»Das kann ich noch öfters. Ich hab da eine gewisse Ausdauer.«

Von hinten: »Wird das heut noch was?«

Ich nach hinten: »Wie bitte?«

Erneut von hinten: »Wird's gehen?«

»Jetzt halten Sie sich doch da raus«, gab ich patzig nach hinten.

Plötzlich kam eine Durchsage aus dem Lautsprecher: »Meine sehr verehrten Damen und Herren, das Konzert kann gleich beginnen, wir warten nur noch auf die Herren in der 4. Reihe. Und sobald sich die beiden endlich platziert haben, wird einem musikalischen Kunstgenuss nichts mehr im Wege stehen. Vielen Dank.«

»Sehen Sie«, sagt er, »Sie halten hier den ganzen Betrieb auf.«

»Was?! Ich?!«

»Ja, an mir wird's ja wohl nicht liegen. Ich saß hier ja schon.«

»Aber ...«

»Ich sitze hier schon länger.«

»Aber ...«

»Ich sitze immer hier.«

»Ja, aber ...«

»Das nennt man Heimrecht.«

»Aber ...«

»Ich war der Erste. Und jetzt sehen Sie zu, dass Sie Ihren Platz finden. Ich sitze immer im A-Abo.«

Ich wurde laut: »Aber heute ist B-Abo und nicht A-Abo!«

»Na und? Ich habe seit ...«

»... seit 38 Jahren eine Karte fürs *Harmonische Kammerkonzert*, ich weiß. Aber heute Abend ist noch nicht einmal das *Harmonische Kammerkonzert*.«

»Nein? Was denn?«

»*Sinfonische Liebeleien*! Und jetzt stehen Sie bitte auf!«

Wagners Walküren reiten erneut.

Der ältere Herr geht dran: »Ja, du… Nein, es hat sich leider noch nichts geändert, der Mann hier steht immer noch vor mir und beharrt auf seinen Platz, der gar nicht seiner ist. Warte mal bitte, bleib mal eben dran.« Und dann zu mir: »Ob *Sinfonische Liebeleien* oder *Harmonische Kammerkonzerte* ist mir völlig egal. Ich habe seit 38 Jahren ein A-Abo fürs *Harmonische Kammerkonzert*, womit ich berechtigt bin, in der 4. Reihe auf Platz 68 zu sitzen. Und selbst Sie werden mich nicht davon abbringen, hier sitzen zu bleiben! Ich komme extra aus Köln hierher nach Düsseldorf.«

Jetzt verlor ich die Fassung: »Wir sind hier aber in Duisburg!«

»Ach, haben die dann diesmal ein Auswärtsspiel?«

Ich brüllte ihn an: »Nein, haben die nicht!«

Sagt der ältere Herr wieder ins Telefon: »Du, hörst du? Das ist ja mal originell. Die haben die ganze Konzerthalle aus Düsseldorf nach Duisburg gesetzt. Bisschen umständlich, wenn ich's mir recht überlege.… Was?…« Dann zu mir: »Meine Frau meint auch, dass das ein bisschen umständlich wäre.«

Ich verlor die Fassung: »Ja, Mensch! Sind Sie denn von Sinnen?! Wie kann man denn so begriffsstutzig sein?! Wie oft soll ich's denn noch sagen?! Sie haben sich in der Stadt vertan! Wir befinden uns hier nicht in Düsseldorf, sondern in Duisburg. Fassen wir es zusammen: Sie haben sich im Abo, in der Veranstaltung und in der Stadt vertan!«

»Aber hier ist doch die 4. Reihe, Platz 68, oder?«

»Ja!«

»Na, wenigstens sitze ich dann richtig!«

Von wo her

Letztens traf ich in der Stadt eine alte Bekannte.

Und das war eine von diesen alten Bekannten, die man eigentlich gar nicht treffen möchte.

Die kam grad aus einem Ladenlokal heraus, schwer mit Tüten bewaffnet, sah mich, blieb sofort stehen und sagte direkt zu mir, als ging es mich was an: »Hab eingekauft!«

Zweifellos. Das sah ich ja.

Und schon riss sie die erste Tüte auf, zog ein T-Shirt raus, breitete es vor mir aus, legte es sich dann auf ihren Oberkörper und sagte: »Und?«

Wenn mir jemand, wer auch immer, mitten in der Fußgängerzone seine Einkaufstüte aufreißt, ein T-Shirt rauszieht, es in der Luft vor meinen Augen ausbreitet und sagt: »Und?«, da weiß ich ehrlich gesagt nicht wirklich, was ich da sagen soll.

Ich weiß auch gar nicht, ob ich da überhaupt etwas sagen will.

Ich meine: Das T-Shirt war ein grünes T-Shirt. Ünni. Rundhalsausschnitt, links ein Ärmel, rechts ein Ärmel. Fast könnte man es als Klassiker bezeichnen. Nicht mehr, aber auch nicht weniger.

Aber die Bekannte sagte noch mal: »Und?«

Und ich sagte: »Jou.«

Ich hatte die Hoffnung, sie könnte mit der Aussage schon zufrieden sein. War sie aber nicht.

Und sie sagte: »Mehr nicht?«

»Wie: mehr nicht?!«

»Ja, mehr fällt dir nicht zu meinem T-Shirt ein?«

»Na ja, ist ein T-Shirt.«

»Das sieht man ja. Und weiter?«

»Wie: weiter?!«

»Und weiter? Über das reine T-Shirt hinaus? Von der Metaebene her?«

»Von woher?!« Ich verstand nicht.

»Von der Metaebene des Shirts her.«

Und ich sagte: »Nee, ist schön.«

»Ja, schön ist es. Hab ich nämlich auch gedacht. Drum hab ich es mir ja auch gekauft.«

»Nee, ist wirklich schön.«

»Auch von der Farbe her, ne?«

»Ja, grad von der Farbe her. Also von der Farbe her ist das schön.«

»Auch der Schnitt…«

»Jawohl, der Schnitt erstmal…«

»Richtig klassisch irgendwie.«

»Ja, irgendwie klassisch.«

»Also klassisch vom Schnitt her.«

»Natürlich vom Schnitt her.«

»Also klassisch vom Schnitt her und schön von der Farbe her.« Sie packte ihr T-Shirt wieder ein. »Hab auch noch was zum Kochen gekauft.«

Jetzt hatte ich die Befürchtung, dass sie auch noch sämtliche Lebensmittel aus der Tüte ziehen und präsentieren würde. Allein: Es sollte im Theoretischen bleiben.

Und sie sagte: »Hab letztens bei Freunden was gegessen, das hat mir richtig gut geschmeckt, also jetzt vom Geschmack her.«

»Klar, schmeckt vom Geschmack her.«

»Also, wie soll ich das sagen, das war vom Geschmack her richtig… also lecker. Ja, das trifft es: irgendwie lecker vom Geschmack her.«

»Ja«, sagte ich da, »das ist ja oft so, dass was lecker vom Geschmack her ist.«

»Ja, aber auch nicht immer.«

»Nein, sicher nicht immer. Günstigstenfalls. Also von der Gunst her.«

»Und guck mal hier, die Hose«, machte sie weiter und zog etwas aus der Einkaufstüte. Und ich dachte noch so: Hört das denn gar nicht mehr auf?! Wie viel hat die denn eingekauft?

Und wann kommen wir zur Unterwäsche?!

Sie hielt mir ihre neue Hose vor die Nase.

»Feine Hose«, sagte ich.

»Die passt mir richtig gut. Jetzt von der Form her.«

»Möchtest du da nicht mal eben reinhüpfen? Dann seh ich die Wirkung der Hose erst so richtig. Also von der Wirkung her. Dann haben wir das im Ganzen.«

Sie schaute mich an: »Du meinst, von der Gänze her?«

»Ja.«

»Nee.«

Sie hielt mir ihre neue Hose wieder hin, und ich sagte: »Ja, von der Form her wunderbar.«

»Und diese Tönung habe ich mir gekauft. Schöne Tönung.«

»Für die neue Hose?«

»Nee, für die Haare. Gefiel mir gleich. Jetzt von der Farbe her. Für die Haare.«

Und ich dachte mir: Gleich drehst du durch.

Und ich atmete tief ein und aus und sagte: »Nee, du hast Recht, vom Rechthaben jetzt her. Das ist wie beim T-Shirt: Superfarbe von der Farbe her. Und auch der Schnitt vom Schnitt her. Ist eins mit der Aufteilung, also von der Aufteilung her. Ganz konsequent mit Loch für den Hals und Ärmeln und vorne und hinten und großem Loch unten für den Körper, also echt konsequent von der Konsequenz her. Passen die Haare jetzt farblich zum Shirt von der Farbe her und die Farbe der Tönung der Haare zur Form der Hose, wenn der Schnitt der Haare jetzt noch klassisch wäre, von der Klassik her. Aber in Kombination zum Shirt, also vom Kombinieren her, echt eins. Also vom Einssein her. Also alles in allem echt ganz mein Geschmack, vom Geschmack her jetzt. Also lecker.«

»Wie: lecker?«, fragte sie.

Ich sagte: »Vom Leckersein her.«

»Ach so.«

Und sie schaute mich strahlend an und fragte dann: »Hör mal, hast du eigentlich Zeit? Können doch noch was trinken gehen eben. Ich hab auch noch mehr eingekauft… Kann ich dir alles zeigen.«

Musste ich aber leider leider absagen.

Von der Absage her.

Das ging dann nicht mehr. Ich hatte beim besten Willen keine Zeit mehr. Von der Zeit her jetzt.

Und vom Willen her auch nicht.

Von den Nerven, die ich dafür nicht mehr hatte, mal ganz abgesehen.

Also von den Nerven jetzt her.

Onkel Otto
und der Entschleuniger

Letztlich besteht doch die Kunst darin, Ruhe zu bewahren.

So.

Dagegen aber jetzt Folgendes: Es ist eigentlich ein Ding der Unmöglichkeit, in Ruhe zu leben, weil ständig das Leben dazwischenkommt.

Interessant ist: Ich möchte grundsätzlich immer ruhiger werden, will mich und alles um mich herum entschleunigen, aber eigentlich erreiche ich ständig nur das Gegenteil. Und dadurch rege ich mich immer tierisch auf.

Weil immer was ist und das auch permanent. Dass immer was ist, wiederholt sich ja auch noch.

Das Leben ist eine einzige Wiederholung. Jeden Tag, von Tag zu Tag; das wiederholt sich täglich. Und als würde das nicht reichen, wiederholen sich die Wochentage von Woche zu Woche, von Monat zu Monat, von Jahr zu Jahr, und das über Jahrzehnte. Wenn man Glück hat. Oder Pech. Je nachdem.

Und wenn man dann auch noch an die Wiedergeburt glaubt, hört's ja gar nicht mehr auf.

Dann wiederholen sich sogar die Wiederholungen.

Alles eine einzige Plage.

Trotz meines Alters scheine ich ja schon in dem Alter zu sein, wo ich mitunter von Arzt zu Arzt zu rennen habe, weil mich immer mal was plagt, und jeder Arzt, zu dem ich dann gehe, überweist mich nach seiner Untersuchung wieder zu einem anderen Arzt, dabei sagen immer alle Ärzte, es läg bei mir und dem, was mich so plagt, am Stress, ich sollte mich mal weniger stressen lassen, worauf ich dann immer jedem Arzt sage: »Sagen Sie das mal meinen Ärzten!«, woraufhin die Ärzte mich wieder zu ganz anderen Ärzten hinüberweisen und dabei jedes Mal herzhaft lachen; wollen ja schließlich auch Geld verdienen, was sie ja auch tun, während sie da herzhaft lachen.

Auf diese Weise werden die Plagen aber nicht weniger.

Und dann hatte sich letztens auch noch mein Onkel Otto angekündigt.

Wollte für ein paar Tage vorbeikommen, auf einen Sprung. Einen längeren Sprung.

Ich bräuchte mich auch gar nicht um ihn kümmern, er wäre so gut wie gar nicht da.

Er hätte also nicht vor, uns zur Last zu fallen.

Wir bräuchten uns keine Umstände zu machen.

Wir würden ihn gar nicht bemerken.

Und meine ständige Begleiterin meinte: »Wenn der schon so anfängt… Also dann bin ich weg, wenn der kommt. Bin bei meinen Eltern, kannst mich anrufen, wenn er wieder weg ist.«

So Unrecht hat sie nicht mit ihrer Flucht. Denn wenn Onkel Otto kommt, dann bedeutet das Stress.

Und dann kam er. Hatte zwei Rollkoffer und einen Rucksack dabei. Er schaute mich an, noch in der Tür stehend, schüttelte den Kopf, und das Erste, was er sagte, war: »Junge, hast du Stress?!«

»Äh…«

Und Onkel Otto sagte: »Dann sei mal froh, dass ich da bin. Hab genug Zeit mitgebracht, mich um dich zu kümmern.«

Und schon saß er auf dem Sofa, legte die Beine auf den Tisch und sagte: »Du hast also Stress…«

»Nein.«

»Du siehst so gestresst aus.«

»Bin ich gar nicht. Für Stress hab ich gar keine Zeit. Wann soll ich denn auch noch Stress haben…?! Stress… So was… Wann soll ich denn das noch machen?!«

Onkel Otto nickte müde: »Das ist ein typisches Anzeichen für Stress.«

»Überhaupt nicht. Bin total entspannt. Schlaf abends um neun sogar regelmäßig auf dem Sofa ein.«

»Klarer Fall von Stress.«

»Ich habe keinen Stress.«

»Siehst du: allein wie du antwortest: Stress.«

Ich wiederholte: »Ich ha-be kei-nen Stre-hess!«

»Soso. Und wo ist deine ständige Begleiterin?«

»Die ist für ein paar Tage bei ihren Eltern.«

»Soso. Siehst du, ich sag's ja: Du hast Stress!«

Wir schwiegen.

»Hast du mal ein Bier?«, fragte er mich.

Ich brachte es ihm.

»Ich hätte auch Appetit auf Spiegeleier. Habt ihr Eier im Haus?«

Ich machte ihm welche.

»Weißt du«, sagte er dann, »ich helfe ja, wo ich kann.«

Das hatte ich befürchtet.

»Und ob wir jetzt hier rumsitzen oder woanders… Ich hab da von
einem sehr guten Entschleuniger gehört.«

»Von einem was?«

»Einem Entschleuniger.«

»Und was macht der?«

»Der entschleunigt.«

»Wen?«

»Dich.«

»Und was heißt das?«

»Der macht, dass du weniger Stress hast.«

Ich wiederholte erneut: »Ich ha-be kei-nen Stre-hess!«

»Der macht das an zwei ganzen Tagen von morgens bis abends.«

»So lang? Also das würd mich stressen.«

»Das ist ein Entschleunigungsseminar. Und das ist in der Eifel.«

»Entschleunigung… In der Eifel… Da ist ja noch nicht mal der
Hund begraben. Was wollen die denn da entschleunigen?«

»Deswegen machen sie das ja da. Da gehst du samstags morgens
hin, gehst sonntags abends wieder weg und du bist ein anderer
Mensch.«

»Och nö. Das möchte ich nicht gern sein. Außerdem habe ich mit mir schon genug Stress. Was soll ich denn da noch zuzüglich zu mir ein anderer Mensch sein? Ich muss auch nicht entschleunigt werden!«

Und schon waren wir für zwei Tage Entschleunigung angemeldet, wobei wir im Endeffekt nur einen Tag brauchten. Also nicht, dass wir schon nach einem Tag entschleunigt gewesen wären. Das nicht, nein.
Aber nach einem Tag war unser Entschleuniger einfach fertig mit den Nerven und komplett deentschleunigt.
Und das kam so:

Das Entschleunigungsseminar fand in den Feierräumlichkeiten des Restaurants »Zum Hirschen« irgendwo tief in der Eifel statt.
Vor der Bühne stand, umringt von dunkelbraunen Holztischen, ein Stuhlkreis auf beigem Linoleum. Zehn braune Stühle aus Holz, grün bespannt.
Wir waren zu fünft: Der Entschleuniger, der sich selber auch Lebenstrainer nannte, Bärbel, Guntram, Onkel Otto und ich.
Guntram sagte in der Begrüßungsrunde: »Meine Frau hat mich hier angemeldet. Hab ich gar keine Zeit für, für so was. Was soll das denn bringen? So ein Dreck!«
Bärbel wollte gar nichts sagen, das würde sie jetzt nur stressen.
Ich sagte, dass Onkel Otto mich mitgeschleppt hätte, weil er meinte, ich hätte zu viel Stress.
Onkel Otto richtete sich kerzengerade auf und sagte laut und stolz: »Ich habe viel zu viel Stress.«
Und leiser zu mir: »Das hier wird ein Riesenspaß!«

Der Entschleuniger stellte sich vor, meinte, dass das sein erstes Seminar sei, er sich freue, dass so viele teilnehmen würden, er würde alles versuchen, um uns in Worten und spielerischen Versuchen zu entschleunigen.
»Macht aber bitte alle eure Handys aus. Das ist nur eine einzige

große Störung. Ich will nichts hören, noch nicht einmal eine kleine SMS, die ankommt.«

Ich tat, wie mir befohlen, Bärbel meinte, sie hätte überhaupt gar keins, Guntram fluchte lautstark, machte sein Telefon aber auch aus, Onkel Otto tat nichts.

Dann sagte der Entschleuniger: »Gleich zu Beginn machen wir erstmal Hongi.«

Guntram fragte: »Wen machen wir?«

»Hongi.«

»Was ist das?«, wollte jetzt auch Onkel Otto wissen. »Ist das was aus dem Wok mit Reisgemüse?«

Unser Entschleuniger wurde ganz ruhig und sprach mit uns, als wären wir minderbemittelt: »Hongi ist eine neuseeländische Tradition, da reibt man zur Begrüßung die Nasen aneinander.«

Guntram kochte: »Das meinen Sie doch wohl nicht ernst! Ich lass mir doch von wildfremden Leuten nicht die Zinken ins Gesicht drücken!«

»Ja, aber danach ist man sich nicht mehr fremd«, sagte der Entschleuniger.

»Ich kenn die doch überhaupt nicht.« Guntram zeigte auf uns. »Ich hab auch nichts dagegen, dass die mir weiter fremd bleiben.«

»Das find ich jetzt aber nicht fair von dir.«

»Kann ich jetzt auch nichts dran ändern. So. Das wär das. Habt ihr mich ja schon mal kennengelernt. Auch ohne Nase.«

Guntram schaute uns alle provokant an. Ich schaute stumm zurück, Onkel Otto grinste und Bärbel fing leise an zu weinen.

Onkel Otto beugte sich zu mir und sagte sehr leise: »So, jetzt geht's los.« Und zum Entschleuniger sagte er: »Ich kann Sie sehr gut verstehen. Man möchte sich doch näherkommen, auch im Spielerischen. Oder sagen wir mal lieber: gerade im Spielerischen.«

»Sie verstehen das?«

»Selbstverständlich. Und ich möchte vermitteln. Ich helfe, wo ich kann.«

Dann wandte sich Onkel Otto zu Guntram: »Auf Ihre Nase ist doch eh geschissen! Nur weil Ihre Frau verständlicherweise mal ein Wochenende Ruhe vor Ihnen haben will, machen Sie hier auf dicke Hose. Also, da kann ich sehr gut drauf verzichten.«

Guntram sprang auf: »Was bilden Sie sich eigentlich ein?! Ich brech das jetzt an dieser Stelle hier für mich ab. Mir bringt das nichts! Ich reg mich ja nur auf!«

Guntram sprang von seinem Stuhl auf, lief quer durch den Raum, rief uns noch ein »Idioten!« zu und knallte die Türe hinter sich zu.

Und ich sagte leise zu Onkel Otto: »Komm, das nutzen wir. Lass uns auch gehen.«

Und Onkel Otto sagte nur: »Kommt gar nicht in Frage. Wir sind hier noch nicht fertig. Den knöpf ich mir jetzt vor!«

Dabei deutete er mit seinem Kinn auf den Entschleuniger.

Bärbel hatte gar nichts gesagt, schnäuzte sich nur kräftig in ihr Taschentuch.

»Jetzt ist er weg«, sagte der Entschleuniger.

»Ja«, sagte Onkel Otto. »Schließlich helfe ich, wo ich kann.«

Für einen kurzen Moment herrschte Ruhe im Raum.

Der Entschleuniger wandte sich an Bärbel: »Möchten Sie sich denn nicht auch mal einbringen?«

Bärbel schluchzte nur auf und schnäuzte sich erneut lautstark.

»Gut, gut«, sagte der Entschleuniger. »Ich möchte jetzt etwas ausprobieren.«

Er stand auf, ging in eine Ecke des Raums, wo er einige Utensilien zusammengestellt hatte, und kam mit einem kümmerlichen Kaktus wieder, den er in die Mitte unseres Stuhlkreises stellte.

»Lassen Sie das Spiel des Kaktusses wirken, und sagen Sie mal, wie es auf Sie wirkt. Aber auch nur, wenn Sie dazu bereit sind.«

Zwanzig Minuten passierte nichts. Keiner sagte was, wir schauten alle auf den kümmerlichen Kaktus vor uns.

Nur das leise Wimmern von Bärbel war zu hören.

»Also ich fühle mich gerade schon um einiges entspannter«, warf ich in die Runde, nur damit überhaupt mal was passierte.

Dann sagte auch der Entschleuniger etwas: »Jetzt wollen wir mit der Basis beginnen und die Sache von Grund auf angehen.«

»Soso«, machte Onkel Otto. »Na, da kriegt der auch noch näheren Bescheid drüber.«

Der Entschleuniger atmete tief durch: »Wichtig ist, grad im Angesicht der Natur: die Klangruhe nach Doberenz-Hille.«

»Was ist das denn? Schnauzehalten mit Niveau, oder was?«, wollte Onkel Otto wissen.

»Doberenz-Hille… Der große Klangruherevolutionär aus Tübingen.«

»Ist das der mit der Tübinger Rostbratwurst?!«

»Wie? Nein. Ich sag nur Hölderlin.«

»Hölderlin hat die Tübinger Rostbratwurst erfunden?!«

»Nein. Ich sag's ja nur.«

»Dann sag ich mal Hohlraumversiegelung.«

»Wie?«

»Ja, Sie haben doch auch irgendwas in den Raum geworfen.«

»Was hat denn die Hohlraumversiegelung mit Tübingen zu tun?«

»Selbst oder grad in Tübingen soll's viele Hohlräume geben.«

»Ich sag nur Hölderlin.«

»Das war mein Goldfisch«, sagte Onkel Otto. Ich hatte des Onkels Prinzip verstanden: Er wollte den Entschleuniger im Dialog stellen und fertigmachen.

Der Entschleuniger erwiderte: »Ich meine den Dichter.«

»Gereimt hat mein Fisch gar nichts.«

»Der lebte in einem Turm.«

»Woher wollen Sie denn wissen, wie mein Fisch wohnte?! Mein Hölderlin hielt sich stets unter Wasser auf. Stets. Meine Sache wär's nicht, aber bitte.«

»Meines Wissens nach konnte der gar nicht schwimmen.«

»Also das halte ich für ein Gerücht.«

»Der ist mysteriös erkrankt, verrückt geworden und dann gestorben.«

»Also wir haben ihn einfach das Klo runtergespült.«

»Hölderlin?!«

»Selbstverständlich.«

»Den Dichter?!«

»Unseren Goldfisch. Wir hatten auch mal einen, der hieß Wittgenstein.«

»Endete der auch im Klo?!«

»Nein, der ist ertrunken. Ha! Ein Scherz!« Der Onkel lachte herzhaft.

»Könnten wir jetzt bitte zurück zu Doberenz-Hille?!«

»So hieß keiner meiner Goldfische.«

»Doberenz-Hille hat ja die Klangruhe als Klangruhe gesehen und nur im wirklichen Klang die eigentliche Ruhe, vielmehr im eigentlichen Klang die wirkliche Ruhe entdeckt. Doberenz-Hille meint ja, dass die fundamentalste Ruhe nur wieder als Lärm erkannt werden kann, weil sie so ruhig ist, die Ruhe.«

Ich schaute rüber zu Bärbel: Sie war eingeschlafen. Bei ihr schien die Entschleunigung schon funktioniert zu haben.

Der Entschleuniger aber kannte kein Erbarmen: »Ganz im Gegensatz zur Gesprächsentspannung nach Babsie Kröger.«

»War die auch in Tübingen?«

»Nein. Das ist meine Mutter. Und die kommt aus dem Sauerland. Ich frage Sie: Was soll die auch in Tübingen?! Die hat sich einfach gerne unterhalten.«

»Ach so.«

»Die war auch eine Freundin der großen Philosophen: Kant, Hegel, Adorno, Wittgenstein …«

»Ihre Mutter kannte meinen Goldfisch?!«

»Unsinn. Bei der Gesprächsentspannung nach Babsie Kröger geht es um zielgerichtete Kommunikation mit der Kommunikation als Ziel. Reden als Reden im Reden des Gesagten.«

»Ach.«

»Oder nehmen wir nur die Selbstschalentheorie nach Adamsson-Bäcker.«

»Der Adamsson-Bäcker?!«

»Jawohl, der Adamsson-Bäcker. Ludwig-Maria Adamsson-Bäcker. Kennen Sie den?«

Der Onkel schüttelte den Kopf: »Noch nie gehört.«

»Jedenfalls: Die Selbstschalentheorie nach Adamsson-Bäcker, die das Selbst als Selbst sieht und in dem Selbstsein das Individuum, das für sich selbst steht.«

»Redet das auch?«

»Wer?«

»Das Individuum?«

»Soviel ich weiß, ja. Aber im Selbstsein redet das Individuum nur im Selbstgespräch, ohne Anspruch auf Antwort.«

»Aber dafür steckt es ja in der Selbstschale.«

»Nach Adamsson-Bäcker.«

»Ludwig-Maria.«

»Vollkommen richtig. Ich sage immer: Gewinne durch Verlust.«

»Interessant«, sagte Onkel Otto. »Ich sage immer, vor allen Dingen in der Fastenzeit: Verzicht auf Verzicht! Grad wenn man auf Verzicht verzichtet, weiß man erst, was Verzicht bedeutet.«

»Bitte zurück zu Gewinne durch Verlust.«

»Von mir aus. Aber gewinnt man nicht eher durch Gewinn?«

»Mach weniger und hab mehr«, säuselte der Entschleuniger, jetzt schon leicht malad.

»Aber das ist doch Quatsch«, widersprach Onkel Otto. »Mehr ist mehr. Sagt ja auch schon das Wort.«

»Mehr mehr durch weniger weniger«, brachte ich mich endlich mal ein.

Aber die beiden schauten mich nur strafend an. In diesem Duell Mann gegen Mann hatte ich nichts verloren.

Der Entschleuniger nahm als Erster den Faden wieder auf: »Also die Selbstschalentherapie, die wär was für Sie. Grad die auf Klangbasis.«

»Aber was sind denn das überhaupt für Schalen? Haftschalen oder eher Schalen im Sinne derer einer Linse, aber nicht die des Kontakts, sondern eher die Schale der Linse auf Gemüsebasis? Und wie klingt die dann? Also dass die Linse Stunden nach ihrem Verzehr ihre Wirkung erzielt und klingt, dürfte uns ja allen nicht neu sein. Aber dass schon das ordinäre Furzen als Therapie angesehen wird, das ist mir neu. Und wenn, dann können wir diese Therapieform überspringen, weil furzen kann ich aus dem Stand.«

»Ich glaub, ich geh dann mal«, sagte Bärbel. Sie war wieder aufge-

203

wacht, stand auf, schnäuzte sich ein letztes Mal und verließ leise weinend den Raum.

Entgeistert schaute der Entschleuniger ihr nach.

»Sie dezimieren mir hier den Kurs«, sagte er zu Onkel Otto. »Sie torpedieren mit Ihren überflüssigen und äußerst dümmlichen Fragen und Kommentaren meine Therapieversuche.«

»Ach was«, sagte Onkel Otto. »Sie müssen mal die Ruhe bewahren. Und ich will doch lernen. Durch Fragen Antworten kriegen. Ist ein ganz alter Therapieansatz, glaub ich. Ich will doch helfen, wo ich kann. Grad mir selbst.«

Der Entschleuniger war verzweifelt, Schweißperlen standen ihm auf der Stirn. Er versuchte es ein letztes Mal: »Mir geht's doch um die Ruhe.«

»Liegt da nicht Winsen?«

»Bitte?«

»Ob da nicht Winsen liegt?«

»Wenn was passiert?!«

»Da liegt doch immer Winsen.«

»Wo?«

»An der Ruhe. Winsen an der Ruhe.«

»Luhe.«

»Wie?«

»Das heißt Luhe.«

Der Onkel rief: »Ja, vielleicht für den Chinesen. Ich sage da immer noch Ruhe zu.«

»Tiere dienen auch der Entschleunigung. Sie bringen einem Ruhe.«

»An die Luhe. Zu den Chinesen. Wenn die unzufrieden sind und winsen.«

»Winseln.«

»Winseln an der Ruhe, Sie sagen es. Mich stressen Tiere.«

»Welche denn?« Die pure Verzweiflung stand dem Entschleuniger im Gesicht.

»Zum Beispiel wenn ich einen Windhund hätte.«

»Warum hätten Sie den denn?«

»Den hätte ich als Beispiel.«

»Und der Windhund stresst Sie?«

»Ja, natürlich. Den ganzen Tag nur an der harten Brise.«

»Wieso das denn?«

»Ja, ist doch ein Windhund.«

»Na und? Windhund ist ja noch lange kein Seehund.«

»Im Sinne eines Blickhunds?«

»Was soll denn der Quatsch?!«

»Ja, ich kann den Seehund doch nennen, wie ich will.«

»Nein, das können Sie nicht. Da kriegen die Dinge doch eine ganz andere Bedeutung.«

»Aber Sie wissen doch, was ich meine.«

Der Entschleuniger war nassgeschwitzt und seine Augen panikgeweitet.

»Ich möchte das hier jetzt gerne abbrechen«, bat er.

Und Onkel Otto raunte mir nur zu: »So. Und jetzt nehm ich ihn hopps!«

Dann sagte er wieder zum Entschleuniger: »Bewahren Sie die Ruhe, junger Freund. Also, Sie wissen doch, was ich meine, oder?«

»Ja?!«

»Zum Beispiel so ein Milchaufschäumer.«

»Ja.«

»Den kann ich doch auch Franzpropeller nennen.«

»Aber da weiß doch niemand, dass Sie einen Milchaufschäumer meinen.«

»Sie wissen's doch.«

»Ja, weil Sie es mir vorher gesagt haben.«

»Keine Ausreden, bitte. Zurück zum Blickhund.«

»Sie meinen Seehund.«

»Sehen Sie, es funktioniert.«

»Schwachsinn! Aber wollten Sie nicht einen Windhund?!«

»Eben nicht. Der stresst mich wegen des Windes.«

»Der Hund macht doch keinen Wind.«

»Doch. Wenn er die Klangschalentherapie auf Linsenbasis macht, dann schon. Nach sechs Minuten beispielsweise erlischt die Erinnerung eines Rauhaardackels komplett.«

»Was hat das denn jetzt mit den Linsen zu tun?!«

»Nichts. Und wenn, dann könnte sich der gemeine Rauhaardackel in der siebten Minute überhaupt nicht dran erinnern. Der kennt also auch keinen Stress. Selbst wenn der Rauhaardackel mal einen gekannt haben sollte, erinnert er sich nicht mehr dran.«

»Das ist doch alles Blödsinn! Sie können doch einen Rauhaardackel nicht nach seiner Erinnerung befragen.«

»Eben. Weil er sich nicht erinnern kann!«

»Da könnten Sie genauso gut Hölderlin befragen.«

»Der ist doch schon tot.«

»Ich meinte Ihren Goldfisch.«

»Der ist doch auch schon tot.«

»Ja und? Der konnte sich auch an nichts erinnern«, rief der Entschleuniger.

»Goldfische sollen über ein exzellentes Gedächtnis verfügen. Deshalb kommen Fische auch so prima mit Rauhaardackeln aus: Die ergänzen sich einfach gut. Und daher kommt das auch mit den Seehunden. Die Kombination Fisch und Hund.«

»Der Vergleich hinkt doch!«

»Na und? Meine Frau hinkt auch. Das liegt aber an ihrer Hüfte.«

»Was hat denn meine Hüfte mit Ihrer Frau zu tun?!«

»Sie kennen meine Frau?«

»Nein! Und ich hinke auch nicht. Und ich hab nichts an der Hüfte.«

»Nehmen wir mal meinen kleinen Ludwig.«

»Sie altes Ferkel.«

»Das ist mein Rauhaardackel«, erklärte der Onkel.

»Wo?«

»Der ist zu Hause. Der mag Fische. Und jetzt nehmen wir mal Fische.«

»Wozu?«

»Zum Beispiel. Sehr ruhige Tiere. Obwohl: mir persönlich zu laut.«

»Zu laut?!«

»Ja, zu laut. Nehmen Sie nur mal singende Fische.«

»Noch nie was von gehört. Wo kommen die denn her?«

»Aus dem Wasser, Sie Spaßvogel.«

Der Entschleuniger fragte: »Meinen Sie fliegende Fische?«

206

»Weiß ich doch nicht, was die sonst noch alles können.«

»Singen fliegende Fische denn auch an Land?«

»Wohl kaum. Nur unter Wasser. Aber da hört sie ja keiner. Wie bei mir, wenn ich unter der Dusche singe.«

Der Entschleuniger versuchte ein letztes Mal, das Thema zu wechseln: »Oder machen Sie Wasserkuren. Die berühmten Wasserruhekuren nach Fintzen.«

»Wie?«

»Fintzens Wasserruhekuren. Phantastisch! Im Wasser durch ruhiges Trinken stillen Wassers unter Wasser Ruhe gewinnen. Oder Wassertreten.«

»Na, hören Sie mal. Ich trete doch kein Wasser! Sie vielleicht. Aber was kann das Wasser denn dafür, dass Sie darunter schlecht singen? Und da treten Sie es auch noch für… Also nein… Das arme, wehrlose Wasser… Und wenn ich Wasser trete: Was denken sich da die Fische bei? Hören die womöglich sofort auf zu singen?!«

Das war eindeutig zu viel des Guten. Der Entschleuniger sprang von seinem Stuhl hoch und brüllte Onkel Otto an: »Also Sie mit Ihren fliegenden, dichtenden Fischen!«

»Meine Fische dichten nicht. Die reimen noch nicht mal. Selbst zum Metrum sind sie nicht in der Lage.«

»Das ist mir jetzt vollkommen egal! Ob's Hunde sind oder Fische, ob fliegend oder dichtend, von mir aus Fische mit Philosophennamen oder ohne oder Poeten als Fische, ob unter der Dusche oder in der Badewanne oder unter dem Milchaufschäumer… Es reicht! Es geht hier um die Luhe!«

»Wie bitte?«

»Luhe! Binsen!«

»Sie meinen diese Weisheiten? Die so genannten Binsenweisheiten?!«

»Nein, Winsen!«

Der Onkel lachte: »Es geht Ihnen doch um die Ruhe! Sie meinen Winseln an der Ruhe! Oder Linsen?! Ich hab's! Jawollja! Hülsenfrüchte… Und hier genauer die Hülsenfruchttherapie nach… Na, wie hieß er noch gleich…?!«

»…«

»Frei nach dem Motto: *Auch der kleinste Wind braucht seinen Raum.*
Ich komm nicht drauf, wer war's noch gleich?«

»War das nicht Fischer-Schmollke, Erlangen.«

»Der hat drei Nachnamen?«

»Nein, das ist die Stadt.«

»Fischerschmolkeerlangen? Sagt mir nichts. Wo soll das denn liegen? Wahrscheinlich irgendwo im Baden-Württembergischen, da
kenn ich mich nicht so aus.«

»Der heißt so und der wohnt da.«

»Der heißt Fischer-Erlangen und wohnt in Schmollke? Schmollke…
Liegt das nicht bei Unna?«

»Glaub schon«, faselte der Entschleuniger.

Jetzt war's am Onkel: »Ich bitte Sie! Sie sagen mir doch nichts
Neues. Ich habe sehr viel Eigenerholung an der Freilufthaltung hinter mir. Nachdem ich in Bubenzell über die Akte Freese förmlich
gestolpert bin und mich nachher in Bad Kothen beim Schwäneer-
schrecken von all meinen Blessuren erholt habe, ging ich anschließend eine Wurzelbürstentour durch den Hunsrück an, die letztlich in der Nervenheilanstalt Höchststein-Grintz endete, da beim
Ikebana-Tournier in Wenden am Hang, das liegt in der Süd-Ost-
Schweiz, mein Steckrübenvortrag sämtliche anwesenden Gemüter aufs Äußerste erhitzt hatte, ein Vortrag, der schon seinerzeit in
Wetzlar beim Urologentreffen auf pures Unverständnis gestoßen
war. Allein deswegen: Zur Sache, bitte! Die Linsen: Wenn wir alle
nur genug der Hülsenfruchttherapie zusprächen, könnten wir auch
ganz ohne Kommunikation miteinander in den Dialog treten. Es
sollten nur die Fenster offen stehen!«

Der Entschleuniger weinte: »Nein, nein, nein! Nicht Linsen! Winsen! Luhe!«

»Meinten Sie vielleicht Ruhe?!«

Der Entschleuniger schrie, und seine Stimme überschlug sich dabei:
»Ja! Sie sagen es! Ruhe! Und zwar für mich! Ich ertrage Sie nicht
mehr! Sie gehen mir auf die Naht und gegen den Strich! Sie stressen
mich! Aber nach allen Regeln der Kunst!«

»Dann müssten Sie sich mal entstressen lassen. Ich hab da mal von einem Seminar gehört. In Tübingen. Mit Babsie Kröger. Das leiten fliegende Fische. Oder war's im Sauerland? Richtig, es war in Schmollke. Möchten Sie diesbezüglich mal telefonieren?«

Und hier war dann endlich der Moment erreicht, wo der Entschleuniger schreiend die Flucht aus dem Raum antrat und immer nur »Hölderlin in Schmollke! Hölderlin in Schmollke!« skandierte.
Onkel Otto rief ihm noch nach: »Sie müssen mal die Luhe bewahren, junger Freund!«
»Nein, die Ruhe!«, rief ich dazu.
Dann schaute er mich strahlend an und meinte nur: »Mensch, das hat ja mal ordentlich Spaß gemacht, oder?!· Und unserem Entschleuniger auch. Der musste doch mal aus seiner Haut raus. Weißt du: Ich helfe, wo ich kann.«
Hier brach Onkel Otto in schallendes Gelächter aus.

Wir sind dann abgereist, nach Hause. Hatten da noch einen richtig schönen und ruhigen Abend.
Den Entschleuniger haben sie irgendwo vollkommen erschöpft im Hunsrück eingefangen.
Er war einen Tag lang durchgerannt.
Und dann haben sie ihn erst mal in ein Sanatorium gesteckt. Vermutlich wieder in der Eifel. Ist ja so schön ruhig da.
Da soll er die nächsten neun Wochen auch bleiben.
Wir wollten ihn vom Kurs aus mal besuchen. Also nur Onkel Otto und ich. Von Guntram hatten wir die Telefonnummer nicht, und Bärbel fing sofort an zu weinen, als ich mich meldete.
Wir durften ihn aber nicht besuchen.
Er soll ja seine Ruhe haben.
Schließlich geht es um Entschleunigung.
Das leuchtet mir ein.
Haben ihm dann eine SMS geschickt.
Und die hat er wohl mental nicht mehr verkraftet.
Seine Kur wurde daraufhin noch mal vier Wochen verlängert.

Sie wollten ihn einfach noch ein bisschen dabehalten. Zur Vorsicht.

Sie schieben ihn jeden Tag in den Kakteengarten.

Er soll das Spiel der Kakteen auf sich wirken lassen. Von der Basis her.

Ansonsten sei er für keinen zu sprechen.

Er selber sagt auch keinen Ton mehr.

Guckt noch nicht mal.

Zuckt nur ab und an kaum sichtbar mit der Augenbraue.

Seufzt aber manchmal leicht auf.

Immerhin.

Sagen auch die Ärzte.

Es sei ein Fortschritt.

Man munkelt, das wäre für ihn alles ein bisschen viel gewesen.

Es heißt, er hätte viel zu viel Stress.

Er müsse mal entschleunigt werden, sagt man.

Und er müsse die Ruhe bewahren.

Und Onkel Otto meint, er käme gerne mal auf eine Entschleunigung vorbei.

Schließlich hilft er ja, wo er kann.

Und weil sonst nix wär: Immer ist was mit dem Schiefgang der Dinge im Alltag

Die Dinge sind ja da. Die sammeln sich um einen herum.
Oder besser noch: Die Dinge sammeln einen. Die suchen einen,
und wenn die Dinge einen endlich gefunden haben,
lassen sie nicht wieder los. Da sind die Dinge ja unnachgiebig.
Die Dinge, das ist ein weites Feld. Und auf diesem weiten
Feld sind viele Dinge. Und je größer das Feld, umso mehr Dinge
sind da. Die tummeln sich da nur so rum. Mal solche Dinge,
mal solche, dann wieder ganz andere, aber immer sind's Dinge.
Der Alltag ist ja voller Dinge.
Jetzt kommt Folgendes noch dazu: Dass alles schiefgeht, das
ist ja hinlänglich bekannt. Das liegt oft an den Dingen.
Sagt man ja auch gerne so dahin, wenn einem wieder was passiert
ist: »Das ist ja ein Ding.«
Wenn was schiefgeht, liegt's meistens an irgendeinem Ding.
Deshalb sammeln sich die Dinge gerne versteckt als konzentriert
alltägliche Katastrophe im Schiefgang.

Café Kaiser
oder Eine Frage der Haltung

Im Café Kaiser sitze ich bei Apfelkuchen mit Schlagsahne und einem Milchkaffee; lese eine Zeitung.

Schräg mir gegenüber sitzt ein Ehepaar, schweigend. Länger aneinander gebundene Paare verfügen ja über eine tonlose, reflexhafte Routine, die mich immer wieder verblüfft: Die müssen sich nichts sagen – tun sie ja auch nicht –, aber wissen alles voneinander: Was sie bestellen wollen, ob es einem schmeckt, ob das Gegenüber mal probieren will, wer zahlt, was der andere dabei denkt und was er sagen könnte, wenn er was sagen würde.

Nach einer Weile steht die Frau auf, geht wohl zur Toilette, ihr Mann sitzt nun eine Zeitlang allein vor Schwarzwälderkirsch und grünem Tee.

Da kommt seine Frau zurück an den Tisch, schaut ihn länger an und sagt im Hinsetzen zu ihrem Gatten: »Also, du solltest dich mal von hinten sehen!«

Der Mann ist in diesem Moment absolut überrumpelt. Ob von dem Satz oder der Tatsache, dass sie zu ihm gesprochen hat, lässt sich allerdings nicht sagen. Und er nach einer Pause: »Wie jetzt?«

»Du solltest dich einfach mal von hinten sehen.«

»Wie soll ich das denn machen: mich von hinten sehen? Hab die Augen ja schließlich vorne.«

»Du hast aber auch für alles eine Ausrede.«

»Wieso? Hab ja hinten keine Augen.«

»Also, du müsstest dich wirklich mal von hinten sehen. Vergeht einem ja der Appetit.«

»Warum vergeht dir denn hinter mir der Appetit? Du musst doch auch nicht hinter mir essen. Iss doch vor mir, dann klappt's auch mit dem Appetit.«

»Überhaupt: auch wie du isst.«

»Wie ess ich denn?«

»Ja, schau doch selber.«

»Was denn jetzt? Erst soll ich mich von hinten ansehen, dann soll ich gucken, wie ich esse…Wenn ich mich von hinten sehen soll, krieg ich ja vorne nicht mit, wie ich esse.«

»Du schlingst immer so.«

»Das liegt am Appetit.«

»Da solltest du mal was dran ändern.«

»Woran jetzt? Am Aussehen hinten oder am Appetit vorne? Und selbst wenn ich mich von hinten sehen könnte und ansehen würde, hätt ich vorne noch weiter Appetit.«

Sie schüttelt den Kopf: »Aber auch so ganz im Allgemeinen: wie du wieder aussiehst…«

»Wie seh ich denn aus?«

»Du siehst wie immer aus.«

»Klar, bin ja auch immer ich.«

»Und wenn du im Sitzen schläfst, dann läuft dir immer so ein Spuckefaden das Kinn runter.«

»Wann schlaf ich denn im Sitzen, bitte schön?!«

»Jeden Abend vor dem Fernseher.«

»Beim Fernsehen guck bitte Fernsehen und nicht, wie mir Spucke aus dem Mund das Kinn runterläuft. Ist ja ekelhaft.«

»Auch wie du rumläufst.«

Es wurde grundsätzlich. Ich saß im Hintergrund, lauschte und war hochvergnügt.

»Das legst du mir doch immer raus.«

»Du musst es doch nicht anziehen.«

»Du müsstest dich mal sehen, wenn ich nicht das anziehen würde, was du mir rauslegst.«

»Überrasch mich doch mal.«

»Ich kann ja mein kariertes Hemd mal wieder anziehen.«

»Das hab ich weggeworfen.«

»Wie: Du hast mein Lieblingshemd weggeworfen?! Warum das denn?«

»Das war durch.«

»Dann zieh ich meinen roten Strickpulli an.«

»Kommt gar nicht infrage. So geh ich nicht vor die Türe mit dir. Ich glaub, es ist besser, ich lege dir was raus.«

»Das versteh ich jetzt nicht.«

Sie schüttelte den Kopf: »Er begreift es nicht. Vielleicht kann er es auch nicht begreifen. Weil er, bevor er etwas begreifen könnte, vorm Begreifen stutzt und zurückschreckt. Daher kommt das auch: Er ist begriffsstutzig. Das ist er. Manchmal weiß ich wirklich nicht, was ich an dir finde.«

Der Mann verschluckte sich an seiner Schwarzwälderkirsch und musste husten, wobei sich einiges von der Torte auf ihm verteilte.

»Und jetzt hast du auch noch gekleckert.«

»Kann ja mal passieren.«

»Bei dir passiert das ständig. Wie schlecht das wieder rausgeht.«

»Kann man doch waschen.«

»Das muss man waschen, sonst geht's nicht raus.«

»Dann waschen wir's eben.«

»Ich. Ich werd's wieder waschen und auch bügeln. Sonst bleibt's nur wieder wochenlang liegen, dadurch wird's aber auch nicht besser.« Nach einer Pause macht sie weiter: »Also ich kann mir das nicht mit ansehen. Beim besten Willen nicht. Ich brauch ein feuchtes Tuch.«

»Du willst mir doch nicht ernsthaft hier und jetzt vor allen Leuten mit einem feuchten Tuch über den Pullover wischen …«

»Doch, genau das habe ich vor.«

Die Frau hob den Arm und räusperte der Kellnerin hinterher; die kam auch prompt und fragte: »Was kann ich denn für Sie tun?«

»Schauen Sie sich doch bitte mal meinen Mann an«, sagte die Frau. »Der hat sich bekleckert. Hätten Sie da eventuell mal ein feuchtes Tuch, dass ich da mal beigehen kann?«

Die Kellnerin nickte nur: »Selbstverständlich, gerne.«

Etwas verständnisheischend schaute die Frau die Kellnerin an: »Tut mir leid, dass er Ihnen jetzt solche Umstände macht.«

Kellnerin: »Ach, das ist ja noch gar nichts. Da sollten Sie mal meinen sehen!«

»Ich kenn Ihren doch überhaupt nicht.«

»Der trägt, nur als Beispiel, also nur als Beispiel trägt der zum Beispiel seit acht Jahren dieselben Pantoffeln. So Sandalen für drinnen. Schrecklich. Und wenn ich mal oben was gegen seine Pantoffeln sage, geht er runter in den Keller zu seiner Eisenbahn. Und schon wird er stundenlang nicht mehr gesehen.«

»Ist doch wenigstens etwas.«

»Aber doch nicht siebzehn Jahre lang. Dazu kommt noch Schlürfen, Nasehochziehen, Unterhosen mit Eingriff und Tauben im Schlag. Ist doch eine Zumutung, so was. So was hat man doch nicht geheiratet, seinerzeit.«

Eine ältere Dame am Nebentisch sagte plötzlich: »Ich hab meinen einfach totgepflegt. Noch zu Lebzeiten einfach totgepflegt. Und zwar mit Sülze und Schnitzel und Schweinebraten. Bis er nicht mehr konnte. Ja, und eines Morgens wachte er auf und war tot.« Und zur Kellnerin gewandt: »Bekomme ich noch was von dem Bienenstich?« Und die Kellnerin: »Aber sicher! Momentchen noch.« Sie seufzte: »Nee, nee, nee … Ein Verhalten ist das bei den Männern … Da kann man doch eine Frau verstehen, die eines Morgens neben dem Bett steht mit gepackten Koffern.«

Der Mann erschrak: »Sie wollen mich verlassen?!«

»Wir sind doch gar nicht zusammen«, sagte die Kellnerin.

Erleichterung beim Mann.

Seine Frau sagte: »Für Männer scheint das ja alles normal zu sein. Das ist doch eine Frage der Haltung. Und diese Haltung, die teile ich nicht.«

Eine zweite Kellnerin trat an den Tisch mir schräg gegenüber: »Also mein Mann frisst nur Bratwürste. Sein Leben lang. Immer. Ständig. Wenn es ein Leben nach dem Tod geben und mein Mann wiedergeboren werden sollte, dann als Bratwurst. Das ist doch eine Zumutung.«

Plötzlich rief eine ältere Dame von vorne aus dem Verkaufsraum: »Meiner schnarcht!«

»Meiner auch«, schluchzte eine Verkäuferin aus Richtung Kuchentheke auf.

Der Mann wurde immer unsicherer: »Aber was hat das denn alles mit mir zu tun und dem, wie ich von hinten aussehe und wie ich vorne Appetit habe?!«

»Schnarchen Sie auch?« wollte die Verkäuferin wissen.

»Nein«, sagte der Mann.

»Ja«, sagte seine Frau.

Da ich die ganze Zeit mitgehört hatte, zwar den Blick in die Zeitung gehalten hatte, aber doch ganz Ohr war, musste ich jetzt etwas lächeln.

Das hatten auch alle am Tisch schräg gegenüber mitbekommen und guckten mich jetzt an.

»Was gibt's denn da zu lachen?!«, wollte die Kellnerin wissen.

Ich sag: »Ich lach doch gar nicht.«

»Natürlich lachen Sie.«

»Gar nicht lach ich.«

»Und wie Sie lachen!«

»Das war vielleicht ein Grinsen.«

»Da! Sie geben es ja zu!«

»Ich habe nicht gelacht, ich habe vielleicht gegrinst.«

»Wo ist denn da der Unterschied?«

»Grinsen ist lautloses Lachen.«

»Da! Sie geben es schon wieder zu. Überhaupt: wie Sie da sitzen!«

Jetzt mischte sich auch noch die Frau ein: »Und wie er guckt. So ein bisschen debil, irgendwie.«

Jetzt die ältere Dame: »Und schaut mal: Der hat doch Sahne auf dem Sakko.«

»Und Apfelkuchenkrümel auf der Hose«, gab die Kellnerin von sich. »Der kleckert auch!«

»Wahrscheinlich, weil er nicht richtig essen kann. Er weiß nicht, korrekt zu essen. Kann doch auch nicht so schwer sein.«

»Und grüne Socken zu der blauen Hose«, meinte die zweite Kellnerin.

»Auch der Pullover... In Kombination mit dem Hemd... Das geht ja gar nicht!«

»Erst recht die Brille. Es könnte ja auch mal ein frischeres Modell sein.«

»Das liegt alles am Geschmack.«

»Ja, scheint wohl keiner da zu sein.«

»Allein die Haltung.«

»Anders: noch dazu die Haltung… Also nein.«

»Was denn für eine Haltung?«, wollte ich jetzt mal wissen.

»Sehen Sie. Eben. Ist ja keine da«, sagte die Frau.

Ich sag: »Das ist eher grundsätzlich. Das hat was mit der Haltung zu tun.«

»Das keine Haltung da ist?«, fragte die Kellnerin.

»Richtig.«

»Sie sind anstrengend«, meinte die Frau.

»Das liegt auch an der Haltung. Haben wir mich jetzt genug erläutert und erklärt?«

»Es geht«, meinte die Frau. »Wann waren Sie eigentlich das letzte Mal beim Friseur? Wär auch mal wieder Zeit.«

»Oder Sport? Wie sieht's denn mit Sport bei Ihnen aus? Wohl eher schlecht, was?!«, wollte die Kellnerin wissen.

»Schwimmen hätte ihm ja auch mal gut zu Gesicht gestanden, bei so wenig Kreuz, wie er hat.«

»Schwimmen soll sehr gesund sein.«

Und dann rief die Verkäuferin von der Kuchentheke her: »Jetzt mal ganz im Ernst: Gucken Sie sich den doch bitte überhaupt mal an!«

Und mir reichte es.

Ich sagte in die Runde: »Ich bitte Sie! Das geht doch so nicht! Ich möchte einfach nur hier sitzen und in Ruhe meinen Kuchen und meinen Kaffee genießen, und Sie nehmen mich auseinander, und das alles nur«, ich wendete mich an die Frau und ihren Mann, »weil Sie mal zur Toilette mussten und danach Ihren Mann von hinten gesehen haben… Was soll das denn?! Ist doch keine Haltung, so was!«

Das wurde mir zu bunt. Das war nichts für mich.

Ich wollte gehen.

Ich legte einen Zehner auf den Tisch, stand auf, ging Richtung Ausgang, da rief plötzlich die Kellnerin laut hinter mir her: »Das gibt's doch nicht! Und jetzt auch noch das!!«

Ich verharrte im Schritt, drehte mich um und bellte: »Was ist denn nun noch?!«

Und sie: »Na, Sie sollten sich mal von hinten sehen!«

Sagte ich nur noch: »Ja, aber immer noch besser als Sie von vorne!«

Die Papageiennummer

Manchmal weiß man ja nicht, wo einem der Kopf steht. Und wo der Kopf anderer Leute steht, weiß man erst recht nicht. Manchmal muss man sich sagen lassen: »Was glauben Sie eigentlich, wer Sie sind?!«

Würde ich gerne antworten: »Das wüsste ich selber gerne.«

Aber manchmal kennen die Menschen einen besser als man sich selber. Und wissen besser, wer man ist, als es einem lieb sein kann.

Oft sprechen mich Leute an, die mir sagen, woher sie mich kennen, obwohl ich da noch nie war.

Seit ungefähr zehn Jahren kommen Leute auf mich zu, die mir freudestrahlend sagen: »Wissen Sie, wo ich Sie das erste Mal gesehen habe?! Das erste Mal gesehen habe ich Sie... Warten Sie mal, das ist jetzt wie lange her... Also, das erste Mal gesehen habe ich Sie, da waren Sie... Das ist schon was länger her... Da waren Sie in dieser Sendung da bei diesem... Wie heißt der noch gleich, eine ganz bekannte Sendung ist das... Das war bei diesem... Na, den müssten Sie auch kennen, das ist der, der diese Sendung macht, in der wir Sie das erste Mal gesehen haben... Ganz bekannte Sendung... Das ist auch so ein Kabarettist... Der macht auch diese Witze immer... Der hat diese Sendung, die... Ganz bekannt... In der haben wir Sie ja auch das erste Mal gesehen... ›Scheibenwischer‹, jetzt hab ich's. Das erste Mal gesehen haben wir Sie im ›Scheibenwischer‹. Eine großartige Sendung. Da haben Sie eine ganz tolle Nummer gemacht.«

Und ich antworte immer drauf: »Ich war noch nie im ›Scheibenwischer.‹«

Ich war nämlich noch nie im »Scheibenwischer«.

Sagen die Leute immer: »Doch, das war im ›Scheibenwischer‹. Das erste Mal, dass wir Sie gesehen haben, das war im ›Scheibenwischer‹. Da haben wir Sie das erste Mal gesehen. Super Auftritt. Ganz großartig.«

»Ich war aber noch nie im ›Scheibenwischer‹. Müsst ich ja was von wissen.«

»Natürlich waren Sie im ›Scheibenwischer‹. Wir haben Sie da ja gesehen. Da waren Sie bei diesem Kabarettisten zu Gast in der Sendung, der immer diese Witze macht. In der Sendung waren Sie. Wie heißt die jetzt noch mal …? Ach ja, ›Scheibenwischer‹. Da haben wir Sie gesehen. Super Auftritt. Auch mein Mann sagte sofort, das ist doch der, den wir damals da im ›Scheibenwischer‹ gesehen haben. Und mein Mann kann sich eigentlich nichts behalten. Das hat er sich aber behalten.«

»Ich war aber nie im ›Scheibenwischer‹.«

»Doch, doch, das waren Sie. Woher sollten wir Sie denn sonst kennen?! Sie haben da Ihre Papageiennummer gemacht.«

Ich hab überhaupt keine Papageiennummer.

Und ich sag: »Aber ich hab doch überhaupt keine Papageiennummer.«

»Natürlich haben Sie eine Papageiennummer. Die haben Sie doch im ›Scheibenwischer‹ gemacht. Wir haben Sie doch da gesehen.«

Spätestens dann gebe ich's auf.

Seit zehn Jahren geht das so.

Mittlerweile, wenn Leute auf mich zukommen und mir sagen: »Also das erste Mal, dass wir Sie gesehen haben, das war im ›Scheibenwischer‹, dann schau ich mein Gegenüber nur an und sage: »Ja, war das nicht eine tolle Sendung?!« Pause. Und dann sage ich noch: »Ich habe da die Papageiennummer gemacht.«

Und jetzt habe ich also – fast schon notgedrungen, damit das mit diesem entsetzlichen Gerede über den nie stattgefundenen Auftritt und die komische Papageiennummer aufhört – eben diese Papageiennummer geschrieben, nachträglich sozusagen, in der eigentlich kaum ein Papagei vorkommt. Also der kommt schon vor, aber so was von nebenbei, dass er eigentlich kaum vorkommt.

Denn es ist ja so: Ich klecker ja immer. Machen wir uns nichts vor: Egal was ich esse, egal, wie ich es esse, und auch egal, wo ich es esse: Am Schluss ist was auf dem Hemd gelandet. Also: Ich klecker. Selbst mit Serviette, macht nichts, am Schluss findet sich immer irgendwo ein Soßenspritzer, verschmierte Schokolade, ein Frühstückseirest, etwas Marmelade.
Ich glaube, man könnte mich weiträumig abhängen, man bekäm mich nicht sauber aus einer Essensangelegenheit raus.
Dazu muss ich sagen: Ich nehme das nicht leicht hin. Das ist mir durchaus unangenehm. Grad in Gesellschaft. Meine ständige Begleiterin kennt das ja mittlerweile. Aber wenn man draußen ist, also unterwegs ist, in der Gesellschaft anderer Menschen, dann ist es mir sehr unangenehm.
Nur: Will ich es dann besonders korrekt machen, pass ich also richtig auf, um nur ja nichts zu verkleckern, ist es auch schon geschehen. Und grad wenn ich mich besonders in Acht nehme, wird's richtig katastrophal.
Auch zu Hause: Auf dem Tisch eine durchsichtige abwaschbare Plastiktischdecke über der farbigen Stofftischdecke, damit diese nicht so oft in die Wäsche muss, an meinem Platz eine Unterlage, daneben eine Endlospapiertuchrolle, eine Serviette und feuchte Tücher für den Notfall.
Da weiß man doch Bescheid; da wird man doch für nicht ganz zurechnungsfähig gehalten. Fehlt ja nur noch, dass der Gartenschlauch neben dem Tisch liegt, der im Notfall sowohl den Boden als auch mich reinigen kann.

Letzthin waren wir bei Schmitzens eingeladen, hatten goldene Hochzeit, also sie ein bisschen mehr als er. Sind wir nur hin, weil sie so eine herausragende Hausfrau ist und einen unglaublichen Heringsstipp selber macht.
Und wenn wir irgendwo zu Besuch sind, ist meine ständige Beglei-

terin immer froh, wenn die Hausherren und -damen über ein Haustier verfügen, am liebsten über einen Hund. Neben den werd ich dann immer platziert, der frisst dann das weg, was bei mir danebenfällt, und ich fall dabei nicht so unangenehm auf.

Logisch: Mit einem Goldfischglas kommst du da nicht weit. Außer es gibt schlechte Bowle. Fürs Essen braucht's einen Hund. Und man spart sich so den Gartenschlauch.

Wir also zu Schmitzens. Und ich sag noch so im Auto zu meiner ständigen Begleiterin: »Sag bitte nichts. Also auch wenn ich wieder was verklecker. Oder besser: Grad wenn ich wieder was verklecker. Das sind so ernsthafte Leute, die sitzen immer gerade, reden den ganzen Abend nur über Literatur und Politik, erzählen von ihren Reisen, schwärmen über gutes Essen, und dann legen sie wieder Mahler auf, immer dieser Mahler, jedes Mal dieser Mahler, könnt doch auch was gängiges Leichtes sein, was von Roger Whittaker, aber nein: Mahler, weiß gar nicht, was die an diesem Mahler finden, der zieht mich immer so runter, das macht mich immer gleich so niedergeschlagen, er zeigt dann gerne noch seine Arbeiten in Holz, also nicht Mahler, sondern Schmitz, weil er sich für einen Künstler hält, also Schmitz und nicht Mahler, und wenn ich da dann mit einem Fleck rumlaufe und du den auch noch herausstellst verbal … Also, ich weiß nicht … Das würd ich gern umgehen.«

Sagt sie nur drauf, feinfühlig, wie sie manchmal sein kann: »Musst du eben nicht kleckern. Ist ganz einfach. Dann umgeh ich dich auch. Also vielmehr den Fleck.«

Aber ich muss sagen: Es war ein wundervoller Abend. Trotz Fleck. Aber dazu später.

Anwesend – neben Schmitzens und meiner ständigen Begleiterin und mir – waren noch Fritz und Anne, Günther und Marie und Walter.

Und es gab Heringsstipp. Den muss man sich aber erst mal hart erkämpfen. Denn zunächst wurden die neuen Holzarbeiten präsentiert, neunzehn an der Zahl und alle gleich aussehend: modriger Vierkant, allein in der Größe variierend.

Was gibt man da von sich? Ich weiß es jetzt: neunzehn Variationen des Wortes »interessant«.

Meine vierte »Interessant«-Variation kommentierte der Papagei mit: »Ignorant!«

Denn Schmitzens haben ein Haustier. Zwar keinen Hund, dafür aber einen Papageien. Mit dem Hund könnte man so manches Fehlverhalten unter den Tisch fallen lassen, der Papagei kommentiert es.

Und diese Eigenschaft setzt den Papagei über jedes andere Haustier: Weil man sich mit ihm noch unterhalten kann – mehr oder weniger.

Solch ein Tier kommt auch nicht einfach so in einen Käfig, nein, ein Papagei residiert in einer ausladenden Voliere mit Außenbad für schwüle Sommertage.

Mitunter überkommt einen das Gefühl, die Besitzer solcher Tiere nehmen das Federvieh ernster als ihren Lebenspartner.

Und nur, um dem Papagei bei Gelegenheit ein »Schachkopf« zu entlocken, reden sie mehr mit dem Vogel als mit dem Menschen.

Nach den Vierkanten, dachte ich, gibt's Heringsstipp. Hatte ich mich leider getäuscht. Danach gab's Bilder vom letzten Provenceurlaub.

»Und das Tolle«, meinte Kurt, »an diesen Digitalkameras ist ja, dass man einfach drauflosschießen kann. Da macht man Bilder und Bilder und Bilder nach Lust und Laune und kann dann zu Hause eine Auswahl der schönsten Bilder behalten. Und den Rest löschst du weg.«

Leider hatte diese Auswahl bis dato noch nicht stattgefunden.

Wir hatten 437 Fotos von der Provence anzusehen.

Hatte zwischenzeitlich die Befürchtung, der Fisch könnte umschlagen.

War noch nie in der Provence. Hatte nach zweieinhalb Stunden allerdings das Gefühl, mindestens dreimal dort gewesen zu sein.

Nach dem 295sten Foto meinte Günther, den ich für seine sehr direkte Art schätze: »Also langsam reicht's mit dem Mist hier aber. Scheiß Provence.«

Kurt ließ sich von dem Kommentar nicht beirren, präsentierte stolz das nächste Bild, nur seine Frau bekam einen knallroten Kopf, dicht gefolgt von einem erschütternden Weinkrampf, und rannte türknallend ins Bad.

Schmitzens Frau ist überaus zart besaitet.

Fritz schlief bei dem Bild ein, das Kurt wie folgt kommentierte: »Und das ist meine Frau von hinten, wie sie im Regen ein Croissant isst.« Erst zwanzig Minuten später wachte er bei folgendem Bildkommentar wieder auf: »Und das ist meine Frau von der Seite, wie sie einfach nur so dasitzt.« Sofortiges Wiederwegnicken.

Der Papagei krächzte ein: »Idiot!«, wobei sich Anne so erschrak, dass ihr mächtiger Bauch nach der Schrecksekunde noch ein Weilchen nachwippte.

Der Papagei schaute, rollte mit den Augen und gurgelte ein »Fette Henne!«

Anne schaute verlegen zu Fritz rüber, aber der schlummerte selig vor sich hin.

Walter, der langjährigste Freund des Hauses, war der Einzige von uns, der bei manchen Bildern noch mal genauer nachfragte: »Ach, und das sind jetzt also einfach nur so Bäume, die da in der Provence so rumstehen. Und wo ist da deine Frau?«

»Wichtigtuer«, befand der Vogel.

»Recht hast du«, meinte ich leise, denn ich saß direkt neben dem Federvieh.

»Schachkopf«, setzte der Vogel noch eins drauf.

Und Kurt sagte trocken: »Meine Frau steht grad hinter einem Baum.«

Und dann gab es endlich den Heringsstipp. Wir saßen alle an einem festlich weiß gedeckten Tisch.

Fritz meinte: »Ich vertrage keinen Fisch. Krieg ich Ausschlag von.«

Er bekam Leberwurstbrote geschmiert.

Kurt meinte, dass er sich, zusammen mit seiner Frau, sehr freue,

dass wir alle da wären, und sagte dann: »Nein, ich bin ein wirklich glücklicher Mann. Mir geht's doch gut?! Und meine Lore ist so ein unsagbar bezauberndes Wesen… Charmant, hübsch, anmutig, grazil, schillernd… Mein Herz schlägt nach wie vor höher, wenn ich sie höre. Sie betört mich jeden Tag aufs Neue.«
Ich beugte mich zu meiner ständigen Begleiterin rüber und sagte: »Das ist aber bemerkenswert, wie Kurt von seiner Frau spricht.«
Und sie drauf: »Lore ist der Papagei.«
Kurts Frau kriegte wieder einen knallroten Kopf, bekam erneut ihren Weinkrampf und flüchtete türknallend ins Bad.
Na ja, sie ist eben etwas empfindsam. Aber das kannten wir ja mittlerweile.

Dann meinte Walter, besagter langjähriger Freund des Hauses, über seine große Leidenschaft philosophieren zu müssen: das Kochen.
Ich glaube ja – nach seinen Erzählungen –, dass es nichts gibt, was Walter nicht schon in die Pfanne gehauen hat oder gesiedet, gedünstet, gesotten, gekocht oder einfach nur so roh gefressen hat.
Der hat alle Gourmetzeitschriften im Abo: von »Essen und schlingen« hin zu »Das Schleckermäulchen« bis zu »Sauce aktuell«. Der schaut jede Kochsendung im Fernsehen an, hat von den großen Meistern jedes Buch gelesen, bereitet sich gerne die ausgefallensten Dinge zu, hat zu allem einen Verbesserungsvorschlag (»Da musst du was mit Lorbeer gegensetzen, ein Löffelchen grüner Kaviar kann da wahre Wunder wirken, mein Geheimnis, Leute, ich sag's euch: roter Pfeffer!«).
Wir sprachen dann in der Runde, wer was am liebsten zubereitet oder kocht.
Und wenn es um etwas Profanes ging, sagte er nur: »Ach, das kann schmecken. Kommt eben ganz aufs Sößchen an.«
Und Walter fragte uns noch so: »Was gab's denn bei euch gestern?«, meine ständige Begleiterin wollte noch zum großen Angeben ansetzen, ich kriegte es nicht mit und sagte: »Spinat mit Kartoffelpüree und Fischstäbchen.«

Mein linkes Knie schmerzte noch vier Wochen nach dem Untermtischtritt meiner ständigen Begleiterin.

Und wie retournierte Walter diesen Anschlag auf sein Allerheiligstes, das Essen? Er schaute mich von ganz oben herab an und meinte nur: »Ach, das kann schmecken. Kommt eben ganz aufs Sößchen an.«

Und Fritz: »Krieg ich Ausschlag von, von Fisch.«

Und der Papagei? Krächzte ein: »Pfeife!«

Günther haute es wieder raus in seiner bekannt diskret-direkten Art: »Die können mich mit ihrem dämlichen Feinschmeckergehabe echt am Arsch lecken. So'n Spiegelei auf Brot tut's doch auch.«

Kurzes, betretenes Schweigen. Und genau in dem Moment rutschte mir ein Fischstück so blöd von der Gabel, dass es genau zwischen zwei Kartoffelstücken in die Stippe plumpste, dass es nur so klatschte und mein dunkelblaues Hemd direkt in der Mitte von oben bis unten bekleckert war.

Meine ständige Begleiterin schaute mich mit zugebissenen Lippen und weit aufgerissenen Augen an, alle schauten mich plötzlich an, ich wollte noch entschuldigend die Hand heben, kam dadurch aber an den Rand meines Tellers und hob ihn kurz so an, dass sich ein Schwall der Stippe auch noch auf meine Hose ergoss.

Als Reaktion darauf wiederum schreckte ich so hoch, dass ich mit meiner Faust auf den Löffel stieß und ihn dabei so hochkatapultierte, dass er einmal quer durch die Luft segelte, knapp an dem dämlichen Papagei in seinem Käfig vorbei, der nur »Daneben! Daneben!« schrie und von Kralle zu Kralle wippte, und in die Sammeltassensammlung in der Wohnzimmeranrichte einschlug und vier der Exponate zu Bruch schlug.

Stille. Keiner sagte was, aber alle guckten. Was ja noch schlimmer ist. Sie schauten so, als würden sie mich gleich am liebsten zum Schafott führen.

Aber keiner sagte was.

Nur der Papagei schrie: »Tor! Tor! Tor!«

Walter räusperte sich und meinte: »Kein Wunder. Also das mit dem

Kleckern. War eh zu dünn, die Soße«, worauf alle instinktiv zu Kurts Frau schauten, die wieder erst den knallroten Kopf und dann den Weinkrampf bekam und türknallend ins Bad flüchtete.

Eben ein dünnes Nervenkostüm.

Ein alter Hut.

Fragte mich mittlerweile, warum sie überhaupt noch aus dem Bad rauskam.

Der dämliche Vogel, der mittlerweile allen auf die Nerven ging, rollte ein: »Nervenbündel.«

Und Fritz wieder: »Sag ich doch: Gesund kann das nicht sein, so ein Fisch.«

Jetzt maulte Günther Fritz an: »Du hast doch überhaupt gar keine Ahnung. Friss du mal lieber dein blödes Leberwurstbrot.«

Anne empörte sich: »Wie redest du denn mit meinem Mann?!«

»Wie es sich gehört!«, krächzte der Papagei.

»Recht hat er«, raunte Günther.

»Schleimer«, konterte der Vogel.

Walter lenkte ein: »Wenn ich vielleicht, um die erhitzten Gemüter ein wenig milder zu stimmen, erzählen darf, wie ich mal ein Steinbeißerpüree an Linsen gemacht habe…«

»Nicht schon wieder Fisch!«, rief Fritz.

»Jetzt halt doch mal dein Maul!«, blaffte Günther.

Günthers Frau Marie sagte gar nichts dazu. Bisher hatte sie den ganzen Abend noch nichts von sich gegeben; was sie am besten kann. Deswegen wird sie auch so gerne eingeladen: weil sie den Mund hält.

Wer allerdings einen Günther an seiner Seite hat, der muss auch nicht viel reden.

Und dieser Günther wandte sich jetzt in Richtung Toilette und rief: »Gibt's eigentlich noch was von dem Stipp?!«

»Fresskopp!«, krächzte der Vogel.

Von Kurts Frau hörte man nichts. Die Badtür blieb auch zu.

Günther wieder: »Bist du noch da?!«

Stille.

Günther: »Hallo?!«

Und Kurts Frau aus dem Bad: »Ich komm hier nicht mehr raus!«
Und Günther: »Das ist auch mal gut so! Was für ein Gewinn für diesen Abend!«
Kurt erhob sich und sagte: »Also, ich kann ja mal in der Küche nachsehen, ob noch was da ist.«

Alles hatte sich gerade etwas beruhigt, als in die Stille hinein der Vogel rief: »Der Fisch ist nicht selber gemacht. Der ist gekauft!«
»Ach«, sagte jetzt Anne in Richtung Bad durch die Tür zu Kurts Frau, »ich dachte immer, das wäre dein großes Geheimrezept …«
Walter meinte: »Schmeckt doch. Kommt eben ganz aufs Sößchen an.«
Kurt machte: »Äh …«
Und der Papagei rief: »Lüge! Alles Lüge!«
Vom Bad her hörte man wildes Schluchzen.
Dankenswerterweise war so meine Kleckerorgie unter den Tisch gefallen, uninteressant geworden und unkommentiert geblieben.
Plötzlich stand der Gastgeber auf und beendete in seiner gewohnt liebenswürdigen Art den Abend mit dem Satz: »So, ich weiß ja nicht, wie das mit euch ist, aber ich meinerseits bin müde.«
Und keiner hatte was über meine Flecken gesagt.
Man ging zur Türe, verabschiedete sich, witzelte hier, bonmottierte dort, meinte noch, man müsse das alles doch recht bald wieder, in gleicher Runde, es war doch so nett, warum auch nicht, im Herbst würd es in die Toscana gehen, da könne man ja Fotos machen, das nächste Mal gäb's aber keinen Fisch, den verträgt der Fritz ja gar nicht, kriegt er ja Ausschlag von, man könne ihm aber Leberwurstbrote schmieren, man plauschte im Abgang, aber keiner verlor auch nur ein einziges Wort über meine Flecken.
Ich hielt auch recht geschickt meine Jacke drüber.
Aber als ich am Papagei vorbeikam, der in eine ganz andere Ecke schaute, guckte der plötzlich mich und meine Hose an und krächzte: »Altes Ferkel!«

Um es kurz zu machen: Hiermit hatte er den Bogen überspannt. Ich war im Laufe des Abends nicht der Einzige, den das Federvieh aufs Blödeste kommentiert hatte. Alle hatten ihr Fett wegbekommen.

Der Vogel nervte und hatte seine Grenze eindeutig überschritten.

Wenn der Mensch schweigt, sich das Tier aber äußert, und es zu allem Überfluss auch noch Recht hat, dann ist es weit gekommen mit der Gesellschaft.

Dieser Meinung waren aber alle Gäste.

Kurts Frau traute sich wieder aus dem Bad.

Auch Kurts Stolz ob der Intelligenz und der sprachlichen Gewandtheit seines Vogels schien sich in Sekundenbruchteilen zu relativieren.

Zunächst bekam er einen hochroten Kopf, das hatte er wohl von seiner Frau, dann gestand er uns, dass er das Federvieh eigentlich noch nie leiden konnte.

Kurt tat immer nur so, seiner Frau zuliebe, denn es sei ein Geschenk seiner nervigen Schwiegermutter gewesen.

Damit sei jetzt aber endgültig Schluss. Mit seiner Schwiegermutter eh, und das schon seit neun Jahren, die liege auf dem Nordfriedhof.

Kurt sah auf seine Frau und sagte: »Den Piepmatz werfe ich jetzt raus!«

Kurts Frau bekam automatisch ihren knallroten Kopf und ihren Weinkrampf und flüchtete ins Bad.

Selbstverständlich knallte die Türe.

Durch uns gab's Szenenapplaus.

Wir haben Walter dann gefragt, was man mit Papageienfilet kulinarisch alles machen kann.

Er meinte, das könne schmecken. Es käme da eben ganz aufs Sößchen an.

Das Sitzmöbel

Bei uns zu Hause wird gerne dekoriert. Ich weiß nicht, woher sie das hat, aber meine ständige Begleiterin dekoriert sehr gerne.

Das ist im Winter das Übliche, im Frühjahr sind's kleine Osterhäschen, im Sommer sind es Muscheln und blaue Möwen und im Herbst Zierkürbisse.

Das versteh ich noch am allerwenigsten: Wenn in der Wohnung an allen möglichen und unmöglichen Stellen, wo vorher Platz war, plötzlich Zierkürbisse liegen.

Überall Kürbisse, ganze Armeen von Kürbissen, das ist richtiggehend eine Armee aus Kürbanten.

Mit denen wird ja auch nichts gemacht, die liegen einfach nur so da rum.

Man kommt im Herbst auch an keinem Marktstand vorbei, ohne dass da mehrere Kürbanten gekauft werden. Alle werden in den Korb gesteckt, egal, ob man die braucht oder nicht, alles rein, rote, gelbe, grüne, blaue; lieber Martin, komm und schaue.

Aber nicht etwa, um ein leckeres Gemüse draus zu machen oder eine kräftige Suppe oder eine Marmelade, nein, diese unzähligen Kürbanten liegen, stehen, ruhen, tummeln sich irgendwo in unserer Wohnung rum. Wo der Ort vorher noch einen Zweck hatte, liegt jetzt der Kürbant. Der okkupiert sogar meinen Ohrensessel.

O-Ton ständige Begleiterin: »Der passt da so schön rein, von den Farben her.«

»Aber da sitz ich doch immer so gerne drin.«

»Ja«, sagt sie dann, »und jetzt sitzt da der Kürbis. Der sieht da drin auch besser aus als du.«

Und damit ist das Thema vom Tisch und der Kürbis im Sessel, und ich kann sehen, wo ich bleibe.

Und im letzten Winter kam sie mit der Krönung einer jeden Dekoration, da lag auf meinem Sekretär, also auf dem Schrank, lagen vier Zimtstangen und drei getrocknete Orangenscheiben. Als Deko. Einfach so. Vier Zimtstangen und drei getrocknete Orangenscheiben. Ohne Sinn.

Ich sag: »Was ist denn das?«

Sagt sie: »Das sind vier Zimtstangen und drei getrocknete Orangenscheiben.«

»Das seh ich selber. Aber was ist damit?«

»Das ist unsere Winterdekoration. Die liegt jetzt da und sieht gut aus.«

Ich sag: »Was soll das denn für einen Sinn haben? Liegt nur rum und sonst nichts?! Räum's doch weg.«

»Du liegst auch nur rum und hast sonst keinen Sinn. Und dich räum ich auch nicht weg. Und die Zimtstangen und die Orangenscheiben sehen noch dazu gut aus. Nimm es wahr, nimm es hin und an.«

Jetzt kann ich im Winter nicht mehr an meinem Sekretär arbeiten, weil da mittendrauf vier Zimtstangen und drei getrocknete Orangenscheiben liegen, kann mich aber auch nicht in meinen Ohrensessel setzen, weil da noch der Zierkürbis vom letzten Herbst drinliegt. Weil er da so gut reinpasst von den Farben her.

Ich weiß, ich weiß: Wir sind alle nur vorübergehend Gast auf Erden. Geschenkt und akzeptiert.

Aber dass ich die paar Tage hier noch von Früchten, Gewürzen und Gemüsen aus meinen Möbeln vertrieben werde, das geht eindeutig zu weit.

Wehren tu ich mich allerdings nicht. Es bringt nichts, sich mit Kürbissen und Zimtstangen anzulegen. Grad wenn hinter ihnen Frauen stecken.

Und letztens meinte meine ständige Begleiterin, wir bräuchten ein neues Sofa.

Ich sagte: »Wieso das denn? Reicht etwa dem Kürbis mein Sessel nicht mehr? Will er sich langmachen?«

»Sehr komisch«, sagte sie.

»Find ich nicht«, sagte ich. »Außerdem: Das alte Sofa tut's doch noch.«

»Ja«, sagte sie, »aber nicht mehr lang. Schau dir das doch an, das ist doch komplett durchgelegen.«

»Na und?«

»Das ist abgewetzt und oll und überhaupt…«

»Och, nee. Da hab ich jetzt aber wirklich keine Lust zu: wochenlang stundenlang durch Möbelhäuser rasen auf der Suche nach dem einzig wirklich Wahren… Also dem Sitzmöbel… Beim besten Willen: nein.«

»Und worauf sollen wir dann sitzen deiner Meinung nach?«

»Reicht nicht ein Stuhl?«

»Wie: Stuhl?!«

»Zum Beispiel unsere Küchenstühle, also, die find ich sehr bequem. Die reichen doch.«

Sie schaute mich streng an: »Kommt ja überhaupt nicht in Frage.«

Und dann sind wir ins Möbelhaus.

Was heißt hier Möbelhaus? Das gibt's ja gar nicht mehr. Früher gab's Möbelhäuser. Früher stand in so einem Möbelhaus ein Sofa. Da stellte man sich vor, dann hieß es vom Verkäufer: »Ja, das ist das Sofa, das wir grad haben. Gibt's noch in Braun, kann man bestellen, kann aber dauern.«

Und dann hat man das genommen, das da stand. Der Kauf war also nach fünf Minuten eigentlich erledigt.

Da ging's nicht nach Geschmack, sondern nach Vorrat.

So sehen viele Wohnungen heute noch aus.

Mittlerweile sind es riesige Möbelhäuser, mehretagig, gigantisch. Findet man sich alleine kaum noch zurecht.

Aus den Decken tröpfelt Funktionsmusik, die zwischendurch unterbrochen wird durch Mitteilungen wie: »Der freche Joelle-Blaise und die kesse Janis-Sunshine möchten jetzt im Spieleland abgeholt werden! Jetzt!! – Heute haben wir kulinarische Wochen: Südtiroler

Tage. Genießen Sie eine fangfrische Büsumer Krabbensuppe, den herrlichen Sauerbraten Müllerin Art mit Semmelknödeln und zum Nachtisch die grüne Grütze mit Rahm. Und das alles zum Hammerpreis von 5,94 Euro. – Und denken Sie bitte noch mal an Joelle-Blaise und Janis-Sunshine. Die beiden möchten umgehend aus dem Spieleland abgeholt werden. Sofort!!!«

Ein Verkäufer kam auf uns zugestürzt und ließ nicht mehr von uns ab.
Und ich sag noch so: »Also wir wollen ja erst mal nur schauen.«
Ich dachte, damit wären wir ihn los.
Aber er sofort: »Schauen schön und gut, mein Herr, meine Dame. Aber die Frage ist doch: Nach was? Das ist hier doch die Frage. Ich sag Ihnen jetzt mal ganz ehrlich, ganz fair, was das ist am Ende des Tages, da beißt die Maus keinen Faden ab: Das ist Psychologie. Ich könnte Ihnen doch verkaufen, was ich will. Aber da geht's mir doch gar nicht drum. Ich sag Ihnen, worum es mir geht: Mir geht's darum, dass am Ende der kleine Sparer von der Straße gut sitzt. Sie müssen drin leben. Sie müssen im Möbel ankommen. Sie müssen Ja sagen zum Möbel. Ich möchte, dass der kleine Sparer von der Straße in seinem Möbel sitzt und sagt: Ja.«
Ich hatte ganz vergessen: Der gute Verkäufer kann auch ein Hobbypsychologe sein. Und wir waren an einen Meister geraten.
Er gestattete uns noch eine Antwort, und zwar auf seine Frage: »Nach was schauen Sie denn?«
Und meine ständige Begleiterin: »Nach einem neuen Sofa.«
»Also im Sinne eines Sitzmöbels«, sagte ich.
»Natürlich darf es ein neues Sofa sein. Ein altes haben Sie schon zu Hause, nicht wahr?«, lachte er aus vollem Hals. »Aber jetzt mal Spaß beiseite, Sie schauen also nach einem neuen Sofa. Da muss ich Sie natürlich fragen: Wie soll das neue Sofa sein? Also, wollen Sie wohnen oder wollen Sie leben? Wir sehen da große Unterschiede, gerade in der Feinverarbeitung.«
»Na ja«, sagte ich, »es sollte ein Sofa sein im Sinne eines Sofas. Also für zum Draufsitzen.«

Er schaute mich recht verständnislos an: »Ich frag Sie mal ganz anders: Was haben Sie denn zu Hause? Was schwebt Ihnen denn vor? Wie ist der Raum denn geschnitten? Wie steht es mit der übrigen Einrichtung?«

Ich sagte: »Also der Raum hat in der Hauptsache Wände. Und schweben tut da gar nichts drin.«

Meine ständige Begleiterin unterbrach mich: »Sie müssen sich das so vorstellen: Ein großer rechteckiger Raum, Nordseite, Altbau, hohe Fenster, Parkett, weiß gestrichen, von der Einrichtung eine Mischung aus Altem und Neuem.«

Er schaute uns im Wechsel an: »Jetzt verrate ich Ihnen mal ein Geheimnis, da bin ich ganz fair: Farbe.«

Dramatische Pause.

Sollten wir ihm jetzt was streichen? Das Möbelhaus in Blau?

Er machte aber weiter: »Farbe. Geben Sie dem Raum einen kleinen Farbtupfer, und Sie werden sich wundern, wie der Raum dann zu Ihnen ist. Das ist ein ganz neues Wohngefühl.«

»Ich möchte aber keinen Farbtupfer. Wohngefühl hin, Wohngefühl her. Ich, also wir möchten sitzen in einem Sitzmöbel, also, vielmehr genauer ein neues Sofa«, sagte ich.

»Bitte, bitte. Ich wollte Ihnen ja nur ganz fair ein Geheimnis verraten, einen Tipp geben, aber bitte… Wissen Sie, mein Motto: Wir holen unsere Kunden im Jetzt ab. Kommen Sie mal mit.«

»Wohin? Ins Gleich?«

»Nein«, sagte er, »jetzt geht's in die Abteilung mit unseren ausgesuchten Wohnlandschaften. Das ist was ganz was Besonderes. Sie werden staunen. Wenn Sie mir vielleicht mal bitte folgen wollen?!«

Wir kamen an einer Stellfläche mit diversen Vasen und Bambusstöcken vorbei.

»Und was ist das hier?«, wollte meine ständige Begleiterin wissen.

»Das ist unsere Dekoabteilung.«

»Aha. Und diese schönen Schals?«, fragte meine ständige Begleiterin.

»Das sind keine Schals, das sind Hussen.«

»Was sind das?«, fragte ich.

»Hussen. Die wirft man wo drüber, damit das, was drunter ist, ein wenig besser aussieht.«

Ich sagte: »Also Überwerfer.«

»Nein, Hussen. Der mode- und trendbewusste Kunde von heute nennt das Hussen.«

»Davor hatte meine Oma immer Angst«, sagte ich.

»Vor Hussen?!«, wollte der Verkäufer wissen.

»Das waren die Russen«, stellte meine ständige Begleiterin klar.

»Manches sieht mit Husse drüber definitiv besser aus«, meinte der Verkäufer.

Ich wollte wissen: »Geht das auch über Menschen?«

»Wie manches mit Husse aussieht … Ein ganz neues Wohngefühl.«

»Da wird doch der letzte Ramsch mit zugedeckt. Also wer für etwas zu Hause eine Husse kauft«, sagte ich, »der ist doch einfach nur zu blöd, um sich für etwas Neues zu entscheiden. Meine Meinung.«

Meine ständige Begleiterin sagte nur: »Kann man doch mal kaufen. So auf Verdacht.«

Der Verkäufer schaute mich nur kurz an, ging weiter und blieb dann vor einigen Wohnlandschaften stehen: »Wenn Sie sich hier vielleicht mal etwas umschauen wollen.«

Wir schauten uns um.

»Vielleicht finden Sie da ja was auf Anhieb.«

Wir schauten uns weiter um. Wir fanden nichts auf Anhieb. Auch nicht auf den zweiten Hieb.

»Was schwebt Ihnen denn so vor?«

»Na ja«, sagte meine ständige Begleiterin, »ein Sofa eben.«

»Aber wie soll Ihr neues Sofa denn sein? Wie lebt es, was sagt es zu Ihnen, wie kommunizieren Sie miteinander?«

»Also nee«, musste ich direkt einwenden, »so ein Multifunktions-fernsehsessel, bei dem ich schon keine Knöpfe mehr drücken muss, sondern nur noch Anweisungen zu geben brauche und das ganze Ding macht sich breiter, fährt die Kopfstütze aus, kippt nach hinten, wiegt mich ein wenig, schaltet, wenn ich mich langweile, ein

236

anderes Fernsehprogramm ein und fährt mich abends ins Bett, so was brauche ich nicht.«

»Nein, nein, da muss ich lachen«, er lachte aber nicht, »so hab ich das ja gar nicht gemeint. Aber wir brauchen ja eine Vision Ihres Möbels.« Er zeigte auf ein Sofa: »Was sagen Sie dazu?«

»Zu grün«, sagte meine ständige Begleiterin; ich stimmte zu.

»Und das?«

»Zu grau«, sagte ich; meine ständige Begleiterin stimmte zu.

»Und dies?«

»Zu bunt«, sagte wieder meine ständige Begleiterin; ich stimmte zu.

»Eventuell das?«

»Zu groß. Es sollte schon in nur einem Raum stehen können«, sagte jetzt ich; meine ständige Begleiterin stimmte zu.

»Na ja«, sagte er, »groß ist ja relativ. Soll es ein 3er oder ein 2er werden? Oder zwei 3er oder drei 2er? Oder wollen Sie eine Kombination mit Sessel, da hätten wir die Variationsmöglichkeit 3er, 2er, Sessel, oder 2er, 2er, Sessel, Sessel oder 3er, 3er, kein Sessel, oder Sessel, Sessel, Sessel, Sessel, keine 2er, keine 3er, dafür eben viermal Sessel, wir können auch mit Hockerelementen im Fußbereich arbeiten.«

Ich sagte: »Entschuldigung, aber im Mittelteil bin ich mental ausgestiegen.«

»Was meinst du denn zu der hier?«, fragte mich meine ständige Begleiterin. »Die sieht doch gemütlich aus.« Sie zeigte auf etwas.

»Das ist ein Esstisch mit Husse«, brach der Verkäufer unseren Gedankengang abrupt ab. Dann fuhr er fort: »Sie können selbstverständlich auch die 2er als 3er oder eine kleine 3er, die wie eine 2er wirkt, nehmen. Oder Sie nehmen eine normale 2er mit Sitzelement dazu, die kommt dann wie eine 3er, nur dass sie eigentlich eine 2er mit Sitzelement ist. Wenn Sie hier vielleicht mal Platz nehmen wollen?« Er drückte uns beide in eine Couchlandschaft, in die wir gar nicht wollten, und so fest und tief wie wir da drinsaßen, kamen wir da auch so schnell nicht wieder raus.

Ich wollte Blickkontakt zu meiner ständigen Begleiterin aufnehmen, konnte sie aber nicht mehr sehen, weil ich so tief im Sitzpolster saß, dass es mir fast die Augen zudrückte. Dafür fand ich die Farbe ansprechend. Stach sozusagen ins Auge.

Irgendwie waren wir gefangen.

»Na? Wie ist es?! Ein ganz neues Wohngefühl. Dieses Modell ist bekannt für seine äußerst weiche und anschmiegsame Sitzpolsterung.« Ich brachte ein »Ach was« hervor.

Statt uns zu retten, machte er weiter. »Das ist die Normalhöhe wegen der geraden Kissen, durchgehend nach hinten durchgezogen, das ist eine Flucht. Geht aber auch mit zusätzlicher Naht. Tja, was soll ich sagen? Das ist nun mal kein Ausstellungsstück. Sie fühlen sich wohl? Verständlich, verständlich in diesem Möbel. Das ist einwandfrei passives Sitzen. Aber, wie Sie bemerkt haben werden: Es schmiegt sich an, es umschmeichelt den Körper. Aber jetzt will ich ganz fair zu Ihnen sein: Wie stellen Sie sich das denn vor? Sehen Sie Ihr Sitzmöbel eher als 3er, 2er, Einer, Eckkombi, Sitzkombi mit Fußhocker in Sitzhockerkompatibilität oder als Massagesessel in Chillanwendung?«

»Ich weiß nicht so recht…«, brachte ich hervor.

»Da werden Sie ganz im Jetzt abgeholt. Ein ganz neues Wohngefühl. Sie müssen natürlich wissen, was Sie wollen. Sie müssen drin sitzen und sagen: Ja. Sie wollen im Möbel leben, das seh ich doch gleich. Wissen Sie, es gibt eher die Stehmöbel, sowohl von der Optik her als auch vom Gebrauch. Die stehen bei Ihnen und mehr nicht. Da stellt sich auch mir als Mittelsmann Kunde – Möbel die Frage: Wie wollen Sie sitzen? Was sind Sie für Sitzer? Sind Sie Hocksitzer? Sind Sie Liegendsitzer? Oder ist es doch eher das Hocksitzen? Vielleicht das Sitzhocken? Oder bevorzugen Sie das Streckliegen? Oder das Strecksitzen und das Hockliegen im Spann?«

»Da hab ich mir überhaupt noch keine Gedanken zu gemacht«, sagte ich. »Du etwa?«, fragte ich in Richtung meiner ständigen Begleiterin.

»Huuuummmmmpfffff«, hörte ich aus ihrer Richtung. Ich sah sie nicht mehr, sie war fast komplett vom Sofa verschlungen. Ich begriff es als Negation.

Zu dem Verkäufer sagte ich: »Wissen Sie, wir wollen einfach nur die Beine ausstrecken.«

»Ja, ja, aber wie?! In der Entspannung oder in der Streckung im Sinne einer Entkrampfung?«

»Also noch am ehesten im Sinne eines ganz einfachen Liegens.«

»Ja, aber aktiv oder passiv?«

»Das kann erst passiv beginnen und dann aktiv enden, wobei ich ganz am Ende einer gewissen aktiven Passivität nicht abgeneigt bin. Oder umgekehrt.«

Mittlerweile wurden zwischen der Funktionsmusik Joelle-Blaise und Janis-Sunshine als Sondermenüzugabe angeboten. Ohne Aufpreis. Die Eltern schienen sich zwischenzeitlich abgesetzt zu haben.

»Bei dem Modell, in dem Sie sich grad befinden«, machte der Verkäufer gleich mit einem Euphemismus weiter, »haben wir beispielsweise die ganz klassische Armlehne in 16er-Breite. Ich sag Ihnen jetzt mal was Faires: Ich persönlich mit meiner Meinung sage Ihnen: Die 13er reicht vollkommen. Obwohl, ein Angebot von mir: Man kann die mit dem 3er-Armlehnenbreitenverlängerungsversatzstück verlängern und so die 13er-Breite auf eine 16er-Breite bringen.«

»Sehr interessant. Kann man denn die 13er-Armlehne auch mit der Sitzlandschaftgarnitur 3er, 2er, 2er, Sessel, Sessel und Hockerelement im Fußbereich kombinieren?«, wollte ich wissen. Ich verstand die Frage eigentlich als Provokation. Sie wurde allerdings nicht so aufgefasst.

»Das können Sie so kombinieren, wie Sie gerne möchten. Da sind Ihrer Fantasie keine Grenzen gesetzt, da könnten wir jetzt stundenlang … Aber ich denke da natürlich auch an Ihre Zeit. Also, Sie können dieses Modell mit Eckelementen, Abschlusselementen, abgepolsterten Rückenlehnen, verstärkten Sitzkanten, ausschwenkbaren Fußhockern, beweglichen Kopfstützen, mit Fußvarianten für den bodenfreien Korpus haben, der Korpus geht selbstverständlich auch bodennah, da lässt der Hersteller gerne mit sich reden, über den Aufpreis müssen wir da nicht groß reden, und das geht als 3er,

3er, Sessel oder Sessel, Sessel, Sessel, Sessel, Sitzelement oder 3er, 3er, 2er, Sitzelement, Sitzelement … In diesem Paket sind sogar die beiden Überbrückungskissen im Seitenlehnenbereich enthalten. Und die Seitendüse für die Kopfmassage.«

»Ist das nicht etwas für den Duschbereich?«

»Vollkommen richtig, mit dieser Sitzlandschaftgarnitur könnten Sie auch duschen gehen. Bräuchten Sie nur einen entsprechenden Duschkabinenkorpus. Die Seitendüse kann man aber auch hinten an die frei stehende 3er-Couch mit Sitzelement vorne anschließen. Bringt einem nur nichts.«

»Also man könnte auf dem Sofa im Wohnzimmer nicht duschen.«

»Richtig.«

»Dachte ich mir.«

Der Verkäufer klatschte in die Hände: »Das hat nicht jeder. Also ganz, wie Sie es wünschen. Das ist einfach ein Elementmöbelprogramm. Reduzierte Schlichtheit. Das ist ein stehendes Möbel. Auch in der Gruppe.«

»Wie: stehendes Möbel?«

»Es ist ein stehendes Möbel. Das ist ein Alleinstellungsmerkmal im Raum. Man kommt in den Raum, sieht die Couch oder die Couchlandschaft und denkt sich sofort, ohne Umschweife: Aha, da steht die Couch. Sehen Sie es sich doch nur mal an. Es ist durchdesignt. In der Optik sucht es seinesgleichen. Da werden Sie direkt im Jetzt abgeholt.«

»Aber man kann nicht drauf sitzen.«

»Schon«, sagte er. »Nur schlecht. Es ist in gewisser Weise nur ein Betrachtungsobjekt.«

»Auf dem man nicht sitzt.«

»Und nicht liegt.«

Ich sagte: »Aber in dem man versinkt. Da kann ich mir ja genauso gut einen Herd hinstellen.«

»In dem könnten Sie nicht versinken. Aber sitzen. Solang die Herdplatte nicht an ist.«

»Im Winter hab ich's schon gern lecker warm …«

Meine ständige Begleiterin gab nichts mehr von sich.

Ich sorgte mich ernsthaft.

Kurzzeitig.

»Ich komm Ihnen jetzt mal ganz persönlich«, zog er einen letzten großen Bogen. »Es ist immer auch eine Frage der Sitzphilosophie. Bei diesem Sofa kommt es ganz darauf an, wie Sie sitzen wollen.«

»Was heißt denn, wie ich sitzen will? Auf dem Hintern. Und das gemütlich.«

»Ja, aber haben Sie darüber hinaus noch weitere Vorstellungen?«

»Was denn für Vorstellungen?«

»Ansprüche an Ihr Sitzgefühl?«

»Das Gefühl sollte schön sein.«

»Wie sitzen Sie denn?«

»Wie ich sitze?«, fragte ich nach.

Ich verstand ihn gar nicht mehr richtig, da ich in dieser Couchlandschaft immer tiefer ab- und wegsackte.

Das Sofaensemble schien unter meinem Hintern davonfliehen zu wollen, und die Seitenarmelemente drückten mir die Ohren zu.

Ich fragte in Richtung Verkäufer: »Sagen Sie mal, ist der Inhalt des Sofas hier aus Treibsand?!«

Es war rhetorisch zu verstehen.

Meiner Meinung nach konnte man von mir jetzt nur noch meine Füße, meine Hände und meine Nasenspitze nebst Brille sehen.

Interessenten blieben vor uns stehen.

Ich hörte einen Kunden: »Entschuldigung, was kostet dieses Ensemble denn?«

»Meinen Sie die 3er, 2er, 2er, Sessel und Couchtisch?«, wollte unser Verkäufer wissen.

»Nein, nein, nur die 3er mit dem Mann da drin.«

»Ach so. Also nur die 3er kommt 4 700.«

»Und mit dem Mann?«

Ich sagte: »Das kommt ganz drauf an, ob's ein Soloabend, Kurzauftritt, Gala, TV, Rundfunk, Lesung oder Weihnachtsmärchen ist.«

»Na ja«, sagte der Interessent. »Es käm auf eine Vernissage. Als Ausstellungsstück.«

Ich wusste keine Antwort.

Plötzlich kam eine erneute, lautstarke Unterbrechung der Funktionsmusik mit der Bemerkung: »Unser Möbelhaus schließt jetzt. Wir danken für Ihren Einkauf. Kommen Sie bald wieder.«

Wir hatten gar nichts eingekauft. Also jedenfalls kein Sitzmöbel.

Und wir hatten auch nicht vor wiederzukommen.

Wir wollten einfach nur raus.

Ging aber nicht. Saßen ja in der Wohnlandschaft fest.

Sechs Mitarbeiter wurden herbeigerufen, zogen an uns und befreiten uns so aus dem Sofa.

Wir haben sie aber nicht genommen.

Und den Verkäufer haben wir dann im armlehnenfreien, mittelnahtlosen, mit verstärkten Sitzkanten versehenen, bodenfreien Abschlusseckelementelementarmöbelprogramm kommentarlos und ganz schlicht stehen lassen.

Quasi als Alleinstellungsmerkmal im Raum.

Hauptsache raus aus dem Laden. Passiv sitzen können wir schließlich überall.

Und zu Hause haben wir dann unsere ganze Sofalandschaft, die meine ständige Begleiterin nicht mehr sehen kann, einfach rausgeschmissen.

Haben jetzt was ganz Verrücktes gemacht, sitzmäßig.

Ein ganz neues Wohngefühl.

Kann man sich kaum vorstellen.

Immer wenn ich draufsitze, werde ich im Jetzt abgeholt.

Und das ganz aktiv.

Wir sitzen jetzt im Wohnzimmer auf unseren beiden alten, hochbequemen Küchenstühlen.

Haben zwei Hussen drübergeworfen.

Doktor Plönner

Letztens war ich in einer kleinen Buchhandlung bei mir um die Ecke.

Ich fand auch ein schönes Buch, das ich kaufen wollte.

Jetzt war dort nichts los, nur eine ältere Dame war in der Buchhandlung, die hatte wohl mal einen Gutschein zum Geburtstag bekommen.

Der Gutschein war auch fast aufgebraucht, da waren aber noch 50 Cent Guthaben drauf. Gut, ist auch mal eine Mark gewesen. Weiß gar nicht, was das in Butter macht.

Und folgender Dialog ging los:

Kundin zur Buchhändlerin: »Ja, aber was machen wir denn da mit den 50 Cent?«

Buchhändlerin zur Kundin: »Die können beim nächsten Kauf wieder verrechnet werden.«

»Aber ich weiß doch nicht, wann ich das nächste Buch kaufen tu und ob überhaupt. Können wir das nicht verrechnen?«

»Das habe ich Ihnen ja gerade vorgeschlagen.«

»Was?«

»Dass Sie das beim nächsten Buch verrechnen.«

»Ja, ich mein ja auch nicht verrechnen. Ich mein auszahlen.«

»Auszahlen kann ich Ihnen das nicht.«

»Ja, das wär aber besser. Zahlen Sie das doch aus.«

»Das mag sein, dass das für Sie besser wäre, aber ich kann Ihnen das nicht auszahlen.«

»Ach, junges Fräulein, zahlen Sie das doch aus!«

»Kann ich aber nicht. Machen wir sonst auch nicht.«

»Und die Chefin? Zahlt die aus?«

»Das kann ich nicht sagen, Sie können ja mal mit der reden, die müsste gleich wieder da sein.«

»Zahlt die denn aus, die Chefin?«

Und ich stand da, wollte einfach nur mal eben schnell mein Buch bezahlen und abhauen.

Aber es ging weiter: »Wann kommt die denn, die Chefin? Lohnt sich das Warten? Zahlt sie aus? Wissen Sie, ich muss ja auch noch nachen Doktor Plönner hin.«

»Die Chefin müsste gleich wieder da sein.«

»Ja, aber ich muss ja auch noch nachen Doktor Plönner hin. Wegen Füße. Hab ja Füße seit Wochen. Und den Doktor Plönner sagte, ich soll mal mit die Füße vorbeikommen.«

»Die kommt ja gleich. Kann ich nicht eben in der Zwischenzeit die anderen Kunden …«

»Wissen Sie, der Doktor Plönner hat ja auch Mittag. Der ist ja jetzt nicht die ganze Zeit da. Und der wollt sich ja meine Füße angucken. Sagte noch, er müsse dringendst auf meine Füße gucken, dass das all sein Gang geht mit die Füße. Ist ja ’n netten, der Doktor. Und der hat ja auch zu tun. Und ich muss ja noch nachen Doktor Plönner hin, dass er mal ’n Blick auf die Füße werfen kann.«

»Ja, die Chefin müsste ja auch gleich wieder …«

»Wissen Sie, kann ich nicht auch kommen, wenn ich nachen Doktor Plönner war?«

»Ja, das können Sie auch machen. Kommen Sie doch einfach gleich noch mal wieder.«

»Was haben Sie gesagt?«

»Kommen Sie einfach gleich noch mal wieder!!«

»Wissen Sie, ich geh dann erst mal nachen Doktor Plönner hin, dass der ein Blick auf die Füße werfen kann, dass er mir so ’n paar Pillkes gibt, ich hab’s ja auch mit dem Kreislauf, bei so einem Wetter kein Wunder, hältst du ja im Kopf nicht aus, mal warm, mal kalt, mal warm, mal kalt, und dann auch noch der Wind dazu, hältst du ja im Kopf nicht aus, wie gesagt, und dann krieg ich erst mal so ’n paar Pillkes, wegen Kreislauf und wegen Füße, obwohl der Kreislauf hat ja nix mit die Füße am tun, aber das kann durchaus sein, dass die Füße am Kreislauf hängen, also, will mal sagen, dass ich, wenn ich Kreislauf hab, auch was Probleme mit die Füße krieg, aber dann krieg ich erst mal so'n paar Pillkes, gut für gegen Kreislauf und Füße, kann ich bei Doktor Plönner erst mal wieder bei mich beikommen. Und dann komm ich einfach, wenn ich nachen Doktor Plönner war.«

Ich habe mein Buch gar nicht mehr gekauft. Ich hatte es in der Zwischenzeit schon ausgelesen.
Ja, »Krieg und Frieden«.

War froh, den Laden verlassen zu können und so die Omma hinter mir zu lassen.

Dann bin ich rüber zur Bank, ich musste Geld einzahlen. Vor mir in der Schlange nur drei Leute. Ich dachte noch so leichtgläubig: Ach, das wird ja fix gehen.
Aber der Mann, der schon am Schalter stand, der dauerte.
Also das, was er da zu tun hatte, das dauerte. Ich weiß nicht, ob der Rupien in Franken oder alte Gulden in Niedersachsen oder Pfund in Peseten oder arm zu reich machen wollte, war mir auch wurscht, es dauerte, ich stand da – sage und schreibe – dreißig Minuten. Und alles in einer Seelenruhe!
Die Schlange wurde immer länger, die Stimmung drohte zu kippen, alles deutete klar auf eine Meuterei hin.
Plötzlich tippte mir von hinten die Omma aus der Buchhandlung in die Seite, ich drehte mich um, und sie sagte: »Wissen Sie, ich wollt ja noch nachen Doktor Plönner hin, aber der ist schon weg…«
Da war sie wieder. Ich konnte nichts mehr sagen. Stand da wie vom Blitz gerührt.

Zu Ende war das Ganze aber, und der finale Höhepunkt dieses Dramoletts war erreicht, und Schaum bildete sich vor meinem Mund, ich rief immer wieder laut aus: »Im Morgentau, im Morgentau soll das früheste Pferdegespann alle Unflätigen in Bückhaltung auf die

Burg hinaufbringen und dort ins finsterste Verlies verfrachten, auf dass sie bei schlechter Suppe gehalten werden und nachsinnen ob ihrer Taten!«, und mir sackten die Beine weg, und mir wurde schwarz vor den Augen, was nur durch irrlichterartige Blitzlichtphantastereien unterbrochen wurde, ich fing am ganzen Leibe an zu zittern und bekam heftige Fieberschübe, die sich mit mächtigem Albdrücken ablösten, als der Mann am Schalter nach 45 Minuten endlich fertig war und der Kassierer ihn freundlichst mit den Worten verabschiedete: »Na, dann bis zum nächsten Mal, Herr Dr. Plönner!«

Nach einer Woche bin ich jetzt endlich aus der Klinik entlassen worden. Die Schwestern waren alle sehr nett zu mir. Auch die Ärzte. Vor allem Dr. Plönner.

Der Anzug glänzt!

Letztens, also neulich, also ist gar nicht so lange her, letztens also wollte ich mir einen Anzug kaufen.

Aus freien Stücken, ohne Druck, ganz eigenständig, also ohne meine ständige Begleiterin.

Wollte mir mal selbst zeigen, dass ich das auch alleine kann. War mir nur nicht bewusst, dass das so schwer ist.

Ich brauchte eigentlich keinen Anzug, aber ich wollte einen, wusste nur nicht, was für einen. Hab drei schwarze, einen braunen, zwei blaue, Nadelstreifen, Glencheck, kennt heut keiner mehr, ich hab ihn trotzdem. Erbstück.

Nur Pepita hab ich nicht. Pepita kann ich überhaupt nicht leiden. Pepita find ich ja fürchterlich. Ist noch schlimmer als Hahnentritt. Aber was für mich das Schlimmste ist, ist, wenn er glänzt, der Anzug. Also eins darf er gar nicht: glänzen. Er darf ja alles. Nur nicht glänzen.

Und ich sag noch zu der Verkäuferin, als ich in dem Laden bin, sag ich also zu der Verkäuferin, nicht, dass er glänzt, der Anzug, sag ich. Und ich sag zu der Verkäuferin: »Guten Tag, ich bräuchte einen neuen Anzug, Einreiher, Zweiknopfleiste, hinten Schlitz. Das weiß ich. Den Rest weiß ich nicht. Hab viel zu Hause hängen, zeigen Sie mir mal was. Nur glänzen sollte er nicht. Das kann ich gar nicht leiden.«

Sagt sie: »Das Glänzen liegt aber meistens ganz im Auge des Betrachters.«

Ich sag: »Da haben Sie vollkommen Recht. Aber das ist ja auch der springende Punkt: Glänzt der Anzug für mich, möchte ich ihn nicht. Weil: Glänzen darf er nicht.«

»Nee«, sagt sie, »kein Problem, ich hab da was für Sie.«

Und dann war sie kurz weg, kramte irgendwo rum, kam mit einem Anzug wieder, hielt ihn mir hin und sagte: »Und?«

Und ich sag: »Nee«, sag ich, »sehen Sie, der Anzug glänzt.«

Und dann war sie wieder weg und kam mit einem neuen Anzug, hält ihn mir wieder hin und sagt: »Und?«

Ich schüttelte nur den Kopf.

»Glänzt der auch?«, fragt sie zurück.

Ich nicke: »Der Anzug glänzt auch.«

Sagt sie: »Ah ja? Ah so.« Sie hielt kurz inne und überlegte. Dann plötzlich: »Nee, dann weiß ich, was Sie brauchen. Ich hab DEN Anzug für Sie.«

Und dann ging sie wieder und kam mit dem neuen Anzug und hält ihn mir stolz hin und schaut mich erwartungsvoll an.

Und ich sag nur: »Der Anzug glänzt.«

Sie guckt mich an: »Nein, der glänzt nicht.«

»Wie: Der glänzt nicht?!«

»Der glänzt nicht.«

»Aber der glänzt doch.«

»Nein, der glänzt nicht.«

»Aber sehen Sie doch mal genau hin: Der glänzt doch.«

»Also ich seh nichts Glänzendes.«

»Und wenn ich ihn so halte?«

»Glänzt er immer noch nicht.«

»Der glänzt wohl!«

»Also ich meine ja, der glänzt nicht.«

»Aber wenn ich Ihnen doch sage, dass der glänzt?!«

»Und wenn ich Ihnen sage, dass er nicht glänzt?«, sagt sie dann.

»Und ich sage Ihnen: Der glänzt nicht. Und ich bin vom Fach, ich muss es ja wissen.«

»Und ich bin Kunde. Und was der Kunde sagt …«

»… muss noch lange nicht immer stimmen«, sagt sie. »Dieser Anzug glänzt auf jeden Fall nicht.«

»Und wenn ich den so halte?«

Ich hielt den Anzug mit der rechten Hand hoch, lupfte das untere

Anzugviertel mit der linken Hand an und drehte ihn so ein wenig nach vorne.

»Dann fällt der komisch.«

»Und so?«

Ich versuchte es anders: hielt den gesamten Anzug tiefer, knickte ihn in der Mitte mit meiner Linken ab und drückte das untere Teil mit meinem rechten Knie hoch. Es sah aus wie eine Yogahaltung.

»Dann glänzt der immer noch nicht. Das ist der Lichteinfall.«

»Was soll das denn heißen: Der Lichteinfall?!«

»Ja, da fällt eben Licht drauf.«

»Ja, aber dann glänzt er doch!«

»Nein, dann glänzt er noch lange nicht. Wenn Licht drauffällt, fällt Licht drauf.«

»Ja, und dann glänzt er.«

»Hm«, machte sie.

Ich sag: »Hier drinnen ist ja auch künstliches Licht. Wir könnten mal probehalber raus ans Tageslicht gehen.«

»Das ist bei dem Stoff egal, ob künstliches oder natürliches Licht drauffällt.«

»Aha«, machte ich, »Sie meinen also, der glänzt in beiden Fällen gleich stark?!«

»Nein, dann schimmert er vielleicht ein bisschen.«

»Also was für Sie Schimmern ist, ist für mich aber Glänzen.«

»Nein, das ist ein himmelweiter Unterschied, ob was schimmert oder ob was glänzt.«

»Wo soll denn da bitte der Unterschied sein?«

»Sehen Sie, ich erklär Ihnen das: Wenn was schimmert, dann schimmert es eben, und wenn was glänzt, ja, Herr im Himmel, dann glänzt es.«

»Ja, und was war das gerade eben an dem Anzug? Im Licht?«

»Das war ganz klar ein Schimmern. Durch den Lichteinfall ein Schimmern. Wenn das Licht nicht fällt, dann schimmert es gar nicht.«

»Na, hören Sie mal. Sie sind vielleicht drollig. Ich sitz mit dem Anzug doch nicht die ganze Zeit nur im Keller, bloß, dass kein Licht drauffällt. Ich will mit dem raus.«

»Können Sie doch auch.«

»Aber dann glänzt er doch!«

»Dieser Anzug nicht. Der schimmert höchstens. Und, wie ich grade schon gesagt habe: Wenn das Licht nicht fällt, dann schimmert er auch nicht.«

»Nee, sag ich ja, dann glänzt er eben!!«

»Jetzt hören Sie doch endlich mit Ihrem Glänzen auf«, sagt sie.

Sag ich: »Das ist nicht mein Glänzen. Das ist dem Anzug sein Glänzen.«

»Der Anzug hat gar kein Glänzen. Das ist ein Naturstoff. Naturstoffe glänzen nicht.«

»Ja, wie: Naturstoffe glänzen nicht?! Seit wann das denn nicht?!«

»Ja, nehmen Sie mal Holz. Haben Sie schon mal Holz glänzen sehen?«

»Ja«, sag ich, »wenn's poliert ist.«

»Ja, aber das können Sie doch mit einem Anzug nicht vergleichen. Anzüge gibt's ja auch nicht aus Holz. Und so ein Anzug ist auch nicht poliert.«

»Ja, aber das ist ja umso schlimmer! Trotzdem glänzt er!«

»Dass der Anzug glänzt, ist ausgeschlossen. Da können Sie fragen, wen Sie wollen.«

»Also, da können Sie sich jetzt auf den Kopf stellen: Für mich glänzt der. Fertig.«

»Für mich changiert der vielleicht!«

»Ach du je! Was denn noch alles? Erst schimmert er nur, dann changiert er … Vom Grundglänzen mal ganz abgesehen. Was lassen Sie sich denn noch alles einfallen, bloß dass Ihr blöder Anzug nicht glänzt.«

Sagt sie: »Das ist kein blöder Anzug. Das ist ein Windsor. Und Windsor sind nicht blöd.«

»Hab ich eine ganz andere Meinung, zu den Windsors. Gucken Sie sich den doch an mit seinen blöden Ohren.« Ich machte eine kleine Pause. »Wir müssen uns der ganzen Sache vollkommen anders nähern. Für mich zum Beispiel ist heute Montag. Und für Sie?«

»Ja, für mich auch.«

Ich sag: »Sehen Sie. Für Sie ist heute Montag. Und für alle anderen auch. Und für alle anderen wird auch dieser Anzug glänzen.«

»Ach. Verstehe ich Sie richtig: Sie meinen, dieser Anzug glänzt jetzt nur montags?«

Ich sag: »Sie sind doch verrückt.« Ich schaute mich ein bisschen um. »Was ist denn hiermit? Das gefällt mir.«

»Das ist ein Kleid«, sagt sie.

»Ja, das find ich schön.«

»Das ist nichts für Sie, das Kleid, denn es ist ein Kleid.«

»Das mag sein. Aber es glänzt nicht.«

»Wir haben wunderbare Dreivierteljacken«, sagt sie, »die sind jetzt runtergesetzt. Die sind aus reiner Schurwolle, die können gar nicht glänzen.«

»Passen die denn zu dem Kleid?«

»Das wollten Sie doch nicht nehmen.«

»Aber es glänzt ja nicht.«

»Zu was wollen Sie das Kleid denn anziehen?«

»Zu runden Geburtstagen.«

»Ich meine: Mit was wollen Sie das denn kombinieren?«

»Mit einer der wunderbaren Dreivierteljacken, beispielsweise.«

»Wir hätten auch noch was mit Hahnentritt.«

»Ein Kleid mit Hahnentritt?!«

»Nein, Dreivierteljacken.«

»Das würd dann aber wieder zu dem Kleid nicht passen.«

»Kommt ganz drauf an, wie das Licht drauffällt.«

»Das wird ja immer komplizierter«, sag ich. »Ich muss Ihnen was gestehen: Ich hab auch noch nie ein Kleid gekauft.«

»Aber Sie wollten doch eh einen Anzug.«

»Stimmt ja«, sag ich.

»Wissen Sie was«, sagt die Verkäuferin, »ich hol Ihnen jetzt mal einen Anzug, der richtig ordentlich glänzt.«

Und dann war sie verschwunden, tauchte aber kurz drauf wieder auf mit einem unglaublich stark glänzenden Anzug.

»Sehen Sie«, sagt sie, »der glänzt.«

»Ja«, sag ich, »der glänzt. Vollkommen richtig, der glänzt!«

Sagt sie nur: »Na, prima, haben wir ja endlich einen gefunden. Ich pack Ihnen den eben ein.«
Hab ihn dann auch genommen.

Die Anfahrt

Es gilt der alte Satz: Das Ziel ist das Ziel.

Eigentlich heißt es ja: Der Weg ist das Ziel. Das weiß ich selber. Das ist mir aber zu einfach. Das macht ja jeder. Manchmal kommt es im Leben eben auf das Ziel an und nicht erst auf den Weg.

Ich hab in meinem Leben auch schon so viel Weg gesehen, jetzt sind erst mal die Ziele dran.

Aber wie oft denke ich mir am Ziel: Wenn der Weg das Ziel sein soll und das hier das Ziel ist, kann ich da noch mal den Weg sehen?!

Wenn man wo hinwill oder man will wo weg, man sich also auf den Weg machen möchte, um ein Ziel zu erreichen, beispielsweise mithilfe der Bahn, geht's mitunter bei mir – ich bin ja alte Schule – zwecks Billetterwerbs in das Reisezentrum der Bahn.

Wobei ich mir auch oft, wenn ich zwischen Zeitschriftenläden, Bäckereien, Kaffeeshops und Werbebildschirmen in den deutschen Metropolenbahnhöfen stehe und auf den Ansagewänden der Bahn lese »Folgender Zug fällt wegen Fahrzeugmangels aus«, denke: Wie soll man sich da auf den Weg machen und ein Ziel erreichen?

Und Fahrbilletts bitte immer rechtzeitig besorgen, man weiß ja nie, wann wie wo und ob überhaupt (!) man drankommt am Schalter.

Wo hör ich an, wo fang ich auf?!

Dass ich extra für eine Fahrkarte ins Reisezentrum der Bahn gehe, kann meine ständige Begleiterin nicht nachvollziehen.

Sagt sie letztens: »Mach das doch am Computer.«

Sag ich: »Ich mach das nicht am Computer.«

»Alle Welt macht das am Computer.«

»Schein ich nicht alle Welt zu sein!«

Und jetzt kommt eine typische Taktik meiner ständigen Begleiterin: Sie weiß, dass ich es nicht mache, ich habe es ihr grade noch gesagt, sie erklärt es mir aber doch und sagt: »Du fährst den Computer hoch, gehst ins Internet auf die entsprechende Seite und mit wenigen Klicks und Schritten hast du einen Ausdruck in der Hand mit deiner Fahrkarte.«

»Der Drucker geht aber nicht.«

»Seit wann das denn nicht?«

»Weiß nicht.«

»Das geht ganz leicht, im Internet Fahrkarten zu kaufen. Da musst du gar nicht aus dem Haus für.«

»Aber der Drucker geht doch nicht.«

»Das hat doch mit dem Drucker nichts zu tun, sondern mit dem Internet.«

»Ach so. Und wie kommen dann die Fahrkarten aus dem Computer aufs Papier und in meine Hand?«

Jetzt stand sie da. Aber dann kam etwas, das macht sie am liebsten. Das ist eine Logik, da kann man sich nicht gegen widersetzen. Sie schaute mich nur an, und dann sagte sie: »Das sieht man dann.«

Bin ich dann ins Reisezentrum gegangen. An einen Schalter.

Sagte ich noch ganz freundlich: »Guten Tag, ich hätte gerne eine Fahrkarte für die Strecke Duisburg–Hamburg und retour, IC, durchgehend, ohne Umsteigen, Abfahrt Freitag, 11:46 Duisburg, Abfahrt Hamburg Sonntag, 12:47, mit Platzreservierung, 2. Klasse, Großraum, Nichtraucher, Fenster, mit BahnCard 50 und dem Punktesammelsystem.«

So. Da sind alle Infos drin, mehr braucht er nicht. Denkt man. Denke ich. Dacht ich mir. Dachte ich aber nicht an die Denke des Denkers vor mir. Also des Vordenkers. Und der dachte sich wahrscheinlich nichts und dachte sich nur: Denkste.

Und sagte: »Wann war das noch mal?«

»Nee, nee«, sag ich, »nicht war! Wird sein! Freitag. Duisburg–Hamburg und retour, IC, durchgehend, ohne Umsteigen, Abfahrt wie gesagt Freitag, 11:46 Uhr, Duisburg, Abfahrt Hamburg Sonn-

tag, 12:47 Uhr, mit Platzreservierung, 2. Klasse, Großraum, Nichtraucher, Fenster, mit BahnCard 50 und dem Punktesammelsystem.«

»Freitag also.«

»Richtig.«

»Nächsten oder kommenden?«

»Was?«

»Ich meine, diesen, kommenden oder nächsten.«

»Ja, und ich meine diesen als nächst kommenden.«

»Und welche Strecke?«

»Eigentlich immer geradeaus.«

»Wie bitte?«

»Was?«

»Welche Strecke soll das sein?«

»Ich hoffe, es wird die Strecke Duisburg–Hamburg.«

»Duisburg–Hamburg also.«

»Genau.«

»Und zurück?«

»Ich hoffe doch.«

»Also auch zurück.«

»Auch zurück, ja.«

»Wann noch mal jetzt genau hin?«

»Freitag!«

»Freitag also hin. Wann zurück?«

»Sonntag.«

»Sonntag zurück.«

»Ja.«

»In Hamburg?«

»Ja, sicher in Hamburg.«

»Also, Sonntag ab Hamburg?«

»Ja, Sonntag ab Hamburg in Hamburg.«

»Und hin war ab Duisburg?«

»Wird sein. Hin wird ab Duisburg sein.«

»Am Freitag?«

»Am Freitag.«

»Um wie viel Uhr darf der Zug denn gehen?«

»Ja, wenn's so ist, und der Zug gehen darf, dann wundert's mich nicht, dass die immer zu spät kommen. Der soll um 11:46 Uhr fahren.«

»Hören Sie, ich sehe grade, der fährt durch, der Zug.«

»Drum möchte ich den ja auch nehmen.«

»Ach so. Das ist dann ohne Umsteigen.«

»Richtig.«

»Und der hält dann in Hamburg.«

»Das würde mich sehr freuen, da möchte ich ja auch hin. Und ich würde fast alles tun, was in meiner Macht steht, um den Zug in diesem Vorhaben, also den Hamburger Hauptbahnhof zu erreichen, zu unterstützen.«

»Also wann wollen Sie jetzt hier losfahren?«

»Am Freitag!!«

»Ich meine, um wie viel Uhr?«

»11:46 Uhr!!«

»Dann buch ich Sie da mal ein, Freitag, 11:46 Uhr, Duisburg–Hamburg. Und wann zurück?«

»Am Sonntag um 12:47 Uhr, auch durchgehend, auch ohne Umsteigen, mit Sitzplatzreservierung, 2. Klasse, Großraum, Nichtraucher, Fahrtrichtung, mit Punktesammelsystem, auch ab Hamburg Hauptbahnhof.«

»Wieso auch ab Hamburg Hauptbahnhof? Hin fahren wir ja ab Duisburg Hauptbahnhof.«

»Wieso? Kommen Sie mit?«

»Nein, nein, Samstag sind wir um 16 Uhr bei Tante Ortrud zum Kaffee eingeladen.«

»Hat das was mit meiner Fahrkarte zu tun?«

»Nein, Tante Ortrud verträgt keine Zugfahrten. Sie fahren ja hin ab Duisburg Hauptbahnhof.«

»Richtig. Aber ich komme nach meiner Fahrt von Duisburg nach Hamburg ja irgendwann hoffentlich in Hamburg an. Und von da aus möchte ich wieder starten. Und zwar am Sonntag.«

»Dann buch ich Sie da mal ein, also rück Sonntag, 12:47 Uhr, Hamburg Hauptbahnhof. Nach Duisburg?«

»Ja, sicher. Wohin denn sonst?!?!«

»Wissen Sie, die Deutsche Bahn sieht sich in der Lage, ungefähr über 236 000 deutsche Bahnhöfe anzufahren, und deshalb…«

»Ich will aber nicht an irgendeinem Ihrer über 236 000 deutschen Bahnhöfe halten oder aussteigen oder umsteigen oder einfach nur so stehen. Ich möchte wieder nach Hause!!«

»Mit Platzreservierung?«

»Jawohl!!«

»Hin und zurück?«

»Nein, nur hin. Zurück würde ich gerne stehen. Auch gerne außerhalb des Zuges, um den kühlen Wind zu genießen. Ich mag frische Luft. Aber in Fahrtrichtung bitte.«

»Da muss ich Sie leider darauf hinweisen, das ist so nicht erlaubt. Sie können aber gerne im Bordbistro ein kleines Süppchen zu sich nehmen und…«

»Ich will kein Süppchen zu mir nehmen! Ich will sitzen!«

»Erst wollen Sie stehen, dann wollen Sie sich draußen aufhalten, dann ein Süppchen im Bordbistro… Sie müssen sich schon entscheiden.«

»Ich will sitzen!!! Auf einem Stuhl! Also in einem Sessel!! Also im Zug!!! Großraum. Fenster. Nichtraucher.«

»Das kann aber laut werden.«

»Was? Wenn keiner raucht?«

»Nein, der Großraum. Rauchen ist eh nicht mehr erlaubt im Zug. Das dürfen Sie nur noch in den gelben Rechtecken auf den Bahnsteigen.«

»Weil man in denen den Qualm nicht riecht?!«

»Das sind unsere Raucherbereiche.«

»Schön. Aber auf dem Bahnsteig komm ich doch nicht nach Hamburg.«

»Stimmt. Außer Sie stehen auf einem Bahnsteig in Hamburg. Aber dann müssten Sie ja nicht mehr nach Hamburg, weil Sie dann schon in Hamburg wären. Wie dem auch sei, da buch ich dann für Sie ein… Fenster haben wir aber nicht mehr.«

»Ihr Zug hat keine Fenster?!«

»Doch, wir haben aber keinen Platz mehr am Fenster. Sie können aber jederzeit im Bordbistro ein kleines Süppchen …«

»Warum? Hat das Fenster?«

»Ja.«

»Das Süppchen?«

»Nein, das Bordbistro. Meine Zeiten, ist das mit Ihnen kompliziert. Hätten Sie das nicht auch zu Hause am Computer alles …?!«

»Und was, wenn der Drucker kaputt wäre?«

»Das würde man dann sehen«, sagte er. »Ah, ich sehe grade: Im Großraum haben wir kein Fenster mehr für Sie.«

»Das macht nichts. Ein Onkel ist Schlosser, der kann mir jederzeit Fenster … Und im Zug brauch ich's auch nicht zwingend … Hauptsache, ich sitze irgendwo.«

»Na, wenn das so ist … Ach, Moment, ich sehe grade, wir haben noch einen schönen Fensterplatz in der Regionalbahn nach Heilbronn …«

»Da will ich aber nicht hin!!!«

»Wichtig war Ihnen doch nur, dass Sie irgendwo sitzen.«

»Ja, aber nicht in Heilbronn!«

»Dann haben wir nur noch Gang für Sie.«

»Wer ist das?«

»Sie können am Gang sitzen.«

»Na, das nehm ich doch.«

»Den kann ich für Sie dann fest buchen?«

»Das hoffe ich doch. Ich würde es nicht begrüßen, wenn er plötzlich läufig, ausbüxen und die Flucht ergreifen würde, der Platz.«

»Dann buch ich den. Haben Sie denn eine BahnCard?«

»Sicherlich.«

»Welche denn?«

»Eine eckige.«

»50 oder 25?«

»Nein, nur eine.«

»Sammeln Sie die Punkte?«

»Sowohl die Flensburger als auch Ihre, jawohl.«

»Also, da muss ich Sie auf ein Angebot hinweisen.«

»Wenn's sein muss.«

»Also, wenn Sie die BahnCard 50 haben, dann können Sie, wenn Sie unter 14 Jahre alt sind und größer als 2,10 m und einen 1er-Durchschnitt im Abi hatten, gerne vier Frauen mitnehmen, soweit sie privat krankenversichert sind, also nicht Sie, sondern die Frauen, nicht miteinander verwandt, verwitwet oder verschwägert sind, aber doch einen familiären Hintergrund aufweisen können und aus einem Migrationsland kommen, das sich auf den Export und Import – je nachdem – von Tütensuppen mit Leinengeschmack oder Leinentaschen mit Tütensuppengeschmack oder Tütentaschen in Geschmacksoptik auf Leinenbasis – oder ganz anders – spezialisiert hat.«

»Das tut mir leid, das kann ich alles nicht aufweisen.«

»Sind Sie geimpft?«

»Nein, bin ich auch nicht.«

»Schade. Dann kann ich Ihnen aber noch das andere Angebot machen, nämlich wenn Sie bereits seit 70 Jahren Bahnkunde sind, bereits pro Jahr mehr als 400 Bahnfahrten hinter sich bringen und somit rund 50 000 Bahnbonuspunkte gesammelt haben, dann können Sie gratis – manche sagen auch umsonst – zu Ihrem Süppchen im Bordbistro eine Scheibe Trockenbrot verlangen, und Sie haben Anrecht auf ein Fenster, solange Sie nicht nach draußen schauen wollen und in einem Zugabteil sitzen. Zu Hause können Sie rausschauen, wo Sie wollen. Und es gibt eine Durchsage Ihrer Wahl gratis. Ich hoffe, Sie haben Einsicht auf die Ansicht zwecks Aussicht.«

»Ich wollte doch keine Suppe …«

»Ach so. Und wohin soll's jetzt gehen?«

»Nach Hamburg! Mit dem Zug!!«

»Ich seh grad, der fährt nur an Feiertagen! Mit einer Ausnahme: Sie nehmen die Räder mit. Wollen Sie Räder mitnehmen?!«

Ich brüllte ihn an: »Ich fahre kein Raaaaaaad!«

»Oh, dann müssen Sie schieben!«

Bin dann gegangen.

Die Mozzarellageschichte

Letztens wollt ich mir ein Tomatenschnittchen mit Mozzarella machen. So kleiner Finger dick Schwarzbrot, daumendick Butter, Tomaten, Salz, Basilikum, Pfeffer…

Jetzt mach ich zu Hause die Kühlschranktür auf, Licht geht an, ich denk: »Ach, wohnt schon jemand drin!«, und stell fest, dass da gar kein Mozzarella mehr drin ist.

Und ich sag noch so: »Ach, ist ja gar kein Mozzarella mehr da.«

Das können wir Männer. Wir Männer sehen etwas, beziehungsweise wir sehen, dass etwas nicht mehr da ist, und sagen das dann auch noch. Das geht von den Augen durch Umgehung des nicht vorhandenen Gehirns direkt in den Mundraum, auf die Zunge, zack!, raus. Viele Frauen fragen sich ja in solchen Momenten: »Was denkt der sich dabei?«

Nichts!

Wir Männer denken uns nichts dabei. Ist genauso, wie wenn wir eine schöne Frau sehen auf der Straße. Wir Männer sehen eine schöne Frau und pfeifen.

»Was denkt der sich dabei?!«

Nichts! Das ist ein Reflex. Wir Männer sehen eine schöne Frau und pfeifen. Ich mach das nicht. Wirklich: Ich mach das nicht!

Ich kann nicht pfeifen.

Und ich sag also, mir nichts, dir nichts in der Küche stehend: »Ach, ist ja gar kein Mozzarella mehr da.«

Sagt meine ständige Begleiterin, aber wörtlich: »Da zieht man sich etwas über und geht welchen holen.«

Ich sag: »Ist das jetzt so eine Art Pluralis Majestatis?«

»Da zieht Ihr Euch…«

»Ist schon gut, ist schon gut.«

»Und wo du schon unterwegs bist… Kannst du mir auch gleich noch was mitbringen.«

Ich sag: »Ich bin doch noch gar nicht unterwegs. Wer weiß, vielleicht will ich jetzt ja auch gar nicht mehr.«

»Geh mal. Und dann kannst du mir auch gleich aus der Boutique noch eine Bluse mitbringen, die hatte ich da auf meinen Namen zurückhängen lassen.«

Frauen lassen sich ja alle naselang irgendwas auf ihren Namen zurückhängen. Auf die Idee würde ein Mann nie kommen. Oder hat man schon mal – allen Ernstes – einen Mann sagen hören: »Hömma, ich war letztens bei Auto Pachulleck, hab ich mir vier Ersatzreifen auf meinen Namen zurückhängen lassen.«?! Nie!

Bin ich also zu dem Supermarkt, zum Regal mit dem Frischkäse, aber weit und breit kein Mozzarella.

Jetzt ich zu einer Verkäuferin, aber folgender Dialog wörtlich:

Ich sag: »Entschuldigung, ich hätt hier gern eingekauft, aber wo find ich denn den Mozzarella?«

»Der liegt eigentlich da hinten im Frischkäseregal.«

Ich sag: »Da liegt er aber nicht.«

»Müsste aber.«

»Tut er aber nicht.«

»Kann nicht sein.«

»Hören Sie mal, ich bin weder blöd noch blind, aber da liegt kein Mozzarella.«

»Sonst liegt der aber da.«

»Ist wohl heute nicht sein Tag, was?!«

»Nehmen Sie doch Camembert.«

»Ich will aber keinen Camembert!«

»Oder nehmen Sie Leerdamer.«

»Ich will auch keinen Leerdamer! Ich will Mozzarella!!«

»Ist aber keiner mehr da!«

Ich sag: »Ich weiß!«

Bin ich gegangen. Bin ich zu der Boutique, wo die Bluse für meine …
Ich da rein, sag ich: »Guten Tag, meine ständige Begleiterin hatte
auf ihren Namen eine Bluse zurückhängen lassen.«
Fragt mich der Verkäufer mit nasalem Ton: »Auf meinen Namen?«
»Nein, nicht auf Ihren Namen. Auf den meiner ständigen Begleite-
rin.«
»Glaub ich nicht.«
»Ist aber so.«
»Wann war die denn da?«
»Die Bluse?«
»Nein, Ihre ständige Begleiterin.«
»Gestern.«
»Das tut mir leid.«
»Warum?«
»Da hab ich nicht gearbeitet. Möchten Sie vielleicht etwas anderes?«
Ich sag: »Ja, Mozzarella.«
»Ist aber keiner mehr da.«

Bin ich gegangen. Bin ich ohne Bluse und ohne Mozzarella nach
Hause. Kann man sich vorstellen, was da los war?!?!
Männer und Frauen passen einfach nicht zusammen. Das sieht
man schon an der Schrankkultur der Geschlechter.
Frauen haben Kleiderschränke, Frauen haben ganze Kleiderschrank-
fluchten.
Das haben wir Männer nicht.
Wir Männer hatten noch nie einen Kleiderschrank, wir haben keinen, wir werden auch zukünftig keinen haben. Wir Männer haben
einen Stuhl neben dem Bett. Fertig!
Da kommen unter der Woche unsere Klamotten drüber, und wenn
die Klamotten den Zustand erreicht haben, wo wir sie eigenhän-
dig – ohne selber drinzustecken – zum Bierholen schicken können
und die kommen mit drei vollen Kästen wieder, dann sagen wir
uns: Gut, jetzt können die mal gewaschen werden.
Aber dann will man abends weg, Kino, Kabarett, Theater, Essen …
Frauen stehen im Westflügel des Anwesens in ihrer begehbaren

Kleiderschrankflucht, ziehen die eine Fluchtseite auf, ziehen die andere Fluchtseite auf, schauen die eine Seite hoch und wieder runter und schauen die andere Seite hoch und wieder runter, und was sagen Frauen in solchen Momenten?

»Ich hab nichts anzuziehen!«

Hab ich letztens nur auf meinen Stuhl gezeigt: »Ja, soll ich dir was borgen?!«

Der Nudelsalat

Eigentlich schlafen meine ständige Begleiterin und ich immer bei geöffnetem Fenster. Aber manchmal geht das nicht. Also das mit dem geöffneten Fenster schon, nur das mit dem Schlafen nicht. Letztens, am Samstag, hatten Nachbarn von uns Besuch, und der fuhr irgendwann nach Hause. Eigentlich nichts Schlimmes. Aber es war nachts, und es ging gegen halb drei.

Meine ständige Begleiterin und ich lagen an und für sich schlafend im Bett, bei geöffnetem Fenster.

Ich wurde aber wach, weil erst mal alle vier Türen nebst Koffer-raum des Wagens der Freunde unserer Nachbarn knallten, dann wurde sich entweder noch mal umgesetzt oder die Reise nach Je-rusalem gespielt, ich weiß es nicht, es knallten auf jeden Fall wie-der etliche Türen des Wagens der Freunde unserer Nachbarn, und ich fragte mich noch so: Wie viele Türen mag so ein Wagen haben? Selbst große Reisebusse haben nur eine Türe!, und dann lief noch eine Viertelstunde lang der Motor des Wagens der Freunde unserer Nachbarn.

Und es war nachts um halb drei, also eher morgens, und ich dachte mir noch so still bei mir: »Toll. Das ist er jetzt also, der Wagen der Freunde unserer Nachbarn.«

Und dann hörte ich sie. Also die Freunde unserer Nachbarn. Und deren Wagen auch, weil der ununterbrochen weiterlief.
Und unsere Nachbarn hörte ich auch, denn die verabschiedeten sich lautstark von ihren Freunden: »Also dann. Macht es gut, kommt gut

heim, fahrt vorsichtig, Gruß zu Hause, ja, auch an Tante Erna, was macht Mutter eigentlich? Wie fühlt sich Vater? Grad mit ohne Bein? Ach, hat er doch noch?! Ach, guck mal, hieß doch erst, das kommt ab?! Und Ulrike? Ach, doch Realschule? Na, wenn sie das packt… Ach, studieren will sie dann im Anschluss?! Irgendwas mit Tieren?! Na, schön. Ich mag ja Tiere. Nee, ich mag ja Tiere. Na, wir sind froh, dass unser Leander das mit seinem Jurastudium durchbekommen hat. Eine harte Zeit… Eine harte Zeit! Nein, wirklich, eine harte Zeit. Hab ich noch letztens für meinen Mann gesagt, eine harte Zeit, draußen auf der Terrasse, eine harte Zeit, gab Erdbeerkuchen, was für eine harte Zeit, mit Sahne, eine harte Zeit. Nein, wirklich eine harte Zeit. Schade, dass sie ihn erwischt haben, als er da aus Holland… Wie bitte? Nein, Kaffee war das nicht! Was? Du willst das Rezept vom Nudelsalat?! Nee, kriegt ihr. Nee, kriegt ihr, ist gar kein Problem. Kriegt ihr! Ist gar kein Problem. Schick ich dir zu. Oder fax ich dir. Kann ich dir auch faxen. Habt ihr ein Fax? Nicht? Habt kein Fax? Nee, dann fax ich nicht. Kann ich auch simsen, sims ich euch, müssten zwanzig, dreißig SMS sein, ist kein Problem. Kann ich auch mailen. Oder zuschicken. Ist gar kein Problem, kriegt ihr, das Rezept für den Nudelsalat!«

Bin ich mal aufgestanden und hab aus dem Fenster gerufen: »Krieg ich das auch?!«

Riefen die Freunde meiner Nachbarn nur hoch: »Machen Sie doch nicht so einen Lärm hier! Mitten in der Nacht!!«

Hab ich mich schnell wieder hingelegt. Bloß kein Ärger mit den Nachbarn!

Und draußen ging es weiter: »Nee, das mit dem Nudelsalat ist gar kein Problem. Kriegt ihr, das Rezept! Ist gar nicht viel Arbeit! Kochst du Nudeln, musst du Nudeln kochen, kochst du Nudeln, einfach Nudeln kochen, so Röhrkesnudeln. Oder Muschelnudeln. Kennst du Muschelnudeln? Muschelnudeln. Einfach Muschelnudeln. Nein,

265

nicht Muschinudeln. Muschelnudeln. Kannst du rechnen pro Kopf 100 Gramm. Pro Kopf 100 Gramm. Ist eine Milchmädchenrechnung. Pro Kopf 100 Gramm. Hast du zwei Personen, machst du 200 Gramm. Hast du drei Personen, machst du 300 Gramm. Hast du vier Personen, machst du 400 Gramm. Kannst auch 500 Gramm machen, hast du aber 100 Gramm über. Kannst auch 600 Gramm machen, hast du 200 Gramm über. Hast du was für den nächsten Tag oder lädst noch zwei dazu ein. Ist eine Milchmädchenrechnung. Pro Kopf 100 Gramm. Hast du neun Personen, machst du 900 Gramm. Kannst auch mehr machen, hast du was für den nächsten Tag oder musst was einfrieren. Pro Kopf 100 Gramm. Milchmädchenrechnung. Machst du so Muschelnudeln oder Röhrkesnudeln, aber am besten Muschelnudeln, musst du dann abkühlen lassen, dann eine Dose Erbsen rein, vorher schön abschütten, damit du nicht die ganze Plörre da drin hast, also schön abschütten, dann Fleischwurst rein, schön in Stückskes geschnitten, gekochte Eier in Stückskes geschnitten, Gürkskes in Stückskes geschnitten, ein bisschen Gurkenwasser rein und dann am Schluss alles mit Majo schön geschmeidig schlagen.«

Und es war nachts, kurz nach halb drei, ich lag im Bett und kriegte langsam Appetit.

»Ach, und wenn du dem Ganzen noch eine besondere Note verleihen willst: kleiner Schuss Senf dran.«

Plötzlich ging ein Fenster auf, und ein ganz anderer Nachbar, der Herr König, rief: »Und was ist mit Essig?! Meine Frau tut immer noch was Essig dran!«
Riefen die Freunde meiner Nachbarn: »Das klingt interessant.«
»Nee«, riefen meine Nachbarn, »das ist mit den Gurken schon sauer genug!«
»Äpfel find ich auch nicht schlecht im Nudelsalat!«, rief Nachbar König.

Hab ich das Fenster aufgemacht und rausgerufen: »Kommen Sie bloß nicht auf die Idee, Mandarinen reinzuschnippeln!«
Riefen die Freunde meiner Nachbarn: »Da ist der Randalist wieder!«
Und meine Nachbarn riefen: »Nee, der randaliert nicht, der isst nur gerne!«
Und Nachbar König rief: »Obwohl: Fruchtig hab ich's eigentlich ganz gerne!«
Rief ich rüber: »Aber doch nicht mit Mandarinen!«

Hörte ich hinter mir meine ständige Begleiterin nur leise sagen: »Was brüllst du denn hier mitten in der Nacht so rum? Bist du noch zu retten?«
Ich sag: »Pscht, sei still! Ich hab ein Superrezept für Nudelsalat.«
»Hast du sie noch alle?«, fragte sie mich.

Plötzlich hörte ich von draußen meine Nachbarn wieder: »Herr Sting! Herr Sting! Wir haben hier noch einen kleinen Rest… Wenn Sie vielleicht mal eben rüberkommen wollen… So zum Probieren…?! Nachbar König von drüben kommt bestimmt auch mal eben.«
Ich rief: »Ist in Ordnung. Ich bring noch was Wein mit.«
Und Herr König rief: »Und ich noch Kotelett. Ist übrig. Von heut Mittag.«
Riefen die Freunde meiner Nachbarn nur: »Och, wenn's so ist… Dann bleiben wir auch noch ein bisschen!«
Ich rief: »Ich komm dann mal. Muss nur eben noch meinen Bademantel überziehen.«
Riefen meine Nachbarn: »Und könnten Sie vielleicht das Rezept von dem Nusskuchen mitbringen, den wir letztens bei Ihnen probiert haben? Der schmeckte uns doch so gut.«
Plötzlich ging ein Fenster auf, und Frau Schmidtvogel von gegenüber schrie: »Wie: Nusskuchen?!«
»Ja, Nusskuchen…«, rief ich.
»Wie machen Sie den denn?!«, wollte Frau Schmidtvogel wissen.
»Den macht er ganz wunderbar«, riefen meine Nachbarn.
»Den mach ich selber«, rief ich.

Ringsum gingen vereinzelt Lichter in den Fenstern an.

Ich rief: »Ach, das ist so eine Walnuss-Erdnuss-Basis. Und dann noch Schokolade. Und Sahne.«
»Mit Rosinen?!«, wollte jetzt Herr König wissen und lehnte sich beängstigend weit aus dem Fenster.
»Nein, keine Rosinen.«
»Bloß keine Rosinen. Die vertrag ich nämlich nicht.«
»Nee, nee, keine Rosinen. Die können Sie auch weglassen.«
»Also doch Rosinen?!«, rief Herr König.

Immer mehr Fenster erhellten sich.

Ein Fenster ging auf, und eine Dame brüllte: »Rosinen bitte nur im Käsekuchen!«
Ich rief: »Wir haben ein ganz tolles Rezept für Käsekuchen auf Schmandbasis.«
»Oh, Schmandbasis«, rief Frau Schmidtvogel. »Das Rezept bekomme ich im Gegentausch zu meiner Windbeuteltorte.«
Ich rief zurück: »Legen Sie noch Ihre Marzipan-Sahne-Torte drauf und ich komme Ihnen dann noch mit Frankfurter Kranz.«
»Der ist genial!«, rief Herr König. »Den können die! Greifen Sie zu, Frau Schmidtvogel!«
Und ich rief: »Moment, Moment, es geht hier immer noch um Nudelsalat.«
»Richtig«, rief Herr König. »Da müssen Sie einen Leberkäse zu machen. Ich hab ein prima Rezept.«
»Und ich eins für Krustenbraten. Wir müssen uns austauschen«, rief Frau Schmidtvogel.

Plötzlich riefen ganz andere Nachbarn von weiter weg: »Wir rufen gleich die Polizei!«
»Bloß nicht«, riefen meine Nachbarn zurück, »so viel Nudelsalat haben wir nicht mehr da!«

Ich rief: »Ich komm jetzt mal rüber!«

»Und bringen Sie die Rezepte mit!«, riefen meine Nachbarn.

»Mach ich«, rief ich.

»Wir kommen auch mal eben und bringen unsere Rezepte mit«, riefen Herr König und Frau Schmidtvogel.

Jetzt fand ich aber in der Küche das Rezept von dem Nusskuchen nicht und deswegen musste ich meine ständige Begleiterin wecken. Ich fragte sie: »Hör mal, kannst du mir mal eben sagen, wo ich das Rezept für den Nusskuchen finde? Und für den Käseschmand und den Frankfurter Kranz? Oder das tolle Pfannkuchentortenrezept? Und die Waldbeersahne? Dafür kriegen wir auch Leberkäse, Krustenbraten ...«

Sie sagte nur: »Du bist doch wohl von allen guten Geistern verlassen!«

Ich sagte: »Wieso? Ich kann doch eh nicht mehr schlafen. Bei dem Appetit, den ich grad habe.«

Meine ständige Begleiterin schloss nur wieder die Augen, drehte sich auf die Seite und sagte ins Nichts weg: »Also, wenn du da jetzt rübergehst, brauchst du heute Nacht nicht mehr wiederkommen.«

Bin ich auch nicht.

War mit Essen beschäftigt.

Mein Dank geht an

Matthias Bischoff, Dr. Wolfgang Ferchl, Kristine Meierling, Bernd Kowalzik, Heiko Sakurai, Harald Hoffmann, Sabine Kwauka, Marco Ortu, Henning Venske, Jochen Busse, Bastian Pastewka, Jochen Malmsheimer, Philipp Rating, Christian Joeken, alle, die ich vergessen habe, meine Familie, meine Eltern und nicht zuletzt an meine ständige Begleiterin.

IMMER IST WAS, WEIL SONST WÄR JA NIX
LIVE-MITSCHNITT

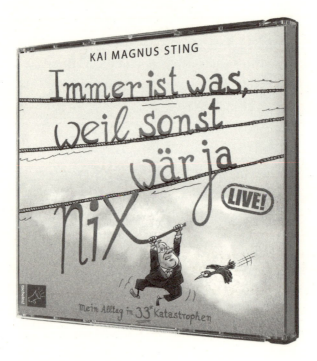

2 CDs | ISBN 978-3-86484-107-1

tacheles! Hörbuch bei ROOFMUSIC

www.roofmusic.de